無意識を活かす
# 現代心理療法の実践と展開
― メタファー／リソース／トランス ―

編　者
吉本　雄史／中野　善行

星和書店

*Seiwa Shoten Publishers*

*2-5 Kamitakaido 1-Chome*
*Suginamiku Tokyo 168-0074, Japan*

◇ まえがき

　心の臨床にかかわる専門家であれば誰もが，心のトラブルや症状が意識的な統御の及ばない無意識的な作用であることは，ごく当たり前としてきたことである。そして同時に，当の臨床家自身が，ふと気がつくと，クライアント（患者）の無意識的な心的作用の強さに，クライアント共々にとまどい，やがてうんざりしてきて，しらずしらず，言葉による意識的な説諭を始めたくなる自分にひそかに苦笑する，という風景は珍しくない。

　実際のところ，クライアントの無意識的な部分へのかかわりは，結局，無意識レベルの心的作用に対して意識的なコントロールを図る，図らせるという方向に傾きがちであり，そしてもちろん，その結果は無効なものとなって終わるのが常である。それも道理というもので，変化のために意識的な努力を自らに加えることで自己撞着に陥って苦しむクライアントに対して，さらにそのうえに，臨床家がそれとあまり変わらぬ意識的かかわり方をすることは，いっそうクライアントの自己矛盾を強化させるものともなりかねない。無意識は，コントロールされるべき対象ではなく，まったく逆のかかわり方こそが求められるはずである。

　心理的な援助と治療の歴史は，そのまま無意識の活用の歴史でもある。その意味では，近代の知によって＜無意識＞が発見されたことは，同時に，一面では無意識を厄介なものとして人々の外に押しやり，皮肉にも無意識活用の知恵を妨げてしまうことにもなったのである。

　この判断に立って，本書では，まず第Ⅰ部で，臨床における＜無意識＞の活用を提案し，その具体的なかかわり方を臨床現場の実践を通して伝えたい。それは，近代科学が心の臨床にも適用してきた意識中心主義がもたらす＜客観性＞＜合理性＞＜現実性＞からいったん大きく離れて，＜主観性＞＜実存性＞に立脚することであり，またそのためにメタファーとトランスを仲立ちにして，無意識のなかにある力と可能性＝リソースを活かす実践でもある。

　ところで，意識化すること，洞察することによらないで，無意識に直接かか

わる心理臨床の一つの具体例を，私たちは催眠療法に見出すことができる。最古の心理療法である催眠療法の，その治療的有効性の理論的な根拠は今までは曖昧なままであったが，そこには変化のために意識的努力を求めないという点で，すでに無視できない心理的援助の本質が宿されていた。とりわけ，現代的な臨床催眠にはさらに多くのみるべき試みと実績があり，虚心で公正な視点に立てば，そこに新たな可能性を認めることは，決して難しいものではない。その意味から，本書では，第Ⅱ部で，無意識にアクセスするかかわり方の1モデルとして，催眠療法の知見とその実践をとりあげているが，これは同時に，少なからぬ臨床家の臨床催眠に対する今までの漠然とした誤解を解くものともなるはずである。

　ところで，現代的な臨床催眠の本質は，別の観点からも，また，ある課題達成のためのヒントを備えている，と私たちは考えている。それは，心理臨床の統合という課題である。

　心理臨床は，今までは，個々の理論モデルと，それに基づく技法群のいわば寄り合い所帯の趣きを呈していたが，このことは，臨床現場においては，臨床家自身のひそかな困惑と不全感を醸す原因ともなってきた。あれこれの党派的な理論モデルの上意下達ではなく，いま改めて，臨床現場自身の実践的確認にのみ基づく，統合的な知見が求められているが，それはなによりもまず＜有効性＞の名において図られるべきものであろう。つまり，何が援助に有効か，有効なかかわり方とはどんなものかという具体性に基づいて臨床モデルの統合が語られるものとなるに違いない。そして，ここでもまた，その有効性の重要な条件の1つは，クライアントの無意識にいかに接近し，直接かかわっていくなかで，どのように無意識を活性化するかという課題とつながっていると思われる。

　こうした視点から，第Ⅲ部では，心理臨床の統合をめざして考察を進めるが，もとよりこれも一方的なものを想定するのではなく，ここでは，臨床現場の各

種の実践から，そのモチーフを読者とともに自由に発見し，確認していくためのいくつかの資料を提供する，というものにしたい。心理臨床の統合というテーマは，単に理論レベルのなかで考察するのではなく，臨床家である私たち一人ひとりが，自らの個々の実践を通して，しだいにそのなかに誰もが共有できるリソースを，共同作業を通して獲得していくものと考えるからである。

広闊にして，バランスのとれた視野をもつ優れた医学史家エレンベルガー（Ellenberger, H.）はその著書『無意識の発見』で，長い力動精神医学の蓄積のなかで確かめられた無意識の4つの機能をあげている。学習された記憶の保存機能，意識の閾下への自動化や人格を分離させる機能，新たな物事や世界を発見したり創り出す創造的機能，物語を作成する神話創出機能がそれであるが，ここで述べてきたように，心の援助や治療において，無意識を活用するというのは，クライアントのこれらの機能を活性化して，望ましい自己回復と自己充実を促すことにほかならない。本書の執筆者たちが臨床において行ってきたその試みを具体的に提示すること，またそこから心理臨床の新たな統合への基礎的な足場を確かめていくこと－これがこの書で行っていることであるが，これらの作業を，これからは読者の方々とともにさらに進めていき，深めていくことができるならうれしい限りである。そして，その過程は，そのまま臨床に携わる人々すべてが自らの無意識を活用していくことでもあるに違いない。

クライアントと臨床家相互の無意識の知恵の交流によって，心理臨床の新たな躍進がいっそうもたらされること，これが本書の祈念するところである。

2003年11月

編　者

## ●目次

まえがき　iii

プロローグ ·································································· 1
　1) 無意識の意味づけ ··················································· 1
　2) リソースとしての無意識 ············································ 2
　3) 変性意識状態と無意識 ··············································· 4

## 第Ⅰ部　無意識を活かすメタフォリカル・アプローチ

はじめに　スクリプトにみるメタフォリカル・アプローチ ············ 8
　1) スクリプトの意味と役割 ············································ 9
　2) スクリプトがめざすもの ··········································· 10
　　a　自己受容を通して，自己統合へ　　10
　　b　内的なリソースの喚起を通して回復へ　　10
　　c　新たな学習を通して望ましい変化へ　　11
　　d　生理的変化を通して症状の軽快へ　　11
　3) スクリプトの組み立てをめぐって ································· 12
　4) スクリプトのバリエーション ······································ 12
　　a　リソース喚起のためのスクリプト　　12
　　b　＜無意識＞をテーマにしたスクリプト　　13
　　c　意識変性に添うスクリプト　　13
　5) スクリプト作成上のポイント ······································ 13
　6) 実施上の配慮と工夫 ················································ 13

　スクリプトをお読みになる前に　　15

## 第1章　スクリプト事例　リソースに添って ························· 17
　解説―リソースを活用する ············································ 18
　　1) 援助のための暗示について ······································ 18

|     2) 間接的なメッセージの有用性 ································· 19
|     3) リソースをめぐって ······································· 20
| 事例① オーケストラをメタファーに ······························· 22
| 事例② 意識と無意識の協調をめざして ····························· 26
| 事例③ 葛藤や対立を肯定的に受けとめて ··························· 30
| 事例④ 強迫感の減少を求めて ····································· 34
| 事例⑤ 知的能力と感情交流の統合を図る ··························· 40
| 事例⑥ 過敏な感覚をリソースに ··································· 46
| 事例⑦ 罪悪感の変容を図って ····································· 50
| 事例⑧ ブラキシズムの軽減をめざして ····························· 54
| 事例⑨ 抑圧された感情を解放する ································· 58
| 事例⑩ うつ状態の変化のために ··································· 62

## 第2章　スクリプト事例　無意識を活かして ······················· 71

解説—無意識ということ ············································· 72
　　1) 無意識＝メタファーであることの意義 ······················· 72
　　2) 意識と無意識の新たなスプリッティング ····················· 72
　　3) ＜無意識＞の肯定的な意味づけ ····························· 73
　　4) 変性意識と＜無意識＞ ····································· 74
　　5) スクリプト作成と活用のポイント ··························· 74
　　6) 意識化しないかかわりの中で ······························· 75
| 事例① 子どもの自然さを取り戻す力に ····························· 76
| 事例② 思春期の心と治療同盟を築く ······························· 80
| 事例③ 無意識が作る壁を活かして ································· 84
| 事例④ 意識的努力を手放すために ································· 88
| 事例⑤ 水の流れを無意識の流れに重ねる ··························· 92
| 事例⑥ パニック障害からの解放に向けて ··························· 96
| 事例⑦ 無意識と出会う ··········································100
| 事例⑧ トランスに添いながら ····································104

## 第Ⅱ部　臨床におけるトランス・アプローチの実際

はじめに　臨床催眠における＜変化＞をめぐって ………………………………112

催眠療法の進展——ミルトン・エリクソンがもたらしたもの ………………114
　　はじめに …………………………………………………………………………114
　　1）エリクソンの考えた催眠 …………………………………………………115
　　2）関係とリソースを重視 ……………………………………………………116
　　3）治療者のリソースも利用 …………………………………………………118
　　おわりに …………………………………………………………………………120

概説——トランス状態とトランス・アプローチの技法 ………………………123
　　1）変性意識をめぐって ………………………………………………………123
　　2）催眠トランスがもたらすもの ……………………………………………124
　　3）コミュニケーションとしての臨床催眠の意味 …………………………127
　　4）臨床催眠にみる目的論モデルをめぐって ………………………………128
　　5）適用条件を活かして ………………………………………………………128
　　6）クライアント中心のアプローチの意義 …………………………………130
　　7）クライアントの意識の流れに添って ……………………………………130

### 第1章　アプローチのポイント ……………………………………………133

1　医療現場から（1） ……………………………………………………………134
　1）催眠療法実施上の留意点 ……………………………………………………134
　　　a　催眠療法実施前の注意　　134
　　　b　治療目標をどこにおくか　　134
　　　c　催眠療法実施にあたっての留意点　　135
　　　　ⅰ　催眠トランスのどの現象を利用するのか／ⅱ　環境調整の重要さ
　2）催眠療法の終了 ………………………………………………………………136

2　医療現場から（2） ……………………………………………………………137
　1）はじめに ………………………………………………………………………137

2）思いつくままの感想 ……………………………………………137
　　　a 関係が穏やかに　137
　　　b 少ない面接回数で　138
　　　c こちらの対応にも変化が　138
　　3）面接の終わり方 ……………………………………………………139
3 歯科医療現場から ………………………………………………………141
　1）訴えには現実的な身体治療を優先する ……………………………141
　2）催眠療法が適切で有用な事例がある ………………………………142
　　　a 催眠療法による症状の直接除去　142
　　　b 歯科心身医学療法としての催眠療法　142
　　　c より良い歯科医師―患者関係の構築　143
　3）歯科医療現場での催眠導入の実際 …………………………………143
　　　a 共同作業（催眠）への動機づけ　143
　　　b 導入前の姿勢と緊張／弛緩の体験　144
　　　c 複式呼吸　144
　　　d 後倒法　144
　　　e 催眠の深化　144
　　　f 催眠下の歯科処置　145
　　　g 後催眠暗示と覚醒　145
4 カウンセリング現場から ………………………………………………146
　1）カウンセリングにおけるトランス・アプローチの有用性と適応をめぐって 146
　2）現場におけるトランス・アプローチの進め方 ……………………146
　　　a 集中的なトランス状態を活用して　147
　　　　i 非定型による場合／ii 定型に基づく場合／iii 自己催眠を加える場合／
　　　　iv その他の心理療法と組み合わせる場合
　　　b コミュニケーションのプロセスを活用して　148
　3）実施上の注意のポイント ……………………………………………149
5 教育現場から ……………………………………………………………151
　1）教育現場における催眠的アプローチの利用 ………………………151

2) 学校の事情 …………………………………………………………151
　　3) 分かれているなら新鮮です …………………………………………152
　　4) 間接的アプローチ―現代臨床催眠の可能性 ………………………153
　　5) パターンの利用と崩し ………………………………………………154

## 第2章　現場におけるアプローチ ……………………………………157
　　事例①　全般性不安障害 …………………………………………………158
　　事例②　身体表現性障害 …………………………………………………166
　　事例③　強迫性障害 ………………………………………………………175
　　事例④　転換性障害 ………………………………………………………183
　　事例⑤　パニック障害 ……………………………………………………191
　　事例⑥　歯科における症状（過剰絞扼反射症例）………………………200
　　事例⑦　解離性障害 ………………………………………………………208
　　事例⑧　PTSD（外傷後ストレス障害）…………………………………219

## 第Ⅲ部　心理臨床の統合をめざして
　　―トランス・アプローチと隣接心理療法の接点―

はじめに　各種の心理療法とトランス・アプローチとのつながり …………232
　1) 催眠療法はすべての心理療法と重なっている ……………………………232
　2) 心理療法の統合が今求められている ………………………………………233
　3) 治療モデルの統合にトランス・アプローチの果たす意義 ………………234

概説―各種の治療的領域と催眠療法の特質 ……………………………………237
　1) 治療者側の視点 ………………………………………………………………237
　2) 治療におけるコンテントとコンテクスト …………………………………238
　3) 催眠はコンテクスト＝意識のあり方の流れを重視する …………………238
　4) コンテントとコンテクストの良好な関係とは？ …………………………239

## 1 BFTCモデル／ソリューション-フォーカスト・アプローチが伝えるもの ‥240
はじめに ‥‥‥‥‥‥‥‥‥‥‥‥‥‥‥‥‥‥‥‥‥‥‥‥‥‥‥‥‥‥‥‥‥240
　　a　ソリューション-フォーカスト・アプローチ　240
　　b　トランス・アプローチとの関連　241
　　c　両者の接点　241
　　d　補　足　241
　1) SFAの面接の主たる課題：ソリューション・トークの展開 ‥‥‥‥‥‥‥‥‥242
　　a　ソリューション・トーク　242
　　b　すでにある解決　242
　　c　これから起こる解決　243
　2) "Hypnotherapy without trance"（トランスを用いない催眠療法）‥‥‥‥‥‥244
　　a　トランスを用いない催眠療法　244
　　b　Injunctive な効果　244
　　c　文脈と関係　245
　3) SFAの質問のもつ，"injunctive" あるいは催眠的な特徴と効果 ‥‥‥‥‥‥‥245
　　a　SFAの質問　245
　　b　質問のinjunctive な効果　246
　　c　SFAの質問のタイプ　247
　4) 結びにかえて ‥‥‥‥‥‥‥‥‥‥‥‥‥‥‥‥‥‥‥‥‥‥‥‥‥‥‥‥‥250

## 2 ストラテジック（ヘイリー・マダネス）・モデルが伝えるもの ‥‥‥‥‥252
はじめに ‥‥‥‥‥‥‥‥‥‥‥‥‥‥‥‥‥‥‥‥‥‥‥‥‥‥‥‥‥‥‥‥‥252
　1) エリクソン催眠から取り入れたこと ‥‥‥‥‥‥‥‥‥‥‥‥‥‥‥‥‥‥‥252
　2) エリクソンの考え方から取り入れたことと，そこから発展させた考え方 ‥‥253
　　a　症状の考え方　253
　　b　ライフ・サイクルという視点　255
　3) セラピーの実際 ‥‥‥‥‥‥‥‥‥‥‥‥‥‥‥‥‥‥‥‥‥‥‥‥‥‥‥‥256
　　a　面接の構成員，治療の場所，時間，料金　256
　　b　観察者としてのセラピスト　257

c　指　　示　258
　　　　　i 指示の役割／ii 指示の実際／iii エリクソンの実践をそのまま利用している
　　　　　アプローチ／iv エリクソンの実践に影響を受けながらもストラテジック派らしさ
　　　　　が表れている指示
　　おわりに ……………………………………………………………………………… 260

3　臨床動作法が伝えるもの ……………………………………………………… 262
　1) 臨床動作法の起源と発展 …………………………………………………… 262
　2) 臨床動作法の方法論 ………………………………………………………… 262
　3) 臨床催眠法との接点 ………………………………………………………… 264
　4) 臨床動作法の展開 …………………………………………………………… 266
　　　a　見立て　267
　　　b　クライアントが自分の身体に注意を向ける（今の体験）　267
　　　c　動作課題の提示　267
　　　d　動作課題の解決・達成化へ向けての努力とその実現　268
　　　e　動作課題の解決化・達成化の実感（変化の体験）　268
　5) 臨床動作法の実際 …………………………………………………………… 268
　　　a　軀幹系への臨床動作法　269
　　　b　顔系への臨床動作法　270
　　　c　自己動作法への導入　272

4　FAPモデルが伝えるもの ……………………………………………………… 275
　1) FAPとは ……………………………………………………………………… 275
　　　a　FAPによる治療手順―DFP（De-fixation Program）　275
　　　　　i SUDの聴取／ii DFPの実施／iii 効果の定着
　　　b　FAPの実際　277
　　　c　FAPの特徴　278
　2) FAP診断 ……………………………………………………………………… 279
　　　a　FAP診断とは　279
　　　b　FAP診断を用いた治療例　280
　　　c　FAP診断の特徴　281

3）FAPとトランス・アプローチ ……………………………………282
5　認知脳科学にみる意識変性のメカニズム ………………………………288
　　　－心理臨床統合の手がかりとして－
　　1）意識変性と脳 …………………………………………………………288
　　2）意識変性と心理療法 …………………………………………………291
　　3）変性意識状態の効能 …………………………………………………293
　　4）セラピストとクライアントの関係性 ………………………………294
　　5）脳の並行情報処理とトランス・アプローチ ………………………295

コラム
　母親たち，子どもたちの心に出会うとき　　108
　言語的メッセージと「無意識」　　150
　医療現場の中で思うこと　　217
　私にとっての無意識論　　285

索　引　　298

## プロローグ

### 1）無意識の意味づけ

　人の心には意識下に自覚していない領域があり，それが症状をもたらすものであることをはじめて明晰に認識したのはジャネ（Janet, P.）であったが，それに＜無意識＞Unbewusste（unconscious）の名を与え，さらにそれを独特のロマンティシズムの色合いで染め上げたのはフロイト（Freud, S.）であった。そこでは＜無意識＞は抑圧された欲動の棲息する領域として，人々の合理的（意識的）生存のしかたをしばしば妨げるものと考えられた。

　その後，臨床の専門家にとどまらず，広く一般にも無意識のこうした意味づけが漠然とながら流布するようになったのは，やはりまずはフロイトの"功績"とみるべきであろう。

　しかし，そこから，人が自分の＜無意識＞につまずいて，生き難さに苦しむという背理のストーリーを受けとって，それを苦い思いでかみしめることはいくらもできたが，肝心の，その当の＜無意識＞をコントロールするには，かなり厖大な心的エネルギーを要し，それにもかかわらず，あまり報われない結果にいらだたせられることも多かったのである。それがまた，こうした自己の内なる対立の構図の中で，いっそう＜無意識＞の厄介な手ごわさを人々に実感させることにもなったのかもしれない。

　セラピーは，心に苦しさをかかえた人たちへの援助である。その人たちに必要なことは，「ああ，私は楽になれた！」という思いをもってもらえるようにするために，何よりも臨床の実践レベルで何ができるかを考えることであるが，それはまた，長い間私たちの間に根強い影響力を放っていた前述のような＜無意識＞論の問い直しもその課題の中に含まれていたのである。無意識の肯定的な働きを想定するユング（Jung, C. G.）やアードラー（Adler, A.）が，ある納得感を少なからぬ人々に与えたのも，その1つの表れであったといえよう。

## 2) リソースとしての無意識

その意味ではエリクソン（Erickson, M. H.）の出現はいっそう新鮮であった。骨の髄まで臨床家であったエリクソンは，思想家でもあったユングやアードラー以上に，現場的徹底性をもって＜無意識＞の問い直しにかかった。

エリクソンは無意識のもつ肯定的な作用や働きを評価して，それを比喩的に＜無意識は賢い＞というように語ったが，そこにみられるのは，＜リソースとしての無意識＞という了解のしかたである。この場合のリソース（resources）とは，内的資源，可能性，頼りになるものというような意味合いであるが，こうした無意識に対する考え方の根拠の1つは，人は無意識のうちにその人にとって必要な学習をしてきたこと，そしてまた人は環境が与えるものから無意識のうちに新たな学習をする準備を常に整えていて，知覚と行為の結びつきのうちに効果的にそれを成しうることを前提としている（これは従来の学習理論の説くところにとどまらず，アフォーダンス（affordance）と呼ばれる最近の生態学的認知論の了解に連なりうるものでもある）。そしてエリクソンは，人々に望ましい変化をもたらすものは人々の無意識の智恵であり，無意識は人々の味方であることを確認し，強調した。もっとも，このこと自体はエリクソンの発見ではない。すでに19世紀より無意識のもつ記憶保存や学習能力の確かさ，ある種の創造的作用はかなり認識されていて，援助場面でそれなりに活用されてきた歴史がある。ただ一方，無意識のもつ一見負の機能とみなされるもの（心的外傷による存在への負荷など）が同時に観察される中で，臨床現場ではもっぱら後者に了解の重点がおかれてきたのは，ある意味でやむを得ないことであった。そして，フロイトによって，いっそう無意識の逆理性が焦点づけされたことは前述のとおりであるが，その結果，セラピーの中にいかに無意識の肯定的な機能を活用するかということ（また，そのことによって負の作用とみなされるものが本来もつ，実はリソースとしての機能の再発見と再活用をどう図るかということ）が援助や治療の主題から大きく後退してしまったのは，1つの惜しむべき停滞といえた。それを，エリクソンが再び不屈の意欲で取り組むようになったことで，臨床における無意識活用の歴史が引き継

がれ，新たな再生と充実がもたらされることになったといえるであろう。

　さらにもう1つの視点がここに加えられてよい。エリクソンが＜無意識は賢い＞と語るとき，それが事実であることを意味するだけではない。こういう無意識についての了解のしかたが臨床レベルで優れているゆえんは，無意識の働きをクライアント（患者）も臨床家も信頼することで，クライアントの回復や成長，自己統合をより促し，自然な変化の可能性を引きだしやすいこと，実際にも望ましい変化がもたらされる，ととらえることができるからである。エリクソンが「あなたの無意識は賢い」と考え，クライアントにそれを伝えること自体が，実はクライアントの実際的な回復や成長に大いに寄与するということにも注目しておいてよい（ここに心理臨床というものの間主観的本質がはっきりと示されている）。

　心理学や精神医学はたくさんの観点や診断法とともに，人間論，社会論，文化論，文明論までを私たちに与えてくれた。ただ1つ不十分だったこと，それは具体的に目の前のクライアントが実際に楽になるための，こうした臨床現場に徹した思想であった，というわけである。

　こうした現場に，エリクソンの＜無意識＞論は，改めて臨床家にある深い共感を与えつつ立ち現れたといえよう。そのとおり，まず多くの臨床家自身がこの無意識論に自らが癒される思いをもったのである。そしてここにも臨床の有効性のもう1つの意味がうかがえる。つまり，自ら楽であるものこそが，人を真に癒し，楽にできるという，思えばごくあたりまえの事実に私たちは出会うからである。

　読者諸賢はすでにおわかりだろう。
　すでに＜無意識＞について述べてきたことは，臨床においては，そのまま無意識という事実よりも，＜無意識＞というメタファーをどう扱うかということにほかならない。そしてもとよりこれは＜無意識＞にとどまることではない。人の心を理解するうえで，改めて人の心の作用というものがきわめてメタフォリカルなものであることを，私たちは知らずにはすまされない。その意味でも，エリクソンは生きた人の心の扱い方についての達人であった。エリクソンは，

患者とのかかわり合いにおいて，しばしば直接的な説得や指示を避けて，エピソードや引用，寓話のたぐいを語ったが，そこにはさまざまな隠喩や暗喩がちりばめられていて，メタフォリカルな構成に富んでいた。それには，患者の意識的な抵抗を避けるという間接的なアプローチの意味も見出せるが，それ以上にメタフォリカルな働きかけであればあるほど，多くの患者の内的リソースを喚起しやすいという，文字どおり無意識の力を信頼するエリクソンらしい工夫が潜んでいたのである。

思えば，人は，一人ひとりが世界を，そして自らをもそれぞれのやり方で加工していて，自らが加工した世界の中に，加工した自身とともに住んでいる。その内的な加工のしかたはきわめてメタフォリカルなものであり，固有のストーリーやナラティブとして織り出される中で，例えば，症状もまたメタファーである（Haley, J.）とみなせるほどに，すべてに貫かれているものである。

そこで，一人ひとりの心の中に接近しようとするとき，臨床家は援助的なメタファーでかかわることでいっそう深く交流し合い，通じ合える。またそのことで，クライアントの心を支えうるし，望ましい変化を誘うものともなることを，私たちはクライアントその人からいつも学ぶことができるのである。

### 3）変性意識状態と無意識

そして，無意識といえば，意識作用の低下によって浮上してくるものという点に，次に私たちは考えを進めることになる。

実際に，無意識の発見の歴史は，もともとは古典的な＜催眠術＞的治療とのかかわり合いの中で，そこに生起する変性意識によってもたらされたものである。もっとも，変性意識状態（altered states of consciousness）は特殊な意識状態であるという認識自体が，今後大幅な変更を迫られることになるかもしれない。変性意識の研究者である斉藤稔正は，すでにこのことについて優れた見解を立てている[1]。その認識に学ぶならば，変性意識状態は単に特殊な意識状態とみなすべきものではなく，「はじめから内在する意識が顕現したもの」であり，より普遍的な意識状態と考えることができる。そこでは，いわゆる＜ト

ランス状態＞は，いわば自然で根源的な意識状態に回帰することにほかならない。そして，変性意識状態の中で浮上する無意識は，自然性に裏打ちされた生命力の源である，ということでもあって，ここでも，＜リソースとしての無意識＞というエリクソンの思想に通じるものを見出すことができる。

　無意識は，トランスの中でいっそうその働きを活発にすることができ，意識との統合を通して，確かな回復と望ましい安定した変化を促しうるものである。そして私たちはここでも見落とすべきではない。トランスは，人と人との自然で親和的な交流の中に，もう十分内在している心的作用にほかならない。

　改めて考えてみれば，これまで述べてきたリソース，メタファー，そしてトランスを，私たちはそれとは特に意識しないままに，心理的援助のプロセスで大いに活用してきたことがわかる。それは，臨床家がその有効性をまさに無意識のうちに知っていたことから来るものにちがいない。そうである以上，私たちはこれらの有用性を，援助や治療の場でもっと自覚的に活用してよいのではないだろうか。

　そして，それをより活用するうえで，やはり私たちは，もう一度**クライアントの無意識と私たち自身の無意識を基本的に信頼すること**から始めたい。**無意識をコントロールしようとするのではなく，無意識を活かすこと，そして意識と無意識を統合すること**，それが今改めて，心理臨床に求められてよい課題である。

　そのとき，両者の無意識はいっそう深く交流して，新たなものを共有することにもなろう。それは，臨床家がひたすらな専門家意識の中で時にしだいに＜燃え尽き＞に至る道とは逆に，臨床家自身をいっそう楽にさせてくれる，のびやかな道でもある。

（吉本　雄史／中野　善行）

◆引用文献
1) 斉藤稔正：催眠と意識現象－時間的に変動するトランス．催眠学研究，45(2); 17-21, 2000.

◆参考文献
1. Gibson, J. J.：The Ecological Approach to Visual Perception．Houghton Mifflin Company, 1979.（古崎敬訳：生態学的視覚論－ヒトの知覚世界を探る．サイエンス社，1985.）
2. 佐々木正人，三嶋博之（編）：アフォーダンスの構想－知覚研究の生態心理学的デザイン．東京大学出版会，2001.

# 第Ⅰ部
# 無意識を活かすメタフォリカル・アプローチ

## はじめに

# スクリプトにみるメタフォリカル・アプローチ

　精神科医であり，優れた医学史家でもあるエレンベルガー（Ellenberger, H. F.）は，フルールノワ（Flournoy, T.）やマイヤーズ（Myers, F.）の業績から啓発を得て，無意識のもつ機能として，保存的機能，分離的機能，創造的機能に加えて，神話産生機能をあげている[1]。これは，エレンベルガーによれば，「意識下の自己の"中心"にあって，そこでは内なるロマンスを実に不思議な形でたえまなく組み立てている」こと，「無意識は物語や神話の創造に常に関わっている」とされるものである。このことは，人は，自らと自らの世界をつねに加工してやまないこと，そこで自らとその世界を，幼少期より死に至るまで，それぞれが固有の物語やストーリーとして紡ぎだしてきたことにつながっている。逆にいえば，そのメタフォリカルな物語やストーリーの中で，人は自らを確かめつつ生存している，といってよいほどに，このことは私たち人間の無意識心性の本質の一つともなっている。エリクソン（Erickson, M. H.）が援助においてエピソードやストーリー（たとえ話，寓話，小話）を多用したことはすでに述べたが，クライアント（患者）の無意識の神話産生機能を活性化して，クライアントがより自己解放的な物語を無意識のうちに編み出せるようにしていくうえで，こうしたかかわり方が一つの効果的な援助モデルになることを，私たちに教えてくれる。

　ここでは，このようなメタフォリカル・アプローチについて，以下，医療，カウンセリング，歯科医療，教育などの援助の現場で，どのように具体的にそれを行うことができるかを考えていきたい。

## 1）スクリプトの意味と役割

　ここでは，クライアントに対して語りかけるエピソードや引用，ストーリーなどを「スクリプト」と呼ぶことにするが，スクリプトの特徴は，クライアントに直接的な提案や指示，助言，明示的な説得をせずに，あくまで間接的な表現を前提にしていることである。聞き手はそのために，意識的には話し手の意図を受けとめることはできないが，心の深い部分で援助的な示唆を暗示的に受け取ることができる，というものである。

　それでは，なぜこのようなスクリプトが援助現場で有用であるかを述べておこう。

　まず第1に，それは，クライアントの内的なリソースを大いに喚起させうるという点である。私たちは，意識的なコミュニケーションを習慣的に重視しているが，それは同時に，その多くが意識的なレベルにとどまる性質のものでもある。正確に何かを伝達するうえでは，これは妥当なものとなるが，深い心的な交流を必要とする場合，こうしたやり方だけでは不十分なことが多い。心理的な援助をめざす臨床現場では，深い交流に根ざした，より無意識的なコミュニケーションが求められるが，こういう課題に取り組むうえで，ここにいうスクリプトはクライアントの内的で無意識的な体験や記憶をより深く喚起しやすい。もちろん，すでに無意識のうちに保存されている体験や記憶，学習には本人にとって苦痛な自己制限的なものもあるので，援助を目的とするこうしたスクリプトでは，自己援助的な意義をもつ体験や記憶，学習結果を喚起するようなものが前提となっている。

　こうしたスクリプトの作用は，クライアントにとっては，さまざまな連想やイメージの中で，肯定的な感覚を増幅し拡大しながら，自己回復につながる心的作用を喚起するものであって，意識的なレベルでの共感や支援や承認のメッセージが与えるものを超えて，クライアントにより深く自己肯定感や自己効力感をもたらすことが多い。

　第2に，このような暗示的なスクリプトは，援助的な指示や提案，教示に対して，クライアントから受けてしまう抵抗を回避するうえでも有効である。

長い間，特に日本の心理臨床の世界では，非指示性を重視したロジャース（Rogers, C.）の影響もあって，臨床家側の指示や提案，示唆などは退けられる傾向が続いていたが，一方，それは援助の内実を限定したものにとどめてしまう一因ともなっていた。

本来は，適切な指示的働きかけが必要な局面はカウンセリング現場でも存在するが，そのしかたが直接的すぎることで，クライアントの抵抗を引きだしてしまうことが少なくないという点に配慮が必要である。その意味でも，スクリプトがクライアントの意識的なガードを回避して，より深い心の部分に援助的なメッセージを届けることができるという利点は，大いに重視されてよいことである。

## 2) スクリプトがめざすもの

スクリプトによって，クライアントが症状，問題として感じる心的状態を変化させて，自己援助的な新たな内的世界を構成することができるようにするためには，大きくみて4つの援助的な方向が考えられる。

### a 自己受容を通して，自己統合へ

自己受容（症状受容）は，広く心理臨床全般の普遍的な課題の1つであるが，現実にはクライアントの意識的な枠組みに伴う強迫的な心的作用が妨げとなって，効果的にその方向をサポートすることが難しいものである。トランス状態は，意識的努力の自然な放棄によって，意識レベルと無意識レベルの接近を図り，再統合に至る中で，自然な自己受容の過程をもたらしやすいものであるが，その過程をいっそう促進するようにスクリプトを構成することがここでの課題となる。

### b 内的なリソースの喚起を通して回復へ

リソースとは，回復に役立つクライアントの体験や性向，行動のパターン，認知のしかた，価値観などのさまざまな内的条件などを含めて，いわば回復す

るうえで＜頼りになるもの＞すべてを意味する。そして，クライアントの中で制限されているリソースをトランスによって喚起することができるし，新たな可能性に広げていくこともできる。また，自己制限されている自然で健康な生命感覚を喚起するようにスクリプトを活用することも効果的である。

### c 新たな学習を通して望ましい変化へ

トランス下では，無意識過程で物事や情報を学習する能力が増大する。

このことを活用して，もはや適切なものとならなくなっている過去の学習を越えて，より望ましいものへと再学習することが可能であり，そのために，クライアントの固着した認識や考え方を変化させるようにスクリプトの内容を組み立てるものである。

### d 生理的変化を通して症状の軽快へ

トランスは，自律神経系などの身体的生理的条件を調整しうるとともに，生体のホメオスタシスを強化しうる条件を有している。その意味で，こうした作用を促す方向での言語的働きかけが有効である。また，緊急性をもった身体症状，特に疼痛や，あまり心理的条件が多く関与していない身体の訴えに対して，それらを軽減する方向での，比較的単純，明解な言語刺激も活用できる。

筆者の経験によれば，上記の4つのモチーフの中で特筆しておきたいのは，＜統合＞と＜自己受容＞のモチーフである。従来より，トランス・ワークは，伝統的なもの，現代的なものを問わず，新たな＜変化＞を作りだすこと，引きだすことを第一義的に追求することが多かったが，安定し持続した変化のためには，ここでいう自己統合や自己受容（症状受容）の過程は不可欠の条件と思われる。それが不十分であると，症状の再発や別の症状への転化ということにもなりやすい。そして前述したように，トランス状態においては，強迫性傾向が大幅に低下して，［このままでよい］とする実感に基づく自己承認を受けとりやすく，受け入れやすい。

このような理由から，トランス・ワークが＜統合＞と＜自己受容＞をもたら

す意義を改めて強調しておきたい。

## 3) スクリプトの組み立てをめぐって

前述したように，トランス・ワークにおいては，意識変性を促すための語りかけと，変性意識下における援助的な語りかけが中心となる。

従来からの方法による語りかけは，トランス誘導のためのものとしては一連の観念運動を主体とした定型的な誘導パターンによるものがすでに存在していて，かなり普及しているので，ここでは改めて取り上げないが，そのあとに続く援助的語りかけも，従来のそれは直接的なものが主体であって，比較的理解しやすく作成しやすいものが多いため，一部を掲出するにとどめている。

本章で多く取り上げるのは，エリクソニアン・セラピーを1モデルとした間接的な語りかけ，またそれに準ずるものである。日本ではこうしたアプローチはその実践的な内容が取り上げられることが少ないが，使い方を適切に配慮すれば，クライアントのリソースに依拠するこうしたアプローチは無理な押しつけにならず，より安全であり，また自然で安定した変化をもたらすことが多い。精神医療や心理臨床の専門家にこうしたアプローチを参考にしてもらい，理解してもらうために，この章では臨床家の手になる具体例をたくさん掲出している。

## 4) スクリプトのバリエーション

スクリプトには，以下のようなものが考えられる。

### a　リソース喚起のためのスクリプト

エリクソンは，エピソードやアネクドート，引用などを通して，その話の意図が聞き手の意識レベルでは明示されていない隠喩としての語りかけを多用して，聞き手のリソースを喚起したが，そこでは語義の正確な意味での暗示的アプローチが多様に活用されている。この章では本来のその語義にふさわしい，

より＜暗示＞性の高い内容のスクリプトを考えて掲出している。

**b ＜無意識＞をテーマにしたスクリプト**

　トランス・ワークにおけるキーワードの１つは＜無意識＞である。具体的な語りかけを通して，この概念をメタファーとしてどう活用して，自己援助的な意味を喚起し，定着させうるかが課題となる。

**c 意識変性に添うスクリプト**

　トランス状態に添う段階での語りかけである。エリクソニアン・セラピーにおいては，日常的な類トランス状態の体験から，しだいに標準的なトランスへ進めていくプロセスが多用される。

## 5）スクリプト作成上のポイント

　心理的援助というものは，すべてケースの個々の条件を踏まえたものであることはいうまでもないが，その意味でも，本来それに対応するスクリプトはおおむね一人ひとり異なる個別性の高いものが求められる。あわせて，クライアントの問題処理の能力に見合う語りかけこそが有効性をもたらすものであり，この点からもスクリプトを考える場合，クライアントの個々の条件を踏まえるようにすることが必要である。

　なお，従来からのトランス・ワークの文脈からみると，比較的一般化した内容であっても，条件によっては一定の妥当性をもつものも想定できるので，この章では，それぞれの臨床家の実践例に基づいて，個別ケースに対応した事例を中心に，一部一般化した事例も掲出している。いずれも，リソースに依拠した組み立て方の多様なモデルとして，臨床家の参考に供したい。

## 6）実施上の配慮と工夫

　作成したスクリプトに基づいて話しかけるときには，以下のような点に留意

して実施していきたい。

① 面接は継続性をもつものであり，それに対応するスクリプトもクライアントの反応によって，また新たなものへと変わるべきものであって，その意味でスクリプトは最初から決定版のようなものと考えてしまうのではなく，臨床家とクライアントの相互交流のなかで考えていきたい。面接ではスクリプトの反応をクライアントにフィードバックしてもらい，次にそのフィードバックから触発されたものを踏まえて，次回の面接にまた別のスクリプトを準備するようにすることも妥当なやり方である。いわば両者の深層での交流を通して，援助に役立つ両者のリソースを相互に交換，共有していく手段としてスクリプトを活用することができる。なお，スクリプトをアプローチしたあと，メンタルリハーサルとして，クライアントの症状的状態の変化の有無，軽減の程度を確認することが望ましい。

② 言語刺激は，クライアントの聴覚での受け取りによっていっそうイメージの生起や諸感覚の喚起を促しやすいものとなるが，このことはトランス・ワークにおける援助効果の大きな要因でもある。この点を考慮して，言葉かけの速さや強弱，抑揚などに工夫が求められる。多くの場合，ゆっくりと，吐く息に合わせた言葉かけが望ましい。

③ スクリプトがもたらす認知の変化に加えて，クライアントの新たな行動化を喚起することで，その実効性を強化できることが多いが，それも臨床家の恣意的な指示によるのではなく，クライアント自身の，行動化への内発的な動機づけをトランスの中で自然な形で喚起することが妥当である。

（臨床心理士　吉本　雄史）

◆引用文献
1) Ellenberger, H.：The Discovery of the Unconscious. The History and Evolution of Dynamic Psychiatry, Basic Books Inc., 1970.（木村敏, 中井久夫監訳：無意識の発見－力動精神医学発達史．弘文堂, 1980.）

## スクリプトをお読みになる前に

※スクリプト事例は、個々のケースの条件に基づくものを中心に取り上げている。掲出しているのはすべて臨床家の事例であり、継続的な臨床の中の、ある1セッションで用いられたものである。なお、プライバシー保全のため、解説にあるクライアント（患者）に関する記述は一部変更している。それに伴い、使用スクリプトも同様の処理をしている。

※スクリプトのテーマは、個々のクライアントのリソースに添いながら進めた事例と、クライアントの無意識を活かすことをめざした事例として掲出している。

※スクリプトはあくまでクライアントへの音声言語による語りかけであるが、紙面としての紹介のために、表現を一部視覚的に改変している。

※集中的な深トランス状態をもたらす内容は、出版物としての性質上、ここでは扱っていない。それらについては実際の臨床トレーニングで確認していただきたい。

※これらのスクリプトは、臨床家がクライアントにアプローチを行ううえで、個別の言葉かけを考えるために、参考にしていただくものである。
（ご注意：ここにあげたスクリプトは臨床家としての十分な知見と経験をもたない読者が使用することには適さないので、控えてください）

（編　者）

# 第1章

**スクリプト事例**

## リソースに添って

# 解説——リソースを活用する

## 1）援助のための暗示について

　治療者の意図が明白な言葉は，「直接的な暗示」といわれている。これに対して，エリクソン（Erickson, M. H.）が行った，治療者の意図を明確には伝えない暗示は「間接的な暗示」といわれている。治療者が知らず知らずのうちに直接的な暗示を行うこともあれば，知らず知らずのうちに間接的な暗示を使っていることもある。

　さて，すべてのメッセージは，暗示／明示の要素から成り立っている。明示とは，その暗示性を限りなく少なくしたものであるが，決してなくなることはない。その逆に，暗示とは，その明示性を限りなく少なくしたものであるといえるだろうか。一見そうであるようだが，これはそうではない。暗示とは，ただのでたらめな単語のつながりや韜晦した語りとは全然違うのである。

　暗示は，明示の部分以外の暗に示されたものであるが，暗であるだけに相手がみずから意味を解釈したり，作りだしたりできるものである。日常生活のコミュニケーションにおいては，暗に示されるものがいかに多く，またそれが大切か，場合によっては明示されたものよりそのほうが大切であるかは，誰しも自分の生活を少し振り返ってみればわかるだろう。

　またコミュニケーションにおいては，言葉だけではなく，声の調子，話すテンポ，表情，姿勢などいわゆる非言語的な要素も大切な意味をもつ。これらも通常，暗示的なメッセージとしての役割をもっている。

　ところで相互に信頼できる良好な治療的関係のもとでの言葉や態度には，多大な影響力がある。そのような関係のもとで使われた場合，直接的な暗示と間接的な暗示でどちらがより効果的だと思われるだろうか。

　直接的な暗示は，実は効果は少なくその持続も短い（それで反復して用いら

れやすい)。また相手からのいわゆる抵抗も受けやすい。だから効果をより高め持続を長くしようと、そして相手からの抵抗を受けまいと、より権威、威厳を身につけて暗示を行おうとする向きもある。そのような現象に表れているのは、治療者の立場からの発想であるということである。治療者をパワーアップすることで、より治療効果をあげようという考えである。相手がどんな人かということはおかまいなしである。このようなやり方で仮にうまくいったとしても、治療者の暗示で鼓舞された気分が日常生活の中で霧散すると、また治療者に暗示をしてもらう必要が出てくる。暗示をかけてもらう、という言い方があるが、本来暗示とはかけてもらうものではないことは、おわかりいただけるだろうか。暗に示されたものをどう受けとり、解釈し、意味を作りだすかは、その人自身にかかっているのだから。

## 2) 間接的なメッセージの有用性

では、間接的な暗示のほうがより効果的といえるだろうか。使い方さえ誤らなければ、そうであるといえる。そもそも間接的な暗示は、エリクソンが、相手の抵抗を回避し、より効果的で効果が長続きし、場合によっては雪だるま的に効果が増大するように、相手にフィットし、相手のリソースを刺激し、活性化し、相手がみずからその意味を意識的あるいは無意識的に解釈し作りだしていけるように、言語的、非言語的に工夫して編みだしたものなのである。その人自身が、積極的に参加し、暗示を手がかりとしてみずから治療、成長していけるようあつらえられている。相手の参加の度合いが大きく、自分で達成していくため、治療者への依存度は少なく、長期的な効果が期待できるのである。発想の根本が治療者のパワーアップにあるのではなく、相手の可能性を引きだすことにある。使い方を誤らなければ、と述べたのは、そういう意味である。

また、間接的な暗示は、非常に柔軟でしなやかである。さまざまな話をカジュアルに行いながら、相手が興味を示すところ、反発的な雰囲気を示すところ、あまり関心がなさそうなところなど相手の反応をみながら、話す内容、テンポなどを変化させることができる。よりお互いの共同作業といった趣きになる。

このことはおそらくみな知らず知らずのうちに行っていて，自然な会話の中でも間接的な暗示的な働きは頻繁に現れる。こちらが方向を決めて誘導しようと躍起にならず，相手が可能性の広がる方向に自分で舵をとっていけるようそっと援助するだけで効果はあがりやすい。

## 3) リソースをめぐって

さて，リソースについて少し触れておきたい。エリクソンが患者のリソースをどう考えていたかというと，文字どおり患者のもっているものすべてと考えていたように思う。良いリソース，悪いリソース，長所，短所，健康的な部分，病的な部分などという価値観を含むような区別は，リソースという観点からは存在しない。喜び，怒り，退屈さ，心地よさ，焦り，健忘，緊張，嘆き，安心感，解離，生真面目さ，頑固さ，気安さ，さまざまな学習体験，知識，信条，価値観，ボディイメージ，身体感覚，身体的条件などなど，患者のもっているもの（反応特性や内的条件）はすべてがリソースで，患者－治療者の共通の目的のために使えるものはすべて使った。それらをいわゆるリフレイミングによって，ポジティブな枠組みから意味づけし直して患者に提示して使うだけではなく，ポジティブ／ネガティブの境界を取っ払ってそのまま使うことも多かった。そしてリソースは，トランスの誘導においてもトランス状態での暗示においても重要であるのだが，エリクソンの「治療者は天候である。患者はその天候の中でみずから成長する」という言葉が思い出される。天候しだいで，そこで生きているものの活動は大きく変化する（私にとっては，ガイアシンフォニーⅠで登場した巨大トマトは，まことに印象深いものがある）。ここで天候という言葉を環境という言葉におきかえてイメージしてみてほしい。その患者がみずからのリソースを意識的にか無意識的にか引きだしたり伸ばしたりできるような環境とは，どんな環境だろうか。より友好的で刺激的な人間関係に基づく環境，穏やかな自然な環境，生物として生き生き成長可能な環境，安心を与えてくれる建物としての環境，過去の環境，現在の環境，未来の環境，おもしろいマンガ，味わい深い料理，心地よい音楽，かぐわしい香り，のりのよいバ

ラエティ,サスペンス映画,スリルあふれる遊園地,ほろっとするメロドラマ,熱狂的なスポーツ,美術館,図書館,百貨店,砂場,路地裏,縁台,ぬいぐるみ,新聞紙の剣,ゲーム,竹とんぼ,着せ替え人形,ビー玉などなど。言葉や,環境や,他にどんなものが患者が知らず知らずのうちに求めているもので,患者の成長をより促進し,自己治癒力を高めるものだろうか。さらに,リソースの探索,引きだし,活用に協力していただけそうな方は,この患者の周囲にどの程度いらっしゃるのだろうか。可能な限り相手の身になって,いろいろこちらがイメージしてみると,ヒントが一杯浮かんでこないだろうか。

　最後にエリクソンの有名な逸話を紹介したい。彼は子どもの頃,田舎の農場に住んでいた。人を乗せていないはぐれた馬がうろついているのを見て,エリクソン少年は,持ち主のところまで返してくる,と言って馬に乗っていった。エリクソンは,誰がその馬の持ち主か知らなかった。でもエリクソンは馬に乗って,ちゃんと持ち主のところまで送り届けた。どうしてできたのか聞かれて,エリクソンは,「僕は知りませんでした。でも馬が知っていました。馬にまかせて乗ってきました。途中道ばたで道草をすると,また道に戻しただけです」と答えた。

(精神科医　中野　善行)

●事例①

## オーケストラをメタファーに

　今まで，オーケストラが演奏する交響曲を聴いたことがあるでしょう。目を閉じて思い出してみてください。その交響曲はいくつかの楽章で成り立っていて，それぞれの楽章は多くの楽器で演奏されています。時には，1つの楽器の調子が悪くなることもあるでしょう。しかし，必要な処置がなされれば，それらの楽器は，再び，美しい音色を奏でるようになるでしょう。

　オーケストラは，ある曲を演奏するときに，1つの楽章全体にわたって，難しいリズムやハーモニーの部分がうまくいかなかったり，各楽器のタイミングが微妙にずれてしまったこともあるかもしれません。その経験がもとになって，今度演奏するときには，その楽章が最も完成度の高い演奏になります。

　1つの楽器がチューニングをやり直す必要があったり，修理する必要があっても，1楽章全体がリズムやハーモニーやタイミングを調整し直す必要があったとしても，オーケストラそのものが悪いわけではありません。オーケストラは，それでも相変わらず交響曲を演奏する能力とバイタリティーをもっています。

　これらは単に，楽器を調律する必要があることと，その楽章をもっと練習する必要があることを示しているにすぎません。そうすれば，オーケストラは再び美しいハーモニーとぴったり合ったリズムでシンフォニーを奏でます。

　また楽器を調律するときには，ほどよく調律することが大切です。ヴァイオリンなどの弦楽器は，強く締めすぎても弱く締めすぎてもよい音が出ません。ピアノも，平均律という音階にするため，自然な音階からわずかに音程をずらしていることをご存知だったでしょうか。ずらしすぎても，まったくずらさなくても，平均律にはなりません。

　ほどよさは，1つの楽章全体にわたっても大切です。あなたが今，指揮台の

上に立って，オーケストラ全体を指揮していると想像してみましょう。弦楽器，管楽器，ピアノなど，ある楽器のパートのみ音が大きすぎないように気を使うでしょう。また小さすぎないようにも気を使うでしょう。さらにある楽器のパートのみの完成度にこだわると，全体のバランスがくずれてしまうことも予想できます。指揮台の上で，あなたはオーケストラ全体を見渡して，各々の楽器が各々のパートを演奏するのを注意深く聴いて，すべての楽器が協力して美しい旋律を奏でるように導きます。1つの楽器の出す音のみにこだわっていると，うまく指揮できないでしょう。

また，ある交響曲では重要な旋律を担当している楽器が，他の交響曲ではそれほど重要ではないということもあり，そんなことにも気を配るでしょう。楽器によっては，まったく出番のない場合もあるでしょう。しかし，その楽器が必要ないわけではありません。ある交響曲で必要であっても，別の交響曲では必要がないだけです。

これはオーケストラの楽器奏者がよく着ている礼服と似ています。礼服は，お茶の間でテレビを見ているときには着ないでしょう。そんなときには，くつろげる服を着ます。しかし礼服がいらなくなったわけではありません。洋服ダンスや衣装ケースの中にしまっておくでしょう。考えてみれば，私たちは，指揮者がオーケストラの各楽器のパートのバランスを配慮するのと同じように，服のコーディネイトに配慮しているのかもしれません。

シャツ，セーター，スラックスなど，今日あなたは，お召しになる服をどうやって選んだのでしょう。今の季節の気温にふさわしい服の中から，形や色の組み合わせも考えに入れて選んだのかもしれません。服装に気を使う人も使わない人も，その人なりの特徴のある服を着ていらっしゃるようです。また，季節に合わせて服を替えます。場所に合わせても服を替えます。

夏にふさわしい服は冬に着ると寒すぎます。冬にふさわしい服は夏には暑すぎます。夏服や冬服自体が不快なわけではなく，着る時期が適切でないと不快になるだけです。また夜寝るときに着る服と，外出するときに着る服は違います。これも，どちらの服も大切ですが，時と場合にふさわしい服と，合っていない服があるだけです。どの季節に着る服も，どの場所で着る服も，洋服ダン

ス，衣装ケースにしまっておくでしょう。そして必要に応じて適切な服を出して着ます。今日着ている服は，目を閉じていても思い出せるでしょう。どんな色と形で，着心地はどうでしょうか。ここ数日間のうちに着ていた別の服の色と形，着心地はどの程度思い出せるでしょうか。今とは違う季節であった半年前に着ていた服はどうでしょう。思い出せるでしょうか。寝るときに着ている服についても思い出してみましょう。

　そして，その服を着て，心地よい眠りの中で見る夢について想像してみましょう。夢の中で，あなたは指揮者にふさわしい服を着て，オーケストラを指揮している，と楽しく思い浮かべてみましょう。そんな中で，心の深い部分は，必要なことを自然に学んでくれるでしょう。想像を十分に楽しんだあと，目を開けてよいと思ったときに開けてください。

### <解　説>

　ここでは，心の構造と機能のメタファーとして，オーケストラを用いている。オーケストラをメタファーとして用いることは，サイコシンセシンス（精神統合）の研究者にも試みられているが，このスクリプトはカナダの医師ハンター（Hunter, M. E.）がセラピーに活用しているのをヒントにして作った。

　感覚システムの中で，聴覚が優位な人に向いたメタファーであるが，視覚型，身体感覚型の人にも用いてみて感想を聞いてみたが，それほど違和感はないようである。

　このメタファーの中で，精神的問題は楽器の不調や交響曲の１つの楽章の不出来に対応させている。そして，オーケストラ自体は，能力とバイタリティーがあるという表現により，クライアントが多くのリソースをもっていることを示している。さらに，何かの精神的問題があっても，クライアント自身が問題であるわけではないという考え方も表している。これはナラティブ・セラピーでいう問題の外在化，すなわち，問題とクライアントを分離する技法である。

　また，楽器が直り，ある楽章が再びうまく演奏できるという語りかけにより，問題は解決できるものであることを示している。

　さらに，楽器の調律の話などから，バランスの大切さを言っている。クライ

アントにしばしばみられる「ある反応や感情が完全になくならないと満足できない」という完璧主義を中和しようという語りかけである。

続いて，各楽器には必要なときとそうでないときがあっても，いずれも大切なものであることを語ることにより，心のいろいろな側面を受容するよう働きかけている。精神的問題というのは，心のある側面や感情が突出したものという解釈もできるので，これは問題（症状）の受容をめざした働きかけとなっている。

問題（症状）を嫌悪し，排除しようとすればするほど，問題（症状）にこだわり悪化させるという悪循環は多くのクライアントにみられる。

面接の初期のうちは，直接的に問題（症状）の受容を説いても拒否されることが多い。そこで，このスクリプトのようなメタファーを活用して，間接的に伝えておくと，のちのち問題（症状）の背後にある肯定的な意味などを直接的に説明する「種まき」となる。

問題（症状）を引き起こしている側面も含め，心のすべての側面の大切さを示しているメタファーとして，衣服も使っている。先ほどの楽器やオーケストラのメタファーが聴覚的であったのに比べると，これは視覚的である。今着ている服，かつて着ていた服を想起しようとすることは，トランスを深めることにも結びつく。

このようにメタファーをセラピーに活かす場合は，視覚・聴覚・身体感覚・運動感覚のなるべく多くの感覚システムを喚起するような工夫をすることが望ましい。

（カウンセラー　加藤　薫）

●事例②

# 意識と無意識の協調をめざして

　私は，自分の足で立って歩きますが，自転車にも，足の代わりのように楽に乗れます。そして私は，そんな感じで，毎日車に乗っていくのです。そうするとき，まず何が必要でしょう？　そうです，鍵です。そのドアのロックに合った，それを開けるための鍵です。時々鍵を忘れることもありますが，たいていそれが必要になる前に，必ず気がつくのです。そして私は，ほかの何かあることを感じたり，また考えたり，いつものようにしています。

　運転席側のドアの横に立ち止まると，私は鍵を開けて，ドアを開いて乗り込みます。私にとっては，まったくのところ自然な行為です。何をすべきか，と考える必要さえ，まったくありません。私はただ，鍵を回すときの手応えを感じて，ドアが閉まるときの音を聞いています。そして，シートの座り心地を確かめながら，最もリラックスして落ち着くように，ちょっと座り直したりして，私の身体全体がシートにしっくりと収まるのを確かめます。そしてゆっくりとブレーキを踏み，そのいつもの堅さと柔らかさを右足の裏に感じとります。そして今度は，左足でクラッチペダルを踏み込んで，その適度の重さを味わいながら，左手では，ギアがニュートラルであることを軽く確かめています。そして私は，左手でシフトレバーの位置を確認しています。ここは大事なところです。急いでいても，確実に確かめるのです。そして，そうしながらも，自然に，私の右手はよどみなくキーを回し，いつものようにエンジンが始動する音と微かな振動を感じとっています。そしてこれらは，まったく自然な流れであり，また，行為です。私は加速すべきところで加速し，止まるべきところで止まり，注意すべきことに注意をし，そしてなお私は，それらを考える必要もなく，自然にリラックスして，それを行っているのです。

　いったん走り出すと，徐々に私は何か，ある種の流れのようなものの中に乗

っているようにも感じられてきます。窓を少し開けて，外の空気が風になって流れ込んでくるのを感じます。目は前後左右を間断なく見回しながら，手足がそれに合わせてスピードを上げたり下げたり，ハンドルを動かしたりしてくれています。

　いくつかの角を曲がり，しばらく走って，いつもの大きな交差点で信号待ちをしていると，目の前をたくさんの車に混じって，自転車に乗った人の姿も見えています。その人は器用に車の間を通り抜けながら，私の目の前を通り過ぎようとしています。そしてその姿になぜか引きつけられ，じっと見つめているうちに，人はいくつぐらいから自転車に乗り始めるんだろう，ふとそんなことを，私は思い始めるようです。

　それがいくつであっても，はじめて乗るときはスムーズに快適に乗る，というわけにはいかないものでしょう。十分にリラックスして快適に乗るまでには，たくさんのことを，本当はいろんなやり方で学ぶことになるでしょう。何をすればよいのでしょうか。自転車にはハンドルがあって，サドルがあって，車輪が２つあり，ペダルがあります。私はハンドルをしっかりと握って，サドルにまたがり，ペダルを足で回せばよいでしょう。とても簡単です。すぐには簡単ではありません。しかし，まもなく，とても簡単で快適に乗れます。

　スムーズに，心地よく乗れるまでには，全身の筋肉を常に緊張させたり，ゆるめたりを繰り返しながら，バランスをとることを，そうしてよいバランスをとりながら，適度な力と速さでペダルを右足と左足で回すことを学んでいるようです。何度も同じようなことを繰り返しながら，多くを学んでいます。そして，私は自分の筋肉の構造を知らなくても，動かしたいように動かせるように，そしてまた，化学反応を知らなくても栄養を十分とっていけるように，私はどこかで私が知っているより多くのことを学んでいて，知っている，そんなことを改めて感じているのです。そしてあるとき突然に，しかしまた，ある予感とともに，そうしたことが一点に集中するように，自分が自転車と一体となって自分の身体を軽々と動かしていることに気づくのです。

　そんな思いに身を任せつつ，それに伴うある感覚を受けとっていくうちに，私はまた別の交差点に近づきながら速度をゆるめていて，右足に軽くブレーキ

の感触を感じていることに気づいています。道半ばに来ていることを理解しつつ，前に止まっている車の後ろの窓に見えている＜赤ちゃんが乗っています＞というメッセージに，なんとはなしに心が引きつけられていくようです。

　目に浮かんでくる赤ちゃんは，あれはいったい，どこの赤ちゃんなんだろう，どこかで出会った誰かの赤ちゃんだろうか，忘れたはずの遠い昔の記憶なのだろうか…。その柔らかく，温かく，安全な場所の中でまったくの無防備で，無邪気に，そして頼りきっているその存在…。そしてそれゆえ，力にあふれ，人を動かし，学び続けている，命そのものでもある存在…。生まれたばかりのとき，すべてを依存しているようにもみえながら，同時に生命力にあふれた存在…。大きな声で泣いて，何かを伝えること，強い力でおっぱいを吸うことをすでにはじめから知っています。そしてとても大きな学ぶ力と，好奇心に満ちあふれていて，それから自分を心地よさと満足で満たすことに，とてもすぐれた知恵をもっています。そして，ただ受け身で心地よさを感じとっているようにみえるところから始まりながら，やがて自分の力で自分で自分を気持ちよくすることを学んでいきます。例えば，あるとき自分に手があることに気づくようです。すると手を伸ばせばおっぱいに触れられる，ということを知ります。心地よさを，私のこの手でつかみとることを学んでいきます。そして，自分には足もあることに気がつきます。手と足を使えば，離れたところにある，気持ちよさや喜びにも到達できることにも，私は気づいていくのです。

　するとまた，こんなことも思われてくるのです。私が知っているよりも多くのことを私の深い心は知っているようで，私の中でなんだかうまくやってくれているような，そんな感じもしているのです…。

　ところで，このちょっとしたドライヴも，そろそろ目的地が近づいてきたようです。あなたのペースで思い返しつつ，ゆっくりと，今この場所に戻ってくることにしましょう。心と身体の調和のとれた状態で，ここに戻ります。

## ＜解　説＞

　このスクリプトは，人は自分の多くの行動が自分では意識的なものと思いがちであるけれども，実際には意識と無意識との共同作業であって，自分で思う

以上に自分の行動は無意識的な働きの影響を受けているということ，そしてさらに，意識と無意識の協調があることで，人はよりスムーズにまた効果的に行為することができることを，主に無意識のレベルで学び理解してもらうことを意図している。また，このときの行動または行為というものには，当然のことながら，学ぶという行為も含まれていて，無意識的に学んでいつの間にか身につけていることは多いことから，意識的に何かを学ぼうとするときにも，そこに何らかの無意識的な働きがあるからこそ，人は多くのことを学ぶことができ自分のものとしていける，ということを示唆している。

　このスクリプトは特定の問題を想定したものではなく，多くの人に適応でき，一定の効果が期待されるタイプのものである。一種のリラクセーションのような意味あいで用いることもできるかもしれないし，より複雑なアプローチが必要なクライアントに対しても，援助・治療プロセスのいろいろな段階で使用することで，異なった効果が期待できると考える。

　車を運転する私が語る形式になっているのが本文であり，本文全体を通しては散在法を多用しつつ，一方スクリプトの流れの中で自然に退行していくような年齢退行法，またところどころで錯綜法を使用している。散在法では全体を通して，快適，リラックス，学ぶ，といった言葉を繰り返すことで，プラスのトランスが強化されることを意図した。年齢退行法では，クライアントの自分の年齢から入って，次に自転車の練習を始めた年齢に，そして最後は赤ちゃんのレベルに意識が下がっていくことが期待されている。そして本文全体を通して，意識的な行為における無意識の協調的働きについての気づきが促されるように暗示的な語りかけを行っている。

　またスクリプトは，そこで用いられるモチーフや感覚への言及がクライアントのもっている内的リソースを刺激し賦活するよう意図されている。ここでは車・自転車・赤ちゃんというモチーフを用いつつ，そこに必然的にあるはずの諸感覚に言及していくことで内的リソースを賦活し，それがトランス下において意識と無意識の協調というテーマに結びついていくことが期待されている。

（臨床心理士　吉井　康博）

●事例③

# 葛藤や対立を肯定的に受けとめて

　あなたはこの部屋の温度を感じていますか。
　そして，この空気の中にかすかな湿り気も感じられますか。そのとおり，空気の中には水分が含まれていて，それは，ゆっくりと大気の中を巡っているのです。
　水は大気を巡り，見えないほどの小さな水の粒は，数限りなく集まって，やがて大きな雲を作ることもあるでしょう。そしてさらに，大気にとけきれなくなった水は，雨粒となって，地に降り注いでいくこともあるようです。そんなとき，大地は水の匂いと雨の音，そして，もしかしたら，稲光と雷鳴にも満たされているかもしれません。水はやがて，地面の奥へと染みわたっていくことでしょう。そして，やがて，長く，あるいは短い年月のあと，地から湧きでる泉となって，大地にもどることもあるようです。たくさんの小さな清水をもとに，やがて，いくつも集まり，小さなせせらぎを作り，さらにいくつも集まり，河となって，かさも増していくはずです。流れは，ゆっくりと，低いところに向かい，海水とまじり，海へとつながり，水を大気へと解き放ちながら，流れるままになっていきます。
　心もまた，流れるままです。

　河では，あるときには，河をのぼる魚たちに出会うこともあるでしょう。彼らは，自身の生誕の地をめざして，河をさかのぼり，激しい流れに逆らっていくようです。
　こんなことを聞いてみたくなることもあるでしょう。「どうして，あなた方は，そんなたいへんな旅を続けているのですか。きつい流れに逆らってまで」
　彼らはこう応えるのかもしれません。「私たちはただ，なんとなく，私たち

に自然な，普通のやり方で，生き，旅をしているのです」

　彼らは，こう言っているのかもしれません。「私たちは，河のずっと上のほうの浅瀬で生まれました。これから，流れのままに，河から海へ向かっていくのです」

　くだる魚，のぼる魚。どちらでもない魚。どれも，あるがまま，生きて…。

　河は流れとともに，さまざまなたくさんの生き物たちを育んでいきます。そして最後には，ゆるやかな，本当にゆるやかな流れとなって，海に注いでいくようです。

　海は，さらに，めくるめく大きさで，深く果てしなく広がり，そして，潮の流れの中で，多くの生き物たちが，やはり流れのままに生きていきます。あるものは陽光がきらめく浅い海で，あるものはまったく光も届かない世界で，あるものは海流の流れにのりながら，あるものは静かな深みで，あるものは暖かい透明な南の海の中で，あるものは凍えた，でも豊かな北の海の中で。私は，次第に，遠く，近く，海をわたっていく自分を感じることもできるようです。魚となって，延々と続く，水の生を想うこともできます。

　そしてまた，空を飛ぶ鳥たちも，留まるもの，渡るもの，還るもの，旅を続けるもの，それぞれの術があるようです。さらに，あるものは，生の半ばで道を変えることもあるはずです。

　ある魚は，空を泳ごうとするかのように，なんとなく，場違いな感じを味わうこともあるようです。「昔から空の鳥は憧れでした，でも空にいたら，海の鳥みたいに場違いな感じがするのかもしれません」

　私は，また，もしかしたらこんなことも感じているのかもしれません。流れのままに，大きな河に出て，海に至ることもできる。深い水底から見上げると，蒼く沈んだ世界，そんな向こうに，きらきらと輝くものが見えることもあるでしょう。輝く水面なのかもしれません。そしてさらに，雲の向こう，空の向こうを味わうことができるようになっていくこともあるようです。空には，鳥が風と雲の間で水のにおいや土のにおいを感じながら，飛んでいることもあるでしょう。さらにまた，私には水底の青く沈んだ世界の中で，ただよう小さな生

き物たちが，舞い散る花弁のように，あるいは雪のように見えることもあるでしょう。

　私には，そうして，水面の下では，濃い碧の世界の奥から…，カニやエビ，クラゲ，そして，水底に沈む水草や藻，そして鱗を光らせて泳ぐ魚たち，あるいは小さなプランクトンまで…，さまざまな姿の生き物たちの姿や気配が，もしかしたら感じられるのかもしれません。私は，彼らが，私たちの傍らを通り抜けていくのを，踊るような気配で感じとることもできるでしょう。そして，やがて，1ぴき，2ひき，3びき，4ひき…，さらにはたくさんの数えきれないほどの魚たちがきらきらと背を光らせながら，暗い水の向こうから現れ，そして消えていきます。私たちも，魚たちも，いくつもの道の中から今を選び，今，目の前を泳いでいるようです。

　やがて，私はまた，水と大気の間を行き来することのできる自分に気づくこともできます。自身が水の中で佇んでいるとき，吐く息，吸う息とともに，胸のすみずみまで，水に満たされていることに気づくこともあるでしょう。また，それでも，不思議と，息苦しさを感じることはないのだと思います。水にも味だけでなく，豊かな深い香りがあることに気がつくかもしれません。そして，さらに，身体の重さや動き，そして水の中でなびく髪の感じを心地よく感じることができるでしょう。さらにまた，まわりからの水の圧力を心地よく感じることもあるかもしれません。そして，水の中で，何ともいえない，不思議な感じで響く声を聞くことができるでしょう。

　やがていくらかの時を経て，私は，水から地上へと上がり，大気の中で，大きく呼吸を始めようとするでしょう。そんなとき，もしかしたら，私は心の底からの声を口から漏らすこともできるでしょう。声というより叫びに近い何かを。この世にはじめて生を受け，羊水を捨て，産声をあげる赤子のように，水を胸からすべて吐きだし，息を吸い込もうとするようです。それは，生命が生まれた大昔の声なのかもしれません。

　私は，水として，空と海の間をいくども行き来したこともあるのでしょう。そのいきかえりの中で，河，海，鉱物，そしてさまざまな生き物を巡るのでし

ょう。そして，さらに，そのいきかえりを繰り返すうちに，大気や水はますます芳しく，光は鮮やかに，声音は心地よく響くようになるのかもしれません。

心は流れるままでよいのです。

<解　説>

　本スクリプトは，基本的に「無意識への信頼」をねらっているもので，ある特定の症状の改善や，何らかの病理に焦点をあてたものではない。しかし，主として，何らかの葛藤状況，パラドキシカルな状態の受け入れ方，といったものを念頭において作成している。すなわち，水や大気の循環，魚たちの回遊や遡上といったイメージを用いて，葛藤や対立をなるべく肯定的に扱おうというようなスクリプトである。

　ただ，時に，クライアントが特に「魚」の遡上，その自由のくだりで頭痛を訴えることがあるが，これは葛藤状態のメタファーに反応している結果とも考えられる。相互の深層交流を旨とする働きかけにおいては，好機ともいうべき過程であって，場合によっては逆にどうして，あるいはどんなふうになって頭が痛くなるのかということをキーワードにして，「魚」や水を切り口にさらにイメージを深めていく場合もある。あるいは，水を避け，鳥の渡り，そしてそれに関連した季節風や偏西風，コリオリの力（地球の自転によるみかけの力）の風といったイメージに広げていってアプローチの際に利用することもできる。

　葛藤や対立自体，本人や周囲が気づかぬうちに，本人にとって有益なリソースとなっている場合がままある。またさらに，さまざまな状態へのつき合い方，回避のしかたを含めて，通常ではマイナスともとられがちなさまざまな面に実は本人のリソースは現れる。こういった事柄を念頭において，臨床現場における面接は進められるべきだと思われる。

（精神科医　宮城　徹朗）

● 事例④

# 強迫感の減少を求めて

　あなたは子どもの頃からいろいろなものを学んできました。両親やテレビやいろいろな人の言葉をまねして，言葉がどんどんうまくなり，言葉を巧みに扱うことができるようになりました。自然に，楽しみながら，学ぶことができたのです。努力などということをまったく考えず，その日その日を心のおもむくままに生活し，おしゃべりをして，新しいことを覚えた喜びの中で生きていました。大人になって外国語を習う体験をすると，言葉を学ぶために，不可能と思えるような，なんとたいへんなことを子ども時代はやっていたのだろうと思ったりします。しかし，子どもの頃はたいへんなことをしているなどと考えてはいませんでした。ただ毎日楽しく，人まねをして喜んでいたのです。新しいことを学ぶことを楽しみ，知らなかった言葉をはじめて使う新鮮さをうれしく思っています。子どもの頃のすばらしい能力は，もうあなたの内にはないのでしょうか。決してそうではありません。あなたが自分の内にある深い心をみれば，あの頃のあなたが存在するのです。あなたがそれを有効に使ってみれば，そのすばらしい能力はあなたのものです。その能力は無限にあるのです。あなたがそれを信じて，自分が知らず知らず作ってしまった枠を取り外してしまえば，そこには昔からもっているあなたのすばらしい能力が使われずにしまい込まれています。

　子どもの頃，遊びの方法にはいろいろなものがありました。あることをやっては，それに飽きると，別のことをやって楽しんでいました。気ままに，そのときそのときの喜びに心をまかせて楽しんでいました。まだ努力といった言葉を知りませんでした。あることに飽きると，次の楽しみに向かっていくのです。自分の気持ちに素直に行動していました。その頃の楽しみ方を思い出してみてください。人形遊びに飽きたら，誰かとのおしゃべりに熱中していたかもしれ

ません。次には，漫画を読むのに夢中になっていたかもしれません。

　子どもはしだいに大きくなると，自分の外見を気にするようになってきます。はじめは，自分の顔や身体のかたち，大きさですが，そのうちに髪型や自分の着ている服や靴に関心が行くようになっていきます。

　あなたは，子どもの頃はどのような服装や髪型をしていたのでしょうか。子どもの頃は皆，親の言われるままに服を着て，母親の好きな髪型をしていました。それがいつの頃でしょうか。まわりの子どもたちの服装や髪型に関心が向くようになっていきます。あの子はいつもかわいい服を着てうらやましいといった気持ちも出てきます。そうして，家で鏡に向かって自分をじっくり見ることが多くなっていきます。いろいろと自分の髪型をいじるようにもなってきます。あの子のような服を着た自分を鏡の中で想像するかもしれません。

　もっと大きくなると，街のショーウインドーなどに飾ってある服が気になってくるかもしれません。あんな服が欲しいと心の中で思うようになっていきます。そして，ある日，母親とデパートで歩いているとき，「あの服が欲しい」と思わず口から出てきます。何回かそのようなことがあるうちに，母親はあなたに，あなたが好きだという服を買ってくれるようになるでしょう。誕生日に特別な服を買ってくれたりするかもしれません。あなたはその服を着て，意気揚揚と友達と出かけていくでしょう。

　また，母親がいないときに，化粧台の前で，口紅やその他の化粧品を使って，自分の顔がどのように変わるのか試してみたりしたかもしれません。自分の顔が急に大人っぽくなり，美しく，女らしく感じたかもしれません。

　そしていつかひとりで美容室に行くようにもなるでしょう。髪を自分があこがれている人に似せてカットしてもらうかもしれません。別人のようになった自分を美容室の鏡で見て，うっとりしたこともあったでしょう。

　もっと大きくなると，流行の服を着て，友人たちと出かけたり，ボーイフレンドとデートをしたりするようになります。その頃になると，ファッション雑誌を見たりして，その時期のファッションに敏感になり，オシャレを楽しむことをどんどん学んでいきます。テレビに出てくるアイドルのまねをして，自分を飾り始めたりしたかもしれません。すでに自分の化粧品もたくさんもってい

るでしょう。
　マニキュアを塗り，アイシャドウをつけ，顔を美しく化粧し，イヤリングをつけ，ネックレスをし，ブレスレットや指輪もしているかもしれません。美しい大人の女性として，ゆっくりと優雅に歩いているかもしれません。化粧のしかたをいろいろ変えて，違う自分を見出す喜び。時には髪の色を大きく変えて別人にもなれます。非常に女性的な服装もできるし，ボーイッシュな服装で男性的にもなれます。
　女性の特権はすばらしいものです。どこのショッピングエリアやデパートでも女性服の店やコーナーは男性の服と比較したら思いっきり広い範囲にあり，そこには目いっぱいたくさんのものが置いてあります。あなたは，その中で，安いものから高いものまで，いろいろなものを手にとることができます。気に入ったものを手に入れて，家で着るもの，普通の外出時に着るもの，特別なときに着るものなど，いろいろな状況に合わせて着ることにより，あなたは楽しむことができます。
　家に帰って，買ってきたものを鏡の前で着てみるのも楽しみです。魅力的になった自分を見て，今日はなんていい買い物をしたのだろうと考え，満足げなあなたの顔がそこにはあります。外出するとき，いくつもの服からコンビネーションを変えて，新しい服の魅力を見つけたときはまた格別です。
　大人になっていくと，ファッションだけでなく，仕事も大事なものになっていきます。服の買い方や選び方が人それぞれ違うように，仕事のしかたも異なっています。ある有能な大学教授は，研究材料をいつも多種類もつようにしているそうです。そのため，1つの研究が行き詰まっても，すぐに別の研究のほうに主なるエネルギーを向けることができます。ある研究に飽きると，それをしばらくそのままにして，別の研究に精を出したりします。そのほうが効率的だと彼は感じています。変化をもたせることにより，いつも，より新鮮な気持ちで研究を続けることができるのです。彼にはしなければならないといった義務感がほとんどありません。まず，自分がしたいかどうかが最優先されます。したいと思わないときには，それはしません。別のことをすればよいと考えるのです。

別の言葉を使えば，いつも楽しめる仕事しかしないのです。いつも自分の心が浮き立つようなことを見つけようとしています。彼は楽しいことを見つけるために努力はするでしょうが，おもしろくもない仕事を続けようと努力はしないでしょう。もしおもしろくない仕事なら，それをどうすればおもしろくなるだろうか，といろいろ考えるかもしれません。どのようにしたら，この単純作業の仕事をおもしろくできるか真剣に考えるでしょう。先の作業でおもしろくなる可能性を見出せないなら，やめてしまうかもしれません。

　どんなおもしろいことでも飽きてしまうこともあります。飽きたら，別のことに手を出すのです。たくさんの引き出しをもって，いつも仕事に熱中できるようにするのです。仕事を楽しむことに情熱を傾けるのです。

　なんとすばらしいことではないですか。

### <解　説>

　このクライアントは20歳代の独身女性。初診時，身長153cmで体重28kgだった。大学卒業後，会社に勤務していた。5年前，母親がうつ病となり，まったく家事をしなくなった。やむをえず，彼女は会社を辞め，家族の世話をしなければならなくなった。2年前より，パートで事務の仕事を始めている。家事をしてかつ仕事は忙しく，体重は徐々に減少していった。

　診察時の態度，話し方などは知的で，落ち着きがあり，仕事は真面目に，几帳面に行うだろうと推測された。また来院時の服装はいつも，薄汚れた印象をもたせる薄い色合いで，やせ細った身体を強調するかのようなものだった。さらに，いつも手入れをしていない汚れの目立つ靴やサンダルをはいていた。このように自分の身だしなみにまったく無頓着だったことから，彼女は自分の女性性や自己の喜びを無視して，家族のために強迫的に尽くしていると推察された。

　そのためトランス下での暗示的メッセージの目標は次の2つとした。1つは，彼女に女性としての喜びを思い出してもらうために，かつてもっていたファッションへの憧れと喜びをよみがえらせること，もう1つは，すべてを投げ打って，ただ1つのことだけにまい進する強迫的傾向を軽減することだった。これ

らの目標を達成できれば，心の余裕が生まれ，人生をより楽しもうという欲求が起こり，体重をもとの状態に戻すことができるのではと考えた。

実際の暗示的アプローチでは，最初に子ども時代の言葉を学んだ話から始めた。その中で自分の可能性の無限さを教え，さらには，楽しんで物事をすることを思い出してもらい，現在の彼女がもつ，自分の感情を抑えて，きちんきちんと物事をしないといけないという強迫的観念を変えようとしている。次に，ファッションに関連して，子ども時代から大人になるまでの心の変遷を追い，女性であることの喜びを再体験してもらおうとした。最後に，再び強迫性の問題に戻り，大人の仕事においても，飽きたら，行うことを変えて，楽しみながら働くことが効率的で，良いことだと強調した。

この暗示的アプローチ後2週間で体重が2kg増加し，その後も順調に増加していった。さらには母親との大げんかを契機に，家を出て独立することを決意するようになった。自立する意志を母親に伝えたあとは，母親は以前のようにガミガミ言うことがなくなっていった。このような気持ちや身体の変化は，彼女の言葉によれば，「ふと，眠っていたものが目覚めた感じ」から生まれたものだった。

ファッションという，彼女が忘れ去っていた楽しみを思い出させることにより，青春時代のいろいろな楽しかったことが連想され，最終的に自分の生活を大事にするというあたりまえの考えが彼女の心によみがえり，食欲ももどってきたと推測される。それにより，彼女が，家族のためにすべてを捧げるような生活を捨て，母親の支配から解放される契機になったと思われる。

ここで，この暗示的アプローチで使用したリソースについて考えてみる。面接室で彼女は礼儀正しく，落ち着いた物腰で，現在の状況を理路整然と話していた。ファッションについても興味をもっていると話してくれた。それらから，彼女は子どもの頃から聡明で，幅広い知的興味をもち，思春期にて普通の少女たちが体験するであろうファッションや化粧などへの興味を，通常から大きく逸脱することなく体験したと推測し，それらのリソースを使って彼女を変えていこうとした。

リソースについては，クライアントが話す内容よりも，態度，表情，話し方

などからより多くの情報を得ている。また得た情報が正しいかどうかを，そのリソースに基づく暗示を実際適応し，その反応をみて確認する。アプローチの直後に感想を聞き，その言葉の中で判断できる場合もあるが，次回の面接のときにクライアントに変化があるかどうかでも判断する。

　この症例以外にも，筆者は体重32kgの17歳の拒食症女性クライアントに暗示的なアプローチを行ったことがあった。そのとき，自由に心のおもむくままに楽しむことをアプローチの基調にし，クライアントに海に潜ったり，空を飛んだりしてもらい，美しい自然の中で動物や魚と戯れ，色とりどりの自然の不思議を自由に楽しむ連想を体験してもらった。その後，彼女も体重が順調に増加していった。

　本症例と17歳の症例と比較して考えると，本症例でのクライアントの体重を増加させたものは，強迫性を減少させることを主な目標としたテーマよりも，実際に若い頃にファッションを楽しんだ体験を思い出させるテーマのほうが効果を発揮したのではと思う。つまり，自由に自分の好奇心を満足させ，物事を楽しむことをトランスの中で実際に体験することが拒食症の体重増加に効果があったものと思われる。

　なお，一般的に拒食症の例で女性性を扱う場合，クライアントの抵抗を減少させるために，情報収集の段階や暗示的アプローチの中で女性性を忌避する現状を認め，受容する言葉を伝えることは重要と思われる。時にはさらに積極的に，その現状に対してより肯定的な意味づけを行い，相手に安心感と信頼感を増大させることが必要な場合もあるだろう。

（精神科医　藤村　敬二）

●事例⑤

## 知的能力と感情交流の統合を図る

　では，想像力を働かせて，若い頃の私をイメージしてお聞きください。

　私の話は，強い信念をもっているあなたには，おもしろくもないし，今，役に立たないかもしれません。そして，もしかしたら何かのときに，ふっと，あんな話があったなあ，なんて想い出されるかもしれません。それは，朝，起きたときかもしれないし，ご飯を食べているときかもしれないし…。でも，あなたにとっては，ただの物語ですから，リラックスして，好きなようにお聞きになってください。もし，私の発言がアドバイスのような印象を受けても，それには従わないでください…。

　あなたはもう気づいているかもしれませんが，人の話や出来事を私たちがどんなふうに感じるのかは，すべて私たちしだいですよね。今，あなたが，そうして息を吐いて…，そして，吸って…，そして…，普段はそうしていることすら気づかずに過ごしています。

　まぶたがあるのを感じないで…と，言われると，はじめて，目を閉じようかな…，開けていようかな…，なんて考え始めたり。

　そう，自分自身の身体に注意を向けることでさえ，身体にもたくさんの部分があって，いつも関心を向けられないんです。そこで，あなたはこんな判断をするかもしれません。

　右耳のほうが，左耳よりもリラックスしているか。右の頬のほうが，左頬よりも外の空気を感じているか。右の鼻からより，左からのほうがたくさんの酸素を吐き出しているか。右のまぶたより，左まぶたが重たいか。逆に軽い感じは，右肩からくるのか，左肩からか。

　もしかすると，今いちばんいいのは，そうして深い呼吸をして，右と左，両方を感じながら，スーッと内面に入っていって，何があなたの中で起きている

かを感じること…。なぜなら，あなたが居心地よく感じるには，右も左も協力しなくてはならないからです。

　そうして，深い気持ちのいい呼吸をして，空想してみてください，もうずいぶん前にあなたと同じ年だった，天文小僧を…。

　彼は小さい頃から星を見るのが好きで，あるとき，似つかわしくない高級な望遠鏡を手に入れました。あなたくらいの年…，もう少し前でしょうか。

　いくつかの幸運が重なって，大きな口径の，しっかりとした架台の，専門誌の表紙になるような最新の天体望遠鏡を手に入れたのです。

　鏡筒を磨き，塵ひとつつかないようにきれいにして…，毎日１回，もっとだったかもしれません。使うより，写真に撮って飾っておきたい，そんなふうに思っていました。使う日も使わない日も，外箱から接眼鏡の１つ１つに至るまで，ていねいに，慎重に手入れをして…。

　晴れた夜は，いつもそれを持ち出して，接眼鏡をのぞき込んでいました。そして，遙かな宇宙の，遙か遠くの，遙かな時間を感じる光の点を…，そこには遙かな自分の将来があるようにすら感じて…，眺めていたのです。

　ものすごい自慢のお宝だったんです…，ある日までは。その日，箱を開けると，鏡筒に，横一線，傷がついていました。誰かが，何かをぶつけたのでしょうか。へこみもありました。前の晩の暗がりでは気づきませんでした。心はいたく傷つき，取り乱して…，この望遠鏡には，気心の知れた仲間しか近づいていないのに…，そして，怒りが込み上げてきました。

　それからしばらくは，夜，外に出ることもしませんでした，どんなに星が瞬いていても。そして，望遠鏡を磨くこともしなくなりました。架台にも小物にも触れず，傷さえ見ませんでした。どんな深さの傷か，どれくらいくぼんでいるのか，光軸が狂ってしまっていないか…，鏡筒だけでなく，望遠鏡のすべてがだめになったように感じました。

　きちんと調べることもいやだったのです，あの感情がまた込み上げてくるようで。そして，怒りと悲しみをいつも感じたまま，望遠鏡を放置しておいたのです。何か叫びたいくらいの衝動を感じながら。それでもなぜか，鏡筒の入った箱は閉じられなかったのです…。

そのときから，生活のすべてが変わりました。何をやっても楽しいと感じなくなりました。夜，星を見に出かけることも，朝，学校へ行く気すらしません。好きなテレビ番組すら，心沸き立たせるものに感じません。

　いつも，棚に放置された望遠鏡の箱を遠目に眺めながら，心に刺すような痛みを感じて，自分自身につぶやいていました。「なんでなんだよ！」「どうして俺なんだ！」「納得がいかねえよ！」って。

　だんだんほこりをかぶってきて，およそ新品とは思えなくなってきました。それとともに，星への趣味も薄れていくようでした。星を眺めようとすると，傷を見なければいけないし，いやな気分をまた味わわなければなりません。「どうしてこんなになったんだ…」と，考えたくないことも考えなければならないのですから。家にこもっていたい気分でした。

　ある日，すっかりほこりをかぶった望遠鏡の棚の奥にある，はじめて自分で作った望遠鏡が目に入りました。天文雑誌の広告欄で見つけて，通販で購入したものです。それはお粗末なもので，鏡筒はボール紙だし，架台は華奢なもので，揺れてしまってとても星など観られた代物ではありません。傷どころか，ボロボロで，鏡筒のボール紙は反ってしまっているようでした。それでも，青年には大切なものだったのです。

　その古めかしい思い出の品をいとおしく眺めると，自然とほこりをかぶってしまった手前の望遠鏡も視野に入ります。そうしていると，自分でいやな気分を味わいたがっている自分を感じました。自分には怒る権利があるという気がしてきました。そう，その権利もあったのです，本当に。保証書とともに送って，修理してもらう権利が…。

　洪水ですべてが流され，あらゆるものを失ったのとは違うのです…。川のそばで，多くの人たちは，水位が上昇するのを見つめ，水は堤防を越え，あの電柱の赤い線まで水浸しになり，そして避難し…。でも，水が引くと，また戻ってきて。すべてを失ったのに，生きていたことだけを報告し合い，喜んで…。

　一人だけ洪水にあうことはなかったかもしれません。そして，川に怒りをぶつけもしなかったでしょう。そのとき人は，天災，と呼びました。そして，それからずっと，二度と洪水が起きないように，祈願し続けているのです。

でも，わかっているんです，また起きるだろうって。なぜなら，人がミスをしたり，間違いを犯すように，川も増水するのを知っているからです。それが自然の摂理というもので，人もそうであるように川だけが例外ではないって…。

　でも，誰も怒らないんです…，それが起きても。雨が，その原因かもしれません。でも，雨が悪いんだ，と気に病む人はいません。雨を怖がるものもありません。公園を作り，そして電柱に印をつけて，その思いを別な形にして…，歴史に刻もうとしました。

　そして，お日様が毎朝もどってきて，昇るのを喜びながら，人ももどっていきます。水の引いた川の側へ。そこで生活し，川で水遊びし，釣りをして…。そうして，自らのダメージを消し去っているのです。

（しばらく沈黙）

　そんなとき，「鏡筒，直しに出すんだね」という声が隣から聞こえてきました。

　横を見ると，高校に入ってからの友人が笑顔で話しかけてきました。

「どうして，そんなことを知っているんだ」

「そりゃ，毎日一緒にいりゃあ，わかるよ」

　当時，自分のことを理解しているとか，気持ちがわかるなんて言われるのが好きじゃなかったのです。

　顔も見ずに目をそらすと，そのとき，前の席に座っている仲間の話が耳に入ってきました。彼らは，前の時間の漢文の授業の話をしています。徳のないものはベタベタとした交際をし，徳のあるものは，水のように淡いけれど，長く変わらないという内容でした。もともと国語が弱かったので，先生から，たっぷりとしぼられた時間でした。彼らは言います。

「そりゃ，仲良くしたいでしょ，やっぱり」

　そのとき，青年の頭のまわりを，授業でやった漢文が回っていました。

「君子之交淡若水（クンシノマジワリハ　アワキコト　ミズノゴトシ）」

「案外，わかってるじゃないの。俺も同感だよ」

　友人がまた話しかけてきます。

「何を言ってるんだ。お前に俺の考えがわかるはずないじゃないか」

「何を言ってるんだ。僕はいつでも君になれるし，君も僕になれる。君には僕が必要なんだよ」

「誰だ，お前，お前は誰…」そうつぶやきました。

そんなふうにいつも気がかりな夢から醒めていました。

そして，私には，今でも漢文が回っているんです。

「君子之交淡若水（クンシノマジワリハ　アワキコト　ミズノゴトシ），君子之交淡若水（クンシノマジワリハ　アワキコト　ミズノゴトシ）」って。

そんな高校時代だったのです。

望遠鏡は，性能が落ちることなく，それからもずっと，遠くを眺めるための道具として働いてくれています。今も，現役で，鏡を磨き直して…。そこに，青春の傷をつけたまま…。

（数分の沈黙）

こうして，ゆっくりと話を聞く体験は，あなたが心地よく安らぐ助けになるかもしれません。そしてそれは，いつでも思い出すことができます。あなたが，ご自分の吸う息と吐く息を確認したときに，右耳と左耳が協力して私の声を聞いていることが感じられたときに，いつでもまた体験できるようになっています。

では，あなたも，またこの部屋にもどって，ここの空気を感じましょう。あなたの好きなときに，深く大きく深呼吸をして…。

（深呼吸を待って）

そう，そして，私が1から5まで数を数えると，1つ数が増えるごとに，心地よく目覚め，5を数えると，とても爽やかな感覚を味わい，目を開くことができます。

<解　説>

高校1年生のこの青年は，自殺を図って入院騒動を起こしていた。事件後に面談した学級担任は，自殺の決意の固さに不安を覚え，専門家に相談するよう指示した。素直に応じて来談したものの，「気持ちは決まっているので，何を言われても，何をされても自分は変わらない」と述べ，自分の話をするつもり

はないと断言した。彼の望みは，筆者が同じ年齢の頃どんなだったのかだけを聞きたいというものだった。

　当面の自殺延期のコントラクトをとる過程で，「高校入学直後に幼なじみに裏切られ，誰ひとり信じる気になれない」のが今回の動因の１つであると述べた。凄惨な事件であったことをうかがわせたものの，自殺企図はその友人への当てつけの行為ではないという。

　頑なな態度をみせながらも，素直で従順に話には応じる。しかし，妙に悟ったような達観した語り口と態度は，同世代からはあまり好まれそうにない。それをみずから承知しているかのように，腹を割ってつき合える友をいかに大切にしてきたかを語る。

　その時点では前向きではないにせよ，論理的・客観的にものをみる力をもっていた。また，時折口にする「なんでだよ！」「納得がいかねえよ！」という言葉からは，抑えきれない感情を交流させたいという欲求が感じられた。実際，友人とはそうつき合いたいし，かつてはそうだったという経験も語られた。こうしたリソースは，コントラクトをとるうえでも筆者の助けとなった。

　彼の持ち味である知的客観化／一般化と，すでに経験してもっている感情的な交流の統合を図りながら，未来への視点を提供することを意図した。そのため，彼のニーズである筆者の体験と，かつて洪水に悩まされた彼の住む町を主題に，彼の言葉を織り交ぜた二重構造のアネクドートを構成した。

（高校教諭　高工　弘貴）

●事例⑥

## 過敏な感覚をリソースに

　今あなたのお話をうかがっていて，不思議なことですが，ある深い部分にしまい込んで，忘れていた，いくつかの記憶がよみがえってきました。
　その1つは，もう30年くらい前の子どもの頃に読んだ，あるコミックのエピソードです。それは華々しく活躍している主人公ではなく，引き立て役であり，敵役でもある脇役のお話でした。その脇役の登場のしかたが，私にとって非常に興味深かったのです。その脇役は，ある奇妙なマスクをして登場します。私はそのマスクに，強烈な驚きと共に，あるおかしさを感じ始めていました。というのも，その脇役のマスクは，鼻マスクだったのです。少し想像してみてください。その鼻マスクは，あの白く大きい，鼻も口も覆い隠すような，そんなマスクではないのです。そのマスクは，ある特殊な素材，それは手に入れるのが非常に難しい貴重な素材でできていました。そして，そのマスクは黒くて，手触りの良い，鼻だけを覆うマスクだったのです。そんなマスクをしている人を見たら，笑いをこらえるのに苦労するでしょうね。
　しかし，読み進めていくうちに，その脇役に感じていたあのおかしさが，知らず知らずのうちに，ある不思議な感じに変わっていくのでした。それは，＜何のためこんな奇妙な黒い鼻マスクなんかしているんだろう＞という疑問が，徐々に＜へー，そういうことだったんだ＞に変化していき，そして，徐々に＜へー，すごいやつなんだ＞という認識に変わっていくと共に，あの不思議な感じが，私の中でしだいしだいに，強くなっていくのを感じるのです。実は，この脇役はカレーを作る料理人だったのです。ご存知のとおり，カレー作りには何十種類もの香辛料を使います。ターメリック，クローブ，クミン，カルダモン，シナモン，ブラックペッパー，ホワイトペッパー，カイエンヌペッパー，ベーリーフ，レモングラス，ガーリック，ジンジャー，コリアンダー

…。これらの香辛料は，それぞれに独特の色をもち，それぞれに独特の風味をもち，それぞれに独特の香りをもっています。それらを絶妙なバランスで調合して，この脇役は彼のオリジナルなガラムマサラでカレーを作りあげるのです。そして，この脇役の作るオリジナルでユニークなカレーは，多くの人の舌をうならせ，目を楽しませ，香りで鼻を魅了し，満ち足りた気分に導くのでした。今，私はまた，あの不思議な感じを強く感じているようです。

　思えば，この脇役の香辛料を塩梅(あんばい)するしかたがユニークなのです。この脇役は，料理を鼻で作るのです。万人をも魅了する香辛料の絶妙な調合は，彼の，あの特殊で貴重な素材でできた黒いマスクの下に隠された，あの鼻で嗅ぎ分けられて作られるのです。それを知ったとき，私は，強烈な驚きと共に，あの不思議な感じを強く感じ続けるようになったのです。さらに，私は驚きました。この脇役は，彼のユニークな大切な鼻を，さまざまな有害な匂いから守るために，あの黒い鼻マスクをして覆い隠しているのです。そして，私はこの驚きと共に，よりいっそう，あの不思議な感じをかきたてられているのです。

　…そして，私はある言葉を思い出しました。正確ではありませんが，こんな感じです。「香りは，魅惑的な匂いをよりいっそう増幅するために，あるいはまた，不快な匂いを隠すために，使われる」。言われてみれば，確かにそんな気がします。平安時代の朝廷人たちは，入浴がままならなかったために，お香を焚いて香りを纏ったと聞いたことがあります。そしてまた私は，あることを思い出しました。それは私の尊敬する先生が，あるクライアントに言った言葉です。それが，どのような場面で，どのようなタイミングで，どのようなことを援助するためになされたのかは，覚えていません。しかし，大切なことを伝えているのだなー，という感覚は確実に私には伝わってきました。こんな言葉です。「灼熱の砂漠に住む遊牧民たちは，どうしてあんなに服を重ね着しているんだろうね？　不思議だね。それでいて，どうして彼らはあんなに快適そうな顔をしているんだろうね？　不思議だね」。

　…さて，忘れていたもう1つの記憶をお話しします。それは，私が学生時代に傾倒していた戦中派の稀有な詩人の話です。このことを思い出すと，知らず知らずのうちに，私はまたあの不思議な感じを再び感じ始めています。その詩

人は比喩を使って，沸き立つ思いを，そしてまた，五感で感じられるすべての感覚を，比喩に託して巧みに表現していました。その点では，特異な才能を発揮した人です。しかし，その詩人にも，唯一の弱点がありました。それは，詩人にとって大切な五感のうち，悲しいかな，嗅覚が，ある理由によって発達していなかったのです。その詩人が何かのインタビューで，「自分に調香師としての才能があったら，まったく別の世界が開けただろう」と語ったそうです。調香師とは今風にいえばパフューマーです。すなわち，香りの達人とでもいえましょう…。

さて今にして思えば，あの脇役にとっての鼻とは，いったい何だったのでしょう。この疑問と共に，例のあの不思議な感じがまた，私のまわりを覆ってきます。確かに料理人はスープの出来具合を，目で見て，味を舌で確かめ，香りを鼻で嗅ぎ分けるのでしょう。確かに料理人はチキンの揚がり具合を，油の泡の大きさやチキンの色を目で見て確かめ，泡のはじける音を聞き分けて判断するのでしょう。確かに料理人は，ナンの捏ね具合を十本の指と掌の感触で感じとるのでしょう。あの脇役もまさしく，すべての感覚を活かして，カレーを作っていました。そのうえで，香辛料の調合に全身全霊を傾けて，この脇役は，彼の最も得意とする鼻を使って，ガラムマサラを纏め上げたのです。これが，カレーを引き立て，カレーの具の素材を活かし，全体の調和を醸しだしているのでしょう。多くの料理人と同じように，彼もまた素材の持ち味を，香辛料を使って最大限に引きだし，そして彼は，それぞれの香辛料の持ち味を最大限に活かしきれるように，大切な鼻を活かしきったといえるかもしれません。さらに，得意（特異）の鼻を大切にすることで，自分自身の特異な世界を作りあげ，そして，その特異な世界を多くの人と分かち喜び合うことによって，あの不思議な感じを全身に感じとっているようでした…。

これから私が日常の生活に戻ったら，例えば料理をしているときに，あるいは紅茶を飲んでいるときに，あるいはまた，何かをするともなしにしているときに，あの不思議な感じを，また感じるような，そんな気がしています。

### <解　説>

　上記スクリプトは，職場異動によって，香水をつけた男性と隣接したことで，気分が悪くなり仕事が手につかなくなった30代半ばの女性との，初回面接で使用したアネクドートの一部である。

　彼女は母親譲りの敏感な嗅覚の持ち主らしいが，現在の困惑状態が自身の嗅覚に起因していると意味づけており，「耳鼻科での手術か，精神科での投薬で治療できないものか」とまで悩んでいた。

　彼女は紅茶が好きで香りを楽しむ習慣があったが，最近はそのこと自体も忘れていた。そこで筆者は，以前にどんな紅茶をどのように愛飲していたかを聞きながら，彼女がリラックスして穏やかになれる香りの話を展開させる一方で，上記の話をした。話に込めた筆者の意図は，＜敏感な嗅覚をもっているという資質がいかにすばらしく，それを十分に活かしてほしい＞ということと，＜匂いはマスキングできる＞との2つであった。後者は，次回面接までの課題実行への導入としてのメッセージであり，アネクドートによって彼女の反応性が高まったあとに，「後日，自分の好きな香りのアロマオイルを購入して会社に持参し，例の匂いが漂ってきたらそれを嗅いで，紅茶を愛飲している様子を思い出してみては」と勧めた。

　3日後，彼女は有給休暇をとってオレンジの香りのオイルを買い求めた。3週間後のセッションでは，彼女の不快感はほぼ消失し（「最悪」を10としたときに，1～2），仕事も満足できる状態であった。また，問わず語りに，ワインのテイスティング番組に出演していた，自身の味覚に自信をもってそれを活かそうとしている若き女性ソムリエの話を語った。さらに，彼女は現在アロマテラピーに興味を抱いており，いろいろと情報を収集しているとのことだった。20カ月後までのフォローアップで，症状の再燃がないことを確認している。

（臨床心理士・産業カウンセラー　足立　智昭）

● 事例⑦

# 罪悪感の変容を図って

　お母さんのお話を聴かせていただいていると,こんなことを思い出すんです。少しお話しさせていただいていいですか。
　…紫陽花の花の咲く頃を過ぎ,雲の切れ間に強い日差しを感じ始める頃,私は,もうずっと昔のある出来事を思い出すことがあります。あれは,どれくらい前のことだったでしょう。もう何十年も前のことです。ぼんやりとした記憶の中に,草の萌えるにおいやせみの鳴き声,額に流れる汗の感覚などとともに,ふとよみがえってくる出来事です。
　あれは小学生になったばかりの頃でした。アサガオを育てることになったのです。ある日の帰り際に,先生が,「育ててもらいたいものがある」と話し始めました。そして,「それぞれが自分で調べたり工夫したりしてやってみること」と言うのです。
　先生の手によって,グループごとにアサガオのタネが配られていきます。そのグループの中で,さらにひとりずつ自分のタネをとっていきます。アサガオのタネはどれも同じ大きさ,同じ形に見えます。私は,手を伸ばして2粒ほどのタネをとりました。手のひらにのった小さなタネは,どれも同じように見えたのに,よく見ると形も色も大きさもまったく違っています。そして,友達のものをそっと横目で見ると,友達の手のひらにのっているタネとも違っています。私が手にしたこのタネは,少し小さくごつごつしていて,形もちょっとアサガオのタネらしくないものでした。私はちょっと心配しました。小さいこのタネは,ちゃんと花が咲くだろうか。友達のものと同じように大きくなるだろうか。友達の手にしたタネは,ふっくらと大きく,とてもりっぱに見えます。
　私の心配をよそに,友達はタネをランドセルへしまい込み,家へ帰る準備にとりかかっています。もう,タネは全部みんなに配られていますし,このタネ

と取り替えてくれる人はいないでしょう。私が育てるのは，ちょっと小さなこのタネしかないのだと思いました。私はあきらめ，そして，このタネからりっぱな花を咲かせてやろうと決心したのです。

　先生の声が響きます。「今度，アサガオを学校へもってくるのは，自分で育てて，花が咲いたときです」

　…私は，タネを家へ持ち帰ると，『植物の栽培と育て方』という本に目を通し，さっそく植木鉢に土を入れ，タネをまき，水をあげました。心配だったので，たくさん水をあげました。そして，家の中へ入れておきました。次の朝も，植木鉢を外に出し，そして，たくさんの水をあげました。心配だったので，肥料もまいておきました。大きくなったときのために，つるが巻きつく支柱も用意しました。次の日も，次の日も，植木鉢を家の中に入れ，外に出し，たくさんの水をあげ，肥料をまきました。肥料は多いほうが大きく育つだろうと思ったのです。

　数日が過ぎましたが，芽が出ません。水はたくさんあげているし，肥料も十分のはずです。やはり，このタネは育たないタネだったのだろうか。あるいは，タネが土の中で腐ってしまったのだろうか。そんな心配が頭をもたげてきて，私は土を掘り返してみました。タネを蒔いたあたりをそっと掘り返してみたのです。すると，1粒のタネから小さな芽か，あるいは根のようなものが出ていました。少しずつだけれど，なんとか生長していることがわかりました。私は，急いでタネを戻し，土をかぶせます。そしてまた，数日が過ぎました。やっと土の上に小さな芽が出てきています。やはり，遅すぎるように思いました。どうしたらもっと早く生長するのだろうか。何か足りないことがあるのだろうか。自分がもっとできることはないだろうか。そう思う毎日を過ごしながら，友達のタネの生長の様子を知りたくもなりました。学校での友達との会話の中に，ときどきアサガオの様子の話が出ることがあります。10cmぐらいになったとか，つるが支柱に巻きつき始めているなど，友達のアサガオは順調に育っているようです。そういう話を聞きながら，私のアサガオと比べてみると，やはり，生長は芳しくないようです。

　私は，もう一度育て方の本に目を通しました。タネのまき方，植木鉢の種類，

支柱の立て方，水やりについて，肥料の種類と量，鉢の置き場所，日照時間など，細々としたことを確認しました。どれも，きちんとやったものばかりです。心配しすぎて，水と肥料を多めにしてしまったことがいけなかったのだろうか。そんなことを考えたりしました。どこか落ち着かず，何かできることを探そうとしていました。

　…ある日，ふと，アサガオの植木鉢越しに，向こう側に広がっている庭から雑木林に目が留まりました。真っ青な空から降り注ぐ初夏の日差しと濃い緑色の木々。雑木林のこちら側に夏草が風に揺れ，庭には，空に向かって伸びるヒマワリの花が黄色く輝き，低いところには小さな紫色のツユクサとシロツメグサが敷きつめられていました。私は，初夏の匂いを吸い込み，まぶしい光景をしばらくの間見ながら，吹き行く風の音に耳をすませました。

　それから私は，アサガオを植木鉢から庭のフェンスの近くに植えかえました。そして，アサガオを心配することをやめました。時々，近くへ行って様子を見るだけでした。

　雨が降り，風が吹き，夏の太陽が降り注ぐなか，アサガオは生長していきました。ふた葉が開き，本葉が出て，つるが伸び始め，近くのフェンスに力強く，時計の針の動きと反対の向きにからみついていきます。それをただ見守っているだけで十分でした。

　ある朝，早い時刻に目が覚めてアサガオの様子を見に行くと，花のつぼみがついているのです。もう花が咲くのは間近でした。よく見るとつぼみは1つだけでなく，4つか5つぐらいついていました。

　次の日の朝，様子を見ると，もう花が大きくひらいていました。うす桃色のとてもきれいな花でした。その花を近くで少しの時間眺めたあと，そこから離れ，夏の日の景色をまた楽しみました。青い空と真っ白な雲の下に緑色の木々が並び，夏草と夏の花が風に揺れ，その中にうす桃色のアサガオをはっきりと見ることができたのです。私は，その花がかすかに揺れているのを，ここからじっと見ているだけで十分でした。

　…そうです。お母さんのお話を聴かせていただいていると，こんなことを思い出していたのです…。

### <解　説>

　これは，障害をもつ子どもを育てる保護者（母親）に用いたスクリプトである。障害児をもつ母親は，現実的な育児の困難さとともに，わが子に障害があることを知ったときの動揺や，出産にまつわる罪悪感をもってしまう場合が少なくない。そのため，その子に対する教育への関心も高いことがある。わが子のもつ障害を少しでも軽減し，将来を幸せに生きてほしいと思う心の表れでもあるが，時には，自分を責める気持ちが強くなってしまうことがある。こういう場合は，母親の不安定さが子どもに影響し，その子の不安定さにつながってしまうことがある。しかし，母親への援助はほとんどなされないことが多い。あったとしても，「励まし」や「なぐさめ」の域をでないもので終わっていることが多いと思われる。

　このスクリプトでは，自分を責めたり追い込んだりする焦りの中での子育てから，その子とともに歩む子育て（その子が本来もっている力と共に歩む子育て）を受け入れていけるような変容をねらいとしている。

　アサガオは，誰でも知っている花であり，また，自分が小学校の頃に育てた経験のある人も多い。「アサガオの生長」を「子どもの成長」の比喩とし，そのかかわり方を「自分の手でなんとかしなければ」というところから「見守る」立場へという転換を織り込んだ。

　また，普段わが子と一緒にいるときに感じている「愛らしさ」を片隅に追いやり，焦りや不安だけを増大させてしまう傾向があった。この両者をリソースととらえ，そのバランスをうまくとれるようにした。

　なお，この話しかけの前の段階で，母親のもってしまう「自分を責める気持ち」や「焦り」などに十分チューニングをし，その気持ちの妥当性を共感的に受け止めるように心がけたことを付記する。

　このアプローチのあと，気持ちが少し楽になった旨の母親からのフィードバックがあり，それとともに，母親自身が個人としてさらに楽になるための課題を話し合えるようになった。

（聾学校教諭　益子　周）

●事例⑧

## ブラキシズムの軽減をめざして

---

　今，あなたは，ゆったりとして安定した気持ちを感じているのですね。それでは，少しの間，目を閉じて，その気分を感じていきましょう。吸う息，吐く息に注目してみましょう。

　そうして，このなんとなく不思議な，でもやはり過去にも出会ったことのあるような感じを感じながら，ふと気づくと，私は無意識のうちに，どこかをさまよっているような感覚も覚えていくようです。

　風が心地よく頬をなでていきます。木々の葉を揺らす音も聞こえてきます。私は気の向くままに歩いていきます。木々の間から，太陽が輝いています。まぶしくて，思わず目を細めます。どこからか，子どもたちが遊んでいるような声も聞こえています。

　ふと気づくと，私は喉が乾いてきたようです。「何か飲みたい」と思いながら歩いていきます。水音が聞こえるようです。川のせせらぎでしょうか。ふと気づくと，下のほうに降りていく道があります。私はゆっくりと降りていきます。足元の石ころをよけながら，時にはがさがさとした木の幹に手をつきながら，降りていきます。

　ふと前を見ると，子どもがひとり歩いています。軽やかにリズミカルに歩いています。道は少しずつ急になり，子どもの足どりが危なっかしくなってきたようです。「手をつないであげようか？」話しかけると，子どもはにっこり笑ってうなずきました。今度は2人で手をつないで歩きます。力強く私の手を握る子どもの小さな手の感触が伝わってきます。

　そういえば，ずっとずっと以前，私がまだこの子くらいの子どもだった頃，私も手をひかれて歩いたような気がします。いくつくらいのときのことでしょ

う。

　5歳くらいのときでしょうか，それ以前，3歳くらいのときもあったし，もっともっと小さい，よちよち歩きのときかも。
　どんな気持ちで歩いていたのでしょう。小さい頃の私。
　「危ないから手をつなぎましょう」そんなふうに言われていたのかもしれません。あの頃は，前ばかり見て歩いていたような気がします。
　少し前に落ちているきれいな石。何だかわからない，キラキラする破片。小さな虫。よちよちとおぼつかない足どりで，必死に近づいていきました。
　そこまで行き着いて，しばらく見つめていると，今度はまた他のものが目に入ってきます。小さな花，お菓子の空き箱，ビー玉。
　次から次へと，目に飛び込んでくる世界。おもしろくて，おもしろくて，夢中で追いかけた。転んでも，転んでも，また起きて歩いた。
　あの頃，「危ないよ！　大丈夫？」そんな声を近くで聞きながら，でも，ちっとも危ないなんて思っていなかった。すりむいた膝小僧が痛くて大声で泣いたけど，そのあと，すぐまた歩きだした。「また転ぶだろうか」なんて思いもよらなかった。
　少しもうまく歩けなくて，小さな石にさえつまずいて。今と比べたら本当に何もわかっていなくて，それが危ないのか，触っていいのか，食べられるのか，何一つわからなかった。
　わからないけれど，だからおもしろかった。そうやって，おもしろいものを捜して，転んでも転んでも，一歩一歩，歩いているうちにだんだん歩くのがうまくなった。小石はぴょんと飛び越えられるようになったし，走ることもできるようになった。高いところから飛び降りてみることの楽しかったこと。
　「危ないからやめなさい」という声を聞いても，何度も何度も飛び降りた。
　「おもしろかったな」と思い出しながら歩いていたら，急な場所は通り越していた。先ほどの子どもは「もう大丈夫」と言って走りだした。
　気がつくと川辺に出ている。近づいて水に手を浸すと，びっくりするほど冷たい。手ですくって一口飲んでみる。冷たい感触が喉を通り抜けていく。もう一度すくって，今度はごくごくと飲んでみる。乾いた身体にしみわたってい

く。
　ああ，おいしかった。
　そろそろ戻ろうか。子どもと手をつないで降りてきた斜面を，今度は1人で登っていく。見知らぬ野の花が咲いている。何という花だろう。
　ちょっとすべって転びそうになり，手をつくと木の実が転がっている。食べられるのだろうか。よく見ると石の下から小さな虫が這いだしてくる。木の枝につかまりながら歩く。一歩，一歩踏みしめて。この感じはもしかしたら，あのよちよち歩きのときと似ているかもしれない。一歩，また一歩，この感触を確かめる。足の裏から伝わってくるなつかしい感触。
　転ぶことなんて心配しない。転んだら，わーっと泣いて，そのあと，また起きて歩く，その繰り返しだ。
　あの頃の感触。今もちゃんと残っていた。ふと気づくと，散歩でも終えたように，私はもとの場所にもどっている。さまよい始めた，この場所に，今いるこの部屋に…。
　今も部屋の床を感じている私の足の裏の感触。膝の上の手の重み。そして，耳に聞こえる私の声…。
　さあ，ゆっくり深呼吸を3回しましょう。そして，好きなときに目を開けましょう。

＜解　説＞

　歯科医療とカウンセリングは，一見かけ離れた領域のようにみえるが，口腔領域に現れる症状は，実は個人の生活の状態を反映している場合が少なくない。
　今回は，ストレスによるブラキシズムから歯肉に発赤，および潰瘍をきたし，来院したケースを扱っている。
　患者は，40代の女性。夫，義父母，3人の子どもと同居。理解ある優しい夫に支えられ，今まで幸せに生きてきたが，数カ月前に夫が癌であることがわかり，一時錯乱状態になった。その後も，夫なしで生きていく自信がもてず，ひどく憂うつな気分で毎日を過ごしている。精神科で投薬も受けている。

そこで,「噛みしめてしまう」ことについてTFTで陰性感情を除去しながら,「夫のことが心配」「今後の看病ができるかどうか不安」「将来に対する不安」などの患者の訴えに対し,FAPを使って脱感作を行った。その結果,精神状態は落ち着き,歯肉の状態もかなり改善されてきたので,次に,スクリプトを使ったセッションを試みた。感覚移動法から入り,視覚,聴覚,触覚の感覚を増大させるような表現を心がけた。また,インナーチャイルドを意識した子どもの登場を試みる。子どもを使った年齢退行を用い,子どものときにもっていた,生き生きとした感覚,万能感が,今の「私一人では何もできない」と考えている状態に統合されることを期待した。最後は今いる部屋に感覚をもどすことで自然にトランス状態から覚醒へと導いている。

覚醒後,「私は存在しているだけでも家族の役に立っているんですね」,また「残された時間は私へのプレゼントでもあるんですね」などが患者の口から語られた。

次のセッションのときには,「今までしかたなく食べていた食事が,おいしいと感じられるようになった」「テレビを見て笑った,久しぶりに新聞を読んだ」,さらに「夫と自分を別々の存在としてみられるようになった」などのフィードバックを受けた。

その後,「夫の状態はあまりよくないが,それを見ていても落ち込まなくなった」「先のことは考えられない,考えたくないのではない。今は,今のことを考えたい」「これからは一人でも楽しめるものをもちたい」と語った。

この時点で歯肉は健康な状態にもどっていることから,ブラキシズムは消失しているか,あっても問題のないレベルであろうと推察される。

この患者のリソースについて追記したい。彼女は「私は弱いから落ち込む」とよく言ったが,問題から逃げることなく正面から向き合っている姿勢は,＜悩むことのできる力＞（ドストエフスキー）にほかならない。この患者が弱さととらえているものこそが,まず何よりもリソースであり,強さでもある,ととらえてかかわった1ケースである。

(歯科医　石井　久恵)

●事例⑨

## 抑圧された感情を解放する

　私は今，公園の中を歩いています。そして，足の裏に柔らかい土の感触や芝生の感触を感じています。葉の生い茂った大きな木や草花が見えます。大きく深呼吸をすると，ほのかに木や花の香りが感じられるようです。太陽の木漏れ日が，程よく湿り気を帯びた土の上をところどころ照らしていて，その光と影がはっきりと見えています。先のほうに目をやると，緑の芝生が生い茂った広場があるのが見えます。そして私は柔らかい土の感触を感じながら，ゆっくりとそちらのほうへ歩いていきます。そして，風が優しく頬をなでていくのを感じています。温かくて，とてもゆったりとしたいい気分です。

　やがて歩きながら，はじめて来た公園なのにはじめてではないような不思議な感じがしてきて，もしかしたら以前，夢の中で見たような気もするし，あるいは遠い昔に訪れたことがあるのかもしれない…と，ぼんやり考えながら，遠くの記憶を手繰り寄せようとしても，あと少しで手が届きそうになるとするりと抜け落ちて…，そしてまた手繰り寄せようとするとまたするりと抜け落ちて…，それを繰り返しているうちに自分がいったい何をしようとしているのかわからなくなってきて，しだいにぼんやりとしてくるようです。

　やがて広場に着くと，真ん中に噴水があるのが見えます。どうやらその噴水は長い間使われていなかったらしくて，水が乾いています。そしてふと周囲に目をやると，このあたりの木や芝生や花たちがみな生気を失い，枯れかかっているようです。風が吹くと，枯葉がかさかさと音をたてているのが聞こえてきます。足の裏の芝生の感触も固くて，下の土が乾ききっているのが感じられてくるようです。なんだかこの噴水の一帯だけ薄暗くて寂しい感じがしています。それで私はこの噴水の水を出すことを思いつきます。そうすれば，まわりの木々も生き返るかもしれません。そして水道の蛇口をひねってみるのですが，

その蛇口がとても硬く閉められていて，容易には開きません。「いったい誰がこんなに硬く閉めたんだろう…」

見ると，蛇口がさびついてしまっているようです。それで私はさらに力を入れてゆっくり蛇口をひねっていくと，だんだん水が出始めてきます。はじめは少しずつ少しずつ出ていたのが，またゆっくりひねっていくと，やがてほどよい加減で出てきて，やっと本来の噴水らしい姿を取り戻してきます。私は，「そう，噴水はこうやって水を出すのが自然な姿なんだ。だから，これでいいんだ」そんなことを心の中でつぶやきながら，気持ちよさそうに水を放っているその噴水を眺めています。するとなんだか私の心の中までもがスーッとしてくるようです。そして私は，しばらくの間，何度か蛇口を開けたり閉めたりするのを試してみます。そのたびに噴水の水を自由自在に大きくしたり，小さくしたりすることができるのを確かめていると，しだいに楽しくなってきて，それを何度も繰り返すうちに，だんだんと，心も身体も軽くなってくるようです。

やがて，まわりの枯れかかっていた木や花や草が，水分を思う存分吸収して，みるみるうちに生気を取り戻して生き返っていくのが見えます。木々や芝生の緑が目に鮮やかで，太陽の日差しを浴びてまぶしいくらいに輝き始めています。噴水の水はほどよく，あたりを潤し，生き返らせていきます。そしてそれを見ていると，自分の身体の中にも温かいエネルギーが沸いてくるのが感じられてくるようです。

草の上に腰を下ろしてごろんと横になってみると，草やその下の柔らかくて温かい土の感触を感じます。やがてしだいに気持ちよくなって眠ってしまったようです。そしてゆったりとした深い眠りの中で私は夢を見ていて，そして夢の中でも私はなぜかこの同じ公園に来ているようです。

そしてふと気がつくと，噴水のそばに小さな女の子の姿が見えます。そしてその女の子が小さい手で一生懸命噴水の蛇口を閉めている姿が見えます。全身の力を込めてぎゅっ，ぎゅっと蛇口を閉めていくと，噴水の勢いはだんだん小さくなり，やがてすっかり水の出が止められてしまいました。そしてそれを見ているうちに，やがて私がその子なのか，その子が私なのか，夢の中で現実の私と夢の中の私が入れ代わってしまうような，あるいはまた1つになってしま

うような感覚を味わうとともに，夢とうつつがしだいに溶け合い交じり合っていくような，不思議な感覚を感じているようです。

　噴水が出なくなると，しだいにまわりの木や草や花が生気を失ってきて，やがて葉っぱが枯れてしまいました。芝生も，その下の土も乾いて硬くなり，足の裏にその硬い感触を感じることができるほどです。そして太陽もかげり，湿った風を頬に感じています。なんだかこのあたり一帯が薄暗くて淋しい感じになってしまいました。気がつくと，女の子の姿はどこにも見えません。そしてぼんやりと私は，以前どこかでこんな感じの光景を見たことがあるような，何か夢の中でまた新たな夢を見ているような感じがしてくるようです。

　やがて，どれくらいの時間が経ったのでしょうか。夢から覚めてみるとまた自分は同じ公園にいて，でも違うのは，今は噴水の水がとても気持ちよさそうにあたりを潤していて，周りの雰囲気も明るくて，木や草や花も生き生きとしています。もちろん小さい女の子の姿はありません。でも，何か不思議な夢を見たようで，私の中には懐かしい感じとともに小さな女の子が残っているような感じです。

　そして改めて公園を見わたしながら，またここへ帰ってこようと思っています。どうやらこの噴水の水を管理できるのは私しかいないようですし，ここで昼寝をしたら，また女の子に出会えるかもしれません。そして，ふと女の子と一緒に噴水で水遊びをしている夢を想像すると，なんだかうれしくなってきて，またここへ来るのが楽しみになってくる感じです。

　それから私は，おいしい空気をおなかいっぱいに吸い込みます。木々の緑を眺めています。ほのかな花の香りを感じています。鳥のさえずりが聞こえてきます。そしてちょうどいいぐあいにあたりを潤している噴水の水を見ています。とてもゆったりとしたいい気分です。

## ＜解 説＞

　クライアントは20代後半の既婚女性。摂食障害歴10年余。過食嘔吐を繰り返している。父親は単身赴任で不在のことが多く，母親は教育熱心だった。またわが子のネガティヴな感情の受容がなく，クライアントは親の期待に応えよ

うと常に優等生で明るい良い子を演じてきた。摂食の症状以外に，強い自己否定感，不安感，緊張感，人間関係の問題などを訴えて来所。

　クライアントの症状は，心の苦しい思いを感じないようにするために工夫されたリソースそのものである。また出来事について分析したり解釈したりというような「考える」という反応特性も，このクライアント固有の大事なリソースである。

　クライアントは，数回のセッションを重ねるうち過去の抑圧していた感情に気づき，それを感じ，表現できるようになってはきたが，それまでの抑えてきたものが大きかったためにうまくコントロールができず，自分の感情に振り回されてしまう状況が起きていた。このスクリプトは，不思議な夢物語の中で，自分の感情は自分でコントロールできるということを伝えると同時に，傷ついたインナーチャイルドを癒すというプロセスを促進する目的で作られたものである。はじめに導入として，公園を散歩するというリラックスしたイメージの中でトランス状態に導き，さらに夢という曖昧で抽象的なモチーフを錯綜法によって織り交ぜることで，よりトランスの深化を図った。公園は自分の心の状態，噴水は感情表出の暗喩であり，感情のコントロールを噴水の蛇口を調節するというイメージによって行った。そしてさらに導入で用いた夢を再度用いてトランスを深化させると同時に，これから起きることが夢物語であるということで意識的な抵抗を弱め，過去へ回帰してインナーチャイルドと出会い，癒すというプロセスを促進した。それは，これまでのセッションの中で子ども時代を振り返ることが何度かあり，傷ついたインナーチャイルドというイメージを，クライアント自身が自分の中に感じていたからである。

　その後の経過としては，このセッションを契機に自分の感情をしだいにコントロールできるようになり，楽に自己表現ができるようになっていった。それに伴い，精神的な安定を獲得し，あるがままの自分を受容できるようになり，結果として症状そのものに対しての見方が変わり，肯定的な受け止め方ができるようになった。

（カウンセラー　山本　倫子）

●事例⑩

# うつ状態の変化のために

## ■スクリプト（1）

　秋が深まるとき，やがて冬が忍び足で訪れて，ふと気がつくと，木々は枯れ始め，やがてすべての葉は落ち尽くして，冬は地上を冷たい風と凍る雪とで覆い尽くすのです。

　そして，森のすべての生きとし生けるものは，息をひそめて，…冬の眠りにつき始めます。

　それは，まるで，地上のものすべてがいったん死を迎えるように…。

　そして，この眠りは確かに死にも似て，すべては記憶の彼方に流れ去り，深い忘却の中に飛び去っていくようです。何も感じず，驚きも，喜びも，悲しみもなく，ただまっ暗な闇の中にひたすらただよい，そこでは，私はただ小さな一点のように縮まっていて…，いや，それとも違って，実は，その一点でさえなく，私は自分が何ともつかぬ虚しい気体のようにも思われるのです…。

　そして，私の虚しさの中の一点のこの重苦しさ，私が押しやろうとして押しやれないでいるこの感覚は，たとえるなら，まるで暗黒星雲のようなものかもしれません。すべてがそこに押し込められていくような，…それは何かの終わりでもあり，…そして，何かの始まりなのかもしれません。

　そして，また，私の漂う宇宙のその場所では，星が1つ，また1つと輝いています。冷たく，凍った光を放って。

　それはまた，限りない灼熱の炎でもあって，それを思うとき，あの太陽の光を，ふと私は思うこともできます。

　すると，私は，いつか知らず知らず，あの地上の日々も思い出せるようです。地上に降り注ぐ太陽の光のこと，日の光の，まだ冬よりは確かに多かった秋の日々のこと…，そしてもっと激しい光が降り注いだ，あの夏の日々…，そして，

それは春から始まった太陽の物語を。…そのとおり，たしかに季節のめぐりは，いつも私が見るあの木々の上に映し出されたのです。

　日の光の微かな暖かさを嗅ぎとって，小さなつぼみが芽吹く，あの早春の日，そして，やがて，溢れんばかりの香りを放って，輝いていた春の日，…それからあの初夏の日差しの中で，若葉を金色に輝かせながら，そよ風を浴びていた梢の重なりも。

　…やがて，燃えるような夏の日差しを浴びて，木々もまた，まるで緑の炎のように燃えさかるかとも見え，また時に，狂おしいほどの日差しに立ちすくみ，うちひしがれていた枝々のシルエット…。

　そのうちに，知らず知らずに忍び寄る秋の気配は，しだいにその葉の繁みを少しずつ金色に変え，夕日の中に一瞬の黄金の華やかさをあらわすと思う間もなく，つぎつぎと梢の葉たちは色褪せ，やせ衰えて縮み，そして1枚，また1枚とその身をもむように枝から落ちて，またあるものは，丸まってかさこそと秋の風に舞い，またあるものは，土の上に降り積もり，そして秋の雨に濡れそぼりながら，しだいに溶けだして，新たな土となっていくのかもしれません。

　そのうちにも，秋はせきたてられて，冬にその主役を譲るとき，冬のその分厚いマントが，さっとふりかざされるたびに，冷たい風と雨を呼び，そして雨はやがて重い雪と化して，するとその木は身を固くしながら，長い夜の季節の中に引き寄せられていくようです。

　そして，思えば，この眠りの冬，こがらしの音や，凍える雪の冷たさに，身も心もしびれるようになり，やがて何ももはや感じられないままに，ひたすら，まるで生命をもたぬもののように私自身を感じるとき，ふと私は，重苦しさを感じていたあの感覚に，改めて気づくかもしれません。

　そして，それから突然逃れたくて，私は深呼吸をします。1回，2回，3回，私の吸う息のこの感覚と，吐く息のこの感覚に気づくようです。4回，5回，6回，…すると，しだいに私の中に訪れる，この，新しいある感覚…，かつてのあの重苦しさとはまた違うこの感覚，…それは長く私が忘れていたものかもしれません。そして，今，改めて私は，知らず知らず私のいのちの感覚を，私の中に受けとっているのかもしれません。

私は,あらためて,この冬の眠りの中に心ゆくまで身を任せたくなるようです。やがてめぐりくる春のかすかな兆しを予感しながら…。

ほんとうに,意識では気づかない,このかすかな春のいのちの新たな兆しを…。

### ■スクリプト (2)

　…無為という言葉を知っていますか。為すこと無し,と書くのです。為さず,なにも為さない,何もしないこと…。

　何もしない,何も考えない,そんなことができるのだろうか,そんなことがあってよいのだろうか,…何も考えない…,そんなことはとても考えられないように思います。何も考えないようにしよう,そう思っていて,…何も考えないようにしようと考えている自分はいるのです。それとも考えていないから,考えているのか…,考えている自分は,もともといないのか,考えているから考えていないのか,今考えていると思う自分は,実は考えていないのか,考えていない自分は,やっぱり考えているのか…,しだいに私はぼんやりとして意識が少しずつ,遠のいていくのを感じていきます。何も考えていない私,すると,ふと,この感じは…,そうか,何もしないことの,あの感じかもしれません…。

　…私はなぜかある話を思い出すのです。ある詩人の部屋を訪れたある人の話を。そして,その人の目の前には,ただ一面の闇が広がっているだけです。ちょうど今の私の目の前のように。そのとき,この耳に突然,詩人の声が響くのです。

　「ほら,見えるでしょう？」

　そこで目を暗闇の中に凝らして見ても,その人の目には何も見えないのです。

　「ほら,暗闇の中をよく見て。するとしだいに,ほら見えてくるでしょう？」

　何も見えない…,そうしか思えない。その人の目には。…すると,しだいに,暗闇の底から少しずつ見えてくるものがあります。暮れなずむ部屋の外の中庭のあたりに,そのまっくらな闇の中に目を凝らせば,たしかに,何かが見えてくるようです。そのとき,その人が小さく叫びます。

## 第1章 スクリプト事例　リソースに添って

「あっ，あんなところにほたるが…」

そのとおり，そしてそれを話している私の心の目の前にも，しだいに夜の闇の底から，浮かび上がる小さな光の粒が1つ，2つ，4つ，8つ，16，32，いやもう無数の光の粒が，結び合い，また流れて，四方に放たれるとみるや，今度は逆に，まん中に吸い寄せられるように集まって…，それは，小さな，けなげないのちの炎となって，小さな光が描く，深いいのちの輝きを闇のキャンバスの上に描き続けているのです。

…そして，こうしていると，私の心の耳には，詩人の声が低く響いてくるのです。

＜もっと目をみはって，見てごらんなさい。するとほら，たくさんのものが見えるでしょう。…もっと耳を澄ましてごらんなさい。…すると，ほら，多くのものが聞こえるでしょう…＞

今，私の中に深く広がるある感じ。何もしていないこと，それがこれほどにも不思議にゆったりとしていることに，今はじめて気づいている私…，ほんとうに今私が感じていることは，何もしていないことがなぜこんなにも快いものなのか，ということかもしれません。…なぜか，このままでいいというこの感覚…。

もちろん，そのわけはわかりません。わかっているのは，今ここで，ほんとうに快く，何もしていないことだけです。

すると，ふと，この部屋の温度を感じることもできます。そして，それは，あの夏の日の海辺の暖かさにも重なって感じられるようです。

あるいはそれは，私自身の体の温かさであるのかもしれません。そして，それを感じるとき，この部屋の時計が時を刻む音を聴くこともできます。それを聴いていると，それは私の体の中にこつこつとやわらかな響きを伝えてくるようです。

そしてまた，ふと気がつくと，私はあの日の，あの雨垂れの音を聴き始めています。ポツン，ポツンと，いっそうそれはやわらかでやさしい音色で私を包んでくれるのです。そして，あのときの，あの草原をわたる風の，さわさわという音も聞こえてくるような…。

すると，私の心の目には，ひろびろとしたあの時，あの場所が映し出されてくるようです。青い空，緑の草原，そして，遠い山々の薄紫色の稜線も。…そして私の体にふきよせる風。

＜風が立った。さあ，生きよう＞と，それはささやいているのかもしれません。すると，私の中に，長い間止まっていた時がまたこつこつと静かに，確かに刻み始めてもいく予感にも出会うようです。

私は，どこかからまた風に乗って，その声を聴くこともできます。

＜心をこめて，何もしないこと，それはほんとうに何かをすることかもしれないよ＞

どこか不思議なこの新しい感覚を受けとりながら，私はいっそう，この確かないのちの時の移ろいに身を任せています…。

　＜解　説＞

うつのケースについては，完全主義傾向からくる自己評価の低さや，自己不全感，強迫的心性が顕著である，とされることと合わせて，感情の抑圧に伴う失感情や，生命時間の停止とも比喩される諸感覚の減衰などがはなはだしい。その意味で，前者の条件については，統合的な自己受容をめざすサポートが必要であり，また後者においては，感情や感覚の解放をめざすことが望まれよう。

トランス下における援助が，自己統合＝自己受容のプロセスと，内的リソースの喚起のプロセスをもつことは別稿（p.10〜11）で述べているが，うつ状態のケースに対しても，この方向でかかわることが望ましいものと思われる。

●アプローチのポイント

うつのケースに対して，トランスを仲立ちとしたメタフォリカル・アプローチとしては，筆者は，おおむね以下の4つのポイントを押さえて行うことが多い。

【第1段階】何もしないでよいこと＝無為の意義を伝えること

援助や治療初期にみられる強いうつ状態に対しては，クライアントがそのう

つ状態と対立することをせず，少しずつうつをうつとして受け入れられることが第1の課題となる，と筆者は考えるが，クライアントの強迫心性は，常に何かをするべき思いにおいて著しく，不十分である自己をこのままでよいとすることはきわめて不得意である。また，それを認めても，実際にはやはり意識レベルでコントロールしようとして，葛藤を繰り返すものである。そういうときにこそ，トランス状態は，クライアントが＜このままでよい＞とする感覚を直接的に体験することにつながり，この＜体験のしかた＞を通して自己受容を促すことが期待できる。

生感覚の減衰が著しいことも妥当な防衛的機序の結果であり，リソースであるとまずはとらえて，この段階ではあまり急いで諸感覚を解放する方向に入らないことも肝要と思われる。

【第2段階】何もしないで，ただよく見ること，聴くこと＝感覚の喚起を図ること

うつの状態における五感の減衰は，感覚の消失として，エリクソニアン的視点からはいわば症状的なレベルでのトランスともみなしうるものであるが，ここでは，標準的なトランス状態に導く中で，視覚や聴覚，触運動覚の働きを喚起して活性化していくためのかかわりとして考えることができる。おおむね内部の重苦しい触運動覚にのみ釘付けになっているクライアントに，例えばかつての楽であった頃の各種の体験の想起をトランス下で行う中で，健康的な五感の活性を促すことを図るものであって，こうしたプロセスを通して，しだいに生の実感に至る状態をもたらすことを企図している。

【第3段階】過度な役割意識から離れて，他者への柔軟な共感と自然な受容を促すこと

クライアントの役割意識や規範意識への固着は，そこに強い怒りや，満たされぬ依存心性を内在させるともみなされているが，トランスを仲立ちとして他者との交流体験を喚起しながら，そこに他者への自然な共感と共生の感覚を増幅することで，人と共に生きるという過程を支えることをめざしていく。

【第4段階】現実の生活過程を一定の余裕の中で能動的に活動できるようになること

回復に至る最終段階としては，クライアントの無理のない生活行動を通して，現実適応へのリソースを支援することが求められよう。

ここでいう生活は，もはや規範や役割にのみ添うような強迫的なものとしてではなく，バランスのよい生活感覚を発揮して，生そのものの充足を受けとれるようなメッセージを伝えることが適切である。併せて，うつになったこと自体がこれからの生をより豊かなものにしてくれる大切な意味をもっていたこと，症状そのものが実はリソースであることを自覚できるような統合的なかかわり方が有用であるが，このような＜リフレーミング＞の過程はトランス・ワークの中でこそ，より自然にもたらされることが期待できるものである。

### ●当該ケースについて

このスクリプトによってかかわったケースは，50代初頭の男性会社員であり，規範意識や役割意識が強く，完全主義傾向の顕著な，うつ者の典型的な条件を有していた。

入退院を繰り返し，すでに遷延化が認められた事例である。

社内での，本人の意に添わぬ配転を契機に発症して，当初は自殺念慮も合わせ，自責感や自己否定感が大きく，いわば失未来ともいうべき希望感の強い喪失がみられたが，筆者は，こうした本人の心的時間の停止にまず添いながら，それにあらがわずに，そのこと自体を意味あるものとして受けとれるように心がけた。スクリプト(1)の意図はそれに添うものである。

そのあと，これもまだ面接初期の頃，本人の重い口から＜人生の無常＞が語られたが，そこから平家物語などにも触れながら，日本人として共有しているこの心性をめぐる語らいをもった。また，老荘の思想などにも語らいが及んだが，このことは本人の心的状態に合致するものが多かったようで，＜無為＞の意義をスクリプト(2)の中で喚起したことの前提ともなっている。また，スクリプト(2)においては，若いときのカメラ趣味や山登りなどの体験をふまえ，それを通して，やはり五感の解放と活性化を図るようにもしている。いうまでもなく，クライアントのこれら上記の関心や体験は，すべてこのクライアントの内在的なリソースであって，筆者は，それをこのスクリプトでも活用するよ

うにした。

　なお，このケースは，22回の面接の結果，うつ状態が寛解し，業務に復帰できたが，「もう今までのように会社に認められたいという欲はもたず，定年まで自分のペースでやっていくつもりである」との弁が，本人から語られた。

●留意すべきポイント

　うつに対しては，筆者は多くのケースでトランス・ワークの適応性を経験的に実感してきたが，一般的にはトランスを中心としたアプローチの適用については，まだ十分に定式化された見解は得られていない。一部では，例えば双極性障害ケースでは不用意に行うと＜躁転＞のリスクがあるとの指摘もあり，これは他の心理療法や投薬によっても起こりうるものでもあるが，その点では，トランス・ワークや催眠療法においても十分な統合的配慮がなされるべきである。その点では，伝統的な直接暗示による指示的な自我強化的メッセージは，結果として，激励の弊害にも通じるリスクを帯びることも考えられることから，やはり，努めて間接的なメッセージによる，自己受容のための現状肯定を旨としたサポートをまずベースとすることを心がけたい。また，トランスの状態も深いレベルを避けて，ソフトな語り口でエピソードなどを加えていくやり方が一般的には妥当であり，かつそれで十分有用なやり方である。

　慎重に統合的なサポートを心がけるとき，うつに対する，トランスを仲立ちとしたアプローチの有用性にはみるべきものが多いと考える。

（臨床心理士　吉本　雄史）

# 第2章

**スクリプト事例**

## 無意識を活かして

# 解説—無意識ということ

## 1）無意識＝メタファーであることの意義

　臨床現場において，＜無意識＞についてクライアントとの間に語らいがもたれる場合，それは［＜無意識＞という言語］について語られていることをまず認識しておきたい。その意味で，そこで語られる＜無意識＞はあくまでメタファーとしての無意識であり，実体概念として定義される無意識とはあくまで別次元のものである。いいかえれば，＜無意識＞は臨床現場での作業仮説で，メタファーである，という前提のうえで取り扱われ，クライアントとの間で共有されるものである。

　無意識をメタファーであると考えるならば，そこでは，大脳生理学などのカテゴリーを離れて，自由に意味の再構成をすることができる。心理臨床のめざすものがクライアントの心理的安定であることを考えるとき，セラピーの中で用いられる＜無意識＞概念は，援助的意味を有するものとして活用したい。セラピーの中では，この＜無意識＞に付与された援助的意味を共有していくことを通して，クライアントが実際に楽になっていけるようにすることが具体的な課題となる。

## 2）意識と無意識の新たなスプリッティング

　＜無意識＞をメタファーとして考えるとき，当然ながら＜意識＞もまたメタファーにほかならない。そして，ここでは意識と無意識は二元的に仮定されて分割（スプリッティング）された仮想領域であり，いかなる意味をもそこに加えうるし，また2つの領域をどのようにも関係づけることもできる。従来の催眠療法においては，無意識は精神的な問題や症状を引き起こす原因として考え

られてきたが，そこには，初期に催眠を学んだフロイト（Freud, S.）によってその後体系づけられた精神分析理論からの逆影響がみられる。従来の臨床催眠においてアンカバーリングという概念で語られてきたように，＜無意識＞下に抑圧されたものを，トランスの中で覆いをとって意識化することにより治療する，というあたりに，フロイトの＜無意識＞理論が大きく影響を与えているのである。

　フロイトの無意識理論に照応したアンカバーリング概念が催眠療法において1つの解答をもちえたことは事実であるが，意識と無意識のスプリッティングを前提としながら，一方，これとは別の無意識についての定義づけ，意識と無意識の関係づけが新たな治療的文脈を形成する可能性も成立する。

　ユング（Jung, C. G.）などにみるように，＜意識＞と＜無意識＞を相補的なものとして定義する考え方がそれであって，催眠療法においては，エリクソンがそれに通じる＜無意識＞概念を提示している。

### 3）＜無意識＞の肯定的な意味づけ

　エリクソンは，＜無意識＞は肯定的なものであり，豊かなリソースを蓄えた知恵の領域である，というような意味づけをしているが，ここではそれを実体概念としてではなく，ひとまずメタファーとして読みとることにしておこう。そしてこれがきわめて優れた援助的なメタファーであるゆえんは，セラピーの中でのこうした無意識の定義づけによって，クライアントは自分の内なる領域＝無意識を，今までのように敵とみなして排除すべきものとしていた前提から解放されて，自分の中にあるものが敵ではなく味方であるというように了解して，自己肯定感を獲得する可能性があるからである。

　その意味では，＜無意識＞という言語は，この新たな定義づけにふさわしいものであるかもしれない。なぜなら，＜無意識＞とはその実質を決して意識できないものという前提をもっているので，セラピーの中では新たな意味づけをいっそう付与しうるからである。そしてセラピーの中でクライアントが＜無意識＞についての新しい意味に出会えるようにするためには，変性意識が仲立ち

となることでそれがいっそう実効性のあるものになると考える。

## 4）変性意識と＜無意識＞

　＜無意識＞という表現は曖昧で漠然としていることで，それがそのまま意識変性を誘う条件をもっていることにもふれておきたい。＜無意識＞という言葉自体もまた，意識できないものという語義そのものがすでに十分非論理的な逆説性をもっていて，とりわけ，それを聴覚的なレベルで受けとるとき，意識レベルの理解を超えることでトランスを感受することになりうるものである。エリクソンの語りの中にある＜無意識＞という語用にも，それは随所にその作用を活用したものがみられる，と筆者は考えている。

　その意味でも，例えばエリクソンが「あなたの無意識を信頼しなさい」，あるいは「あなたの意識は知る必要はないが，あなたの無意識は気づくことでしょう」などと患者に呼びかけるのは，意識変性を促しながら，その中でさらに＜無意識の肯定性＞という意味を患者が受けとりやすくなるようにするというトランス・ワークのプロセスを端的に物語る一例である。

## 5）スクリプト作成と活用のポイント

　臨床上まず必要なことは，＜無意識＞という概念は，多くのクライアントにとってはあまりなじみのないものであり，そのままでは理解しにくいところがあるので，＜無意識＞をめぐるトランス下での語りかけを行う前には，まず＜無意識＞についてのクライアントとの語らいがあってよい。

　その場合，まず人の心には意識している部分と意識しない部分があること，夢を見ることや，意識しないでする習癖などにもふれることができる。また，＜無意識＞は意識的にはコントロールできないことも話し合われてよい。こうして具体的に語らいを進めると，クライアント自身が，現在自分の心の中に＜症状＞的な部分をもつことや，それがコントロールできないという体験から，実感的に＜無意識＞についての合意を得やすい。さらに，日本語には＜無

意識のうちに＞という語用が一般的にごく自然に使われている習慣からも，思いのほかにこのことは容易である。

こうした合意を得ながら，そのうえで以下のようなテーマを隠喩やたとえとして，また条件によっては直接的な表現も交えながら，クライアントに語りかけることができる。

○無意識は，過去の良好な学習と記憶が保存されている領域であること。
○無意識が，大事なことはすべて取り仕切ってくれていること。
○無意識は賢明であり，信頼するに足るものであること。
○あなたの無意識はあなたの味方であり，闘うべき敵ではないこと。
○意識と無意識は和解し，手を携えて事にあたることができること。またそのことで楽に生きていけること。

これらのことをトランスの中で喚起し，増幅し，定着することが望ましい。

## 6）意識化しないかかわりの中で

現代的なトランス・ワークが他の心理療法と際立って異なる特徴をもっているのは，治療，援助過程で気づきや洞察など意識化することによらず，むしろ無意識のうちに変化を促すことを重視する点である。現実にも，そのようなものであるほうが，変化はおおむね自然で安定性と持続性をもつことが多く，意識的な解決努力がかえって回復を妨げることにもなりやすいのを考えるとき，トランス・ワークのこのような非・意識化過程のもつ意義は大きい。

そして，ここでもまた，そこで活用される＜無意識＞という言葉自体が，意識化とは逆の心的作用を喚起する中で，無意識的な変化につながる一要因となることは興味深いところである。

（臨床心理士　吉本　雄史）

●事例①

# 子どもの自然さを取り戻す力に

　　　　C子，5歳の女の子。2歳の頃から通っていた早期教室の体験により，自信を失い，そのために発語が少なく表情も乏しい。プレイルームにおいて，まわりの玩具にも目を向けずボーッと立っている。まず，こちらは，動物の形をした指人形をおもしろおかしく動かす。例えば，逆立ちしてからひっくり返ったり，ボールに乗ったかと思うとわざと転がり落ちたりと，こんなふしぎなおかしい動きが続くと，C子は興味をもって近寄ってくる。次に，動物それぞれに，ふしぎな言葉を言わせる。擬声語は使わず，タヌキは「タヌタヌ」，ウサギは「ウサウサ」，クマは「クマクマ」と次々とリズミカルに出てくる動物の言葉に，C子は自分も参加したくなり，そのうちサルを手にして「サルサル」と，筆者のまねをしてリズミカルに言いながら近寄ってくる。他の動物も使ってこんなやりとりを繰り返すうちに，ふしぎな連帯感が生まれる。そして，小さな声で筆者に話しかけてきた。

　C子「あのね，私はウサギで，先生はタヌキになって」，筆者「はーい，わかった，タヌタヌ。よろしくねタヌタヌ。友達がたくさんいるよ。ゾウさんもいるよ，タヌタヌ」，筆者「こんにちはゾウゾウ」，C子「こんにちは，ウサウサ」，筆者「ある森のあるところにふしぎな場所があるんだよ，タヌタヌ。そこはね，楽しんでもいいし，楽しまなくてもいい，タヌタヌ。動き回ってもいいし，休んでいてもいいところなんだ，タヌタヌ。そして，そこには，どんな行き方でも行けるんだよ，タヌタヌ。目をつぶっていってもいいし，目を開けて行ってもいい，タヌタヌ。飛んでぐるっと回って行ってもいいし，飛ばなくてもいい，タヌタヌ。自分の心に何か浮かんだら，その方法で行けるんだ，タヌタヌ。みんなで一緒に行けるんだよ，ふしぎだね，タヌタヌ」，C子「あのね，目をつぶって，ジャンプして行くの，ウサウサ」，筆者「じゃあ，手をつないでから，タヌタヌ，1，2，3，4，5数えてジャンプして着地したら目

第2章 スクリプト事例　無意識を活かして

を開けようね，タヌタヌ」，C子「うん，ウサウサ」，筆者「それじゃ行くよ，タヌタヌ。1，2，3，4，5！」（目を開けると同じプレイルームでありながら，「場」が切り変わったようであり，興味深げに私のほうを見る）

　以下，＜　＞は筆者，「　」はC子の言葉。

　＜ここは，森の中。ふしぎな場所，みんな一緒に集まっているよ，タヌタヌ。何かしたいことがありそうな場所，タヌタヌ。何もしなくてもいいような場所，タヌタヌ。太陽がぽかぽかで風がそよそよ。気持ちいいなあ。あ，あっちからゾウさんが来るよ，タヌタヌ＞＜みんな一緒に遊ぼうよ，ゾウゾウ＞＜何しようか，サルサル＞＜そうだなあ，ウサギちゃんは何したい，ウマウマ＞

　「うーん」（急に下を向いて考え込んでしまい，私のほうをじっと見つめる）

　＜あ，そうだ，言い忘れたことがあった，タヌタヌ。この森ではね，何をしていいかわからないとか，答えが出そうで出ないとか，どっちがいいかなあなんて迷ったりして，タヌタヌ。とにかく訳がわかんなくなったら，いつも使っているふしぎな言葉『ウサウサ』とか『タヌタヌ』って言えばいいんだよ，タヌタヌ。そうするとふしぎと相手に何かが伝わって，自然にやりたいことや答えが涌いて出てくるんだ。自然に涌いて出てきて，自然にみんなで何かやっているんだ，タヌタヌ＞＜僕の場合は『ウマウマ』でOKさ＞＜それから，ちょっと調子が出ないなあ，心配でやれるかなあ，疲れたなあなんてときも，『ウサウサ』って言うと，なんとなくだよ，なんとなく何かが涌いて出てきて，気がつくとやれてるんだ。なにかやってるんだ。ふしぎだね。なんなんだろうね。おもしろいね。おかしいね，タヌタヌ＞＜あのさ，何かしようか，シカシカ＞＜ウサギさんは『ウサウサ』する？　ウマウマ＞（C子はちょっとふしぎな顔をして私のほうを見るが，少し強い調子で言う）「私『ウサウサ』して遊ぶ」＜そうか，じゃ，みんなで『ウサウサ』して遊ぼうね，タヌタヌ＞＜ワー，いいなあ＞

　＜それじゃ『ウサウサ』するの，どこがいいかなあ，タヌタヌ。あっちのほうに水があって，今日は暑いね，タヌタヌ＞＜空は青いし，気持ちいいなあ，クマクマ＞＜それじゃ『ウサウサ』するのどこがいいかなあ，サルサル＞

　（C子は目をつぶり，『ウサウサ』と呟いてから）「プール」「プールに入りた

い，ウサウサ」＜そうかプールか。それはいいなあ，イヌイヌ＞＜プールでみんなで『ウサウサ』して遊ぼうね，ウマウマ＞＜それじゃ，みんなで一緒に飛び込もうか，ゾウゾウ＞＜あ，ちょっと待って，タヌタヌ＞＜なんだよー，クマクマ＞＜そういえばさあ，前ここに来たとき，ウマ君がパイナップルの型のプールで泳いだよね。水に緑と黄色のパイナップルが浮いていてさ，タヌタヌ＞＜そう，そう，イヌイヌ＞＜水も少し甘かったよね。パイナップルの香りや味がして，タヌタヌ＞＜おいしかったなあ。泳いだり，食べたり，もぐったり，踊ったりしてさ，サルサル＞＜そうだった。そうだった，ウマウマ＞「そんなことしていいの。そんなことあるの，ウサウサ」＜そんなこといいのさ，『タヌタヌ，ウサウサ』。そんなことあるのさ，『ウサウサ，タヌタヌ』。そうだよ，ここは何をしていいとか，何をしちゃいけないとか，そんなこと，何もないんだよ，楽しく自由に自分の思うことが『ウサウサ，タヌタヌ』。何でもやれるんだ。ウサちゃんが心に浮かぶものがプールになるよ＞（両手でC子の両肩に触れる。C子は目をつぶり，「ウサウサ」と呟いてから）「いちご，いちごがいい。あのね，いちごの型をしていて，薄いピンクのお水でプールのまわりには本物のいちごがたくさんたくさんあって，そのいちごは泳いだあとで食べても，次から次から出てくるの，ウサウサ」＜あ，お水だ，タヌタヌ＞「お水もいちごの味がするの，ウサウサ」＜風が吹いてきた，タヌタヌ＞「いちごの香りがするの，ウサウサ」＜いいなあ，さあ入ろうか，クマクマ。それじゃ，みんなで1，2，3で入るよ，クマクマ＞＜みんな，いいかい。1，2，3，ジャボン＞「ジャボン，ウサウサ」「クマさん，いちごのボール，持ってきて，ウサウサ」（C子は初対面のときの緊張はすっかりなくなり，別人のように積極的に遊びたいことを伝え，ふしぎの森の世界で思いっきりはしゃぎ始めた）。

　　　　プレイセラピー終了後，迎えに来た母親が「何して遊んだの」と尋ねると，「ウサウサひみつ」と言って，筆者のほうを見て，「また，たくさん遊びたいから皆に伝えといてね，バイバイ」と明るく手を振って退室した。

### <解　説>

　クライアントである子どもに向けて，トランス・ワークを行う場合，まずラ

ポールをしっかりつけることが大切である。そのためには，子どもが本来もっているリソースである自然さや，素直に楽しむ力にチューニングし，こちらも同様のレベルで楽しいコミュニケーションを提供していけば，クライアントは自分のリソースを使ってトランスに導かれていき，主体的変化を表出する。今まで言葉を使うコミュニケーションでさんざんいやな思いをしているクライアントにとって，最初のノンバーバルなコミュニケーションは意外性と新鮮さを与え，引きつけられる。そして動きの滑稽さ，おもしろさは安心感を与え，スクリプトで次から次と展開していくワクワクする感覚が，子どもの心を取り戻す力になっていく。次に「ウサウサ」というふしぎな言葉の登場により，言葉がリズムとして，コミュニケーションに流れを作り，治療的メタファーの重要な要素となっていき，スクリプトの展開とともにその意味が変わっていく。「リズム」から「何か意味のある言葉」へ，これらが無意識レベルにチューニングされ，クライアントの自主性を促していく。そのためにここでは間接暗示の中で選択肢をたくさん与える許容的アプローチも多く使用している。また表象システムへのチューニングがなされていることもトランスへ導く力となる。

　このスクリプトでは，コミュニケーションの変化に並行してアプローチしていて，これは感覚レベルの変化が無意識レベルの変化とマッチングしていくことでさらにバランス感覚を喚起していくためである。それとともにリズム，動き，ヴォイスクオリティーの変化，間のとり方など，細部にわたり注意し，変化をつけていくことが，クライアントの集中力につながる。このスクリプトで示した静から動への動き，これは消極性から積極性コミュニケーションへの変化と結びつくものであり，このプレイセラピーにおける本来の目的と一致している。それが，トランスの中で，遊びながら短時間で体験できたことは本人の達成感へとつながり，プレイルーム退室時の表情や母親への行動の変化につながったと思える。

　このクライアントが8年後診察室に近況報告に来たとき，「学校で時々，緊張したり上手に話せないとき，『ウサウサ』と思うと，ふっと力が抜けて，リラックスできるんですよ」と笑って話してくれた。

(クリニカル・サイコロジスト　齋藤　由香)

●事例②

# 思春期の心と治療同盟を築く

　　　A君は金髪，ピアスをしており，ふてくされた顔をしている。A君は両親に懇願され，今日だけということで面接に来ていた。左側にいる筆者とは目は合わせず，部屋の右側に目をやりながら「別に」「やだ」「知らねえ」などという形での筆者との会話は可能。シンナーを吸う理由として「吸っているときには気持ちいいから」と述べた。シンナーに関してやめようとする気持ちはないようだった。A君は筆者とは顔を合わさず，右下に視線を落している。目は開いているが，今にも閉じそうな感じであった。以下，「　」内はA君の言葉。

　ちょっと目を閉じてもらえます？「やだ。面倒」
　うん，やだ，面倒なのね。じゃ，目を閉じなくていいから，よーく目を開けててね。あのへん（部屋の左上のあたりの白い壁を指して）見ていてくれる？「あのへん？　何で？」
　うん，なんでかな。私も見ているから（A君ははじめて私の顔を見始めた。変な顔をして筆者の顔をまじまじと見ている）。
　私の顔は見なくていいから，あのへん見ていてね。私も見ているからね。「うん，わかったよ」（すぐにまたA君は筆者の顔を見て「何するの？」と聞く）
　何にもしないよ。見ているだけ。「うん」（A君は神妙な顔になる。筆者は，だんだんゆっくりした口調で話しかける）
　あのへん見ているとね，部屋の向こう側のあかりがうっすら見えるでしょ。「うん」
　そして，向こうの部屋から人の声も聞こえるよね。「うん」
　ここの部屋の声も聞こえるかな？「うん」
　でも1つのことに集中していると，向こうの部屋の人が何を話しているのか

までは聞こえないし，今ここでもこうやって小声で話していると，ほかの外からの音や声に意外に気がつかないでいるような，そんな感じがするんだけど。
「うん」

　そしてこうやってあの白い壁を見ていると，人の声も聴くことができるし，床についた足の感触を確かめながら，空調から流れる空気の生暖かさを感じることもできるかもしれません。そして椅子の座り心地のよさを感じながら，私の声も聴くことができるかと思います。また，私はぼんやりしながらあかりを感じていますし，何かゆったりした感じがしていることに，ふと気がつくかもしれません。私にはわかりませんが。だんだん私の声とともに，しだいにまぶたの重みを感じてくるかもしれませんし，身体の心地よさを感じるかもしれません。目を閉じても，まぶたの裏にはあかりを感じることもできますし，私の声を聴くこともできるでしょう。しだいにまぶたが重くなっていきます。（A君は自然に目を閉じる）

　今，私たちは目を閉じています。目を閉じても私の声を聴くことができるでしょうし，まぶたの裏にぼんやりと光を感じることもできるかと思います。そして心の中にイメージを浮かべることもできるかもしれません。＜海のイメージ＞を心の中に浮かべてみていただけますか。浮かべられたら右手を少し上げてみてください。（すぐに右手が上がる）

　どんな感じ？「女の人の背中が見える。ビキニを着た女の人。女の人は海を見て立っている。僕はその後ろに座っていて（皮膚を日光で）焼いている。まわりに同級生もいる」

　今，私は海にいます。私の前にはビキニ姿の女の人が立っていて，私は肌を焼いて座っています。そんな光景が私の心の中に広がっています…。ふと海にまた目をやると，カニの親子がゆっくりと海に向かって歩いているのが見えるでしょうか。そして空にはカモメが気持ちよさそうに舞っています。また，波の音も聞こえてくるかもしれません。空は青く澄み，心地よい風が感じられるかと思います。

　今度はリラックスしているところを浮かべてもらえます？　浮かんできたら右手で合図してください。（すぐに右手が上がる）

どんな感じ？「リラックスする場は青い。形はない」

青くて形はない。そんな感じを味わってみてください。何か音は聞こえるでしょうか。「バイク。僕が運転して後ろに友達が乗っている。ふかしている音がする。ノロノロ走っている。ふかすのが目的。ふかしていると気持ちがいい」

今私は，バイクを運転しています。私の後ろには友達が乗っていてノロノロ走っています。そしてふかしている音が聞こえています。バイクをふかしているととても気持ちがよい，そんな感じが体全体に広がっていきます…。

では，その心地良さとともにまたこの部屋にもどってきます。心地よいところで目を開けてみてください。（少しして開眼）

どうでした？「気持ちよかった」

週1回，ここでこんなふうな面接は？「うん，いいよ。で，いつ来ればいいの？」

> A君の面接後，両親と面接。両親は「本当に週1回，Aがここに来ると言ったのですか」と驚かれていた。A君はその後もセッションの感想についてあまり多くを語らなかったが，「気持ちがよい」ということは毎回述べていた。シンナー吸引はおさまり，授業妨害や夜間徘徊の減少など，現実生活での改善が少しずつみられていった。

### <解　説>

第2の分離－個体化期といわれている思春期において，非行，薬物依存などは治療につなげることが困難である場合が少なくない。しかしながら治療同盟が築かれ，治療が進展すると，援助者はnew objectとしての機能を果たす。治療同盟を築くために，1回目のセッションではあえて＜私たちは…＞という言葉を何度も用いた。このセッションは一緒に何かを見る（共同注視），そんな体験ではなかろうか。また，トランス・ワークという相互交流の中で，間主観的体験をしているものと思われる。本事例に筆者がトランスを用いようとしたのは，A君が「シンナーを吸うと気持ちがいい」と述べたため，別の形で心地よい感じを味わうことができればと考えたからだ。

トランスに導入する際，A君はすでに目を閉じてしまいそうであったため，筆者ははじめから閉眼を勧めたが，抵抗が生じたため，あえて＜よーく目を開けててね＞と変え，また，A君の視線とは正反対の右上を見るよう話しかけた。何もない白い壁を指し，一緒に眺めた。この時点から，A君の頭の中は"？"という感じであったと思う。右下を見ている姿勢のまま目を閉じるよう言ったかと思えば，よーく目を開いて左上を見るよう言い，筆者の意図がわからなくなり不安が生じてきていることが伝わってきた。＜私も見ているから＞と言い，援助者の無能さとともに共同作業であることを暗に伝えていった。

　「海のイメージ」として，ビキニ姿の女性（筆者でもあり，母親でもあるだろう）と，肌を焼いているクライアントが両者とも海を見ているという場を想起した。これは今ここでの場（白い壁を筆者とクライアントが見ている）そのものであり，共同注視である。そして海という母性的な包容力のある，また父性的な荒波の場でもあるところに向かうカニの親子と，のんびり空を舞うカモメをスクリプトに取り入れ，リラクセーションを行った。

　A君自身はリラックスする場として，バイクをふかす自分のイメージをした。現実場面ではA君はバイクに乗ったことがない。シンナーを吸う現実の行為とバイクをふかす架空の行為のつながりを体験したものと思われた。リラックスする場をイメージしてもらうことは，EMDR（eye movement desensitization and reprocessing）の「安全の場」のワークともよく似ている。EMDRを行うにあたって「いつでも安全な場所に戻れる」ということは，EMDRによって一時的に起こりうる副反応を安全なリラックスした場にもどすことができるということであり，トランス・ワークにおいても同様である。

（臨床心理士　平野　聖枝）

●事例③

# 無意識が作る壁を活かして

　心地よい姿勢で座ってください。途中で身体を動かしたくなったら自由に動かしてください。目は閉じてもかまわなければ閉じてください。これも途中，開けたくなったら開けてもいいのです。
　さあ，昨日どんなことがあったか，ちょっと思い出してみましょう。平凡なことでもかまいません。思い出したら，軽くうなずいてください。（うなずくのを待つ）
　はい，いいですね。では，その前の日のことも思い出してみましょう。これも，何か思い出したら軽くうなずいてください。（うなずくのを待つ）
　はい，もっと過去にもどってみて，前回，ここに来たときのことを思い出していただけますか。今と同じように，楽な姿勢で目を閉じて，私の話を聞いていただきました。無意識とは何か，意識と無意識の関係はどうなっているのかなどをお話ししました。意識の心が思い出せる記憶は，無意識の心の中に保存されている記憶の一部にしかすぎないともお話ししました。
　今も思い出せることは，無意識の心の中にある記憶の一部でしょうが，思い出そうとしているうちに，無意識の心の中から，いっそう，細かい記憶がよみがえってくることもあります。
　前回の，その椅子に座っているときの身体の感じと今の感じは，似ているでしょうか。それとも似ていないでしょうか…，まわりの音の聞こえ方はいかがでしょうか…，気分はどうでしょうか…，あのとき，ぼんやりと，考えやイメージが，頭の中を漂っているようだ，と言われましたが…，今もそうかもしれません…。考えが漂うのは，無意識の中のものが，意識の領域にさまよい出ているといえるかもしれません…。ちょうど，この部屋のこちら側を意識すると，向こう側は無意識といえるかもしれません…。そして，こちら側にいる私たち

第 2 章　スクリプト事例　無意識を活かして　85

は，あなたの前の壁にある扉を開けて，向こう側に出ることもできます…，ちょうど，ある考えが，無意識から意識にさまよい出てきて，再び無意識の世界へ消えていくように…。この部屋の壁に守られているので，私たちは，自由に安心して語り合うことができます…。それと共に，扉を開けて外へも出られます…。部屋の外へ出て，受付を通過して，靴を脱いだところへ行き，再び靴をはき，玄関の扉を開けて，外へ出ることもできます…。そして玄関の外にあるエレベーターに乗り，1階まで降りることができます…。降りるときに，何か身体に感じるかもしれません…。だらんと重くなったり…，あるいは，ふわりと軽くなったり…，かすかな変化かもしれません…。ゆっくり，穏やかな呼吸を繰り返しながら…，壁に守られた小部屋が，身体を支えてくれるので安心してゆっくり降りていくのを感じることができます…。…ゆっくり数を数えながら降りていけます…。例えば…，10，9 というふうに。…さらに続けて…，8，7，6…，もっと下に降りていくと…，5，4，3…，ある感じが身体に拡がっていくかもしれません…。ある気分が広がっていくかもしれません…。2…。1…零…。扉が開きました…。…外に出て，このビルのエントランスまでゆっくり歩きながら，後ろを振り返ると，今，乗ってきたエレベーターの扉はどのように見えるでしょうか…。そして，先ほどまでいた面接室のことを思い出すこともできます。あの部屋の壁で守られた空間で，ゆったり，くつろいで，話したり聞いたりしていたことも思い出します…。思い出しつつ今の場所にもどり，さらに歩いていき，エントランスから外に出ます。少し進むと，幼稚園が見えてきます…。

　幼稚園の壁には動物の絵が描いてあります。このかわいらしい壁に守られ，園児たちは，安心してお遊戯をしたり，絵本を読んだりします。昨年から，どこの幼稚園でも入口のカギはしっかり閉められるようになりましたが，必要ならばいつでも開けてくれます。

　壁を隔てていても，窓を通して園児たちのかわいい姿を見て，童謡の歌声を聞くことができます。

　幼稚園を通り過ぎ，さらに進むと，小学校があります。小学校も，しっかり壁で守られ，その中で児童たちは学び，遊ぶことができます。小学校も昨年か

ら，部外者が勝手に入らないよう，しっかり警備をするようになりました。厳重な警備は不便な面もありますが，安全を保つためには大切です。

小学校時代の思い出や幼稚園時代の思い出をどの程度思い出せるでしょうか。壁に守られている教室の中で過ごしたり，運動場に出て遊んだりスポーツをしたりした日々の記憶です。あの当時，無意識的にいろいろなことを学んでいました。そして，自分を守ることも無意識的に学んでいました。

楽しい思い出に，しばらく浸ってみましょう。

そして，そろそろ，あの面接室にもどろうと思ったときにもどります。自分の身体に注意をもどします。

身体を守る壁である皮膚を感じ，そして，その扉である口を感じます。

大きく深呼吸すれば，爽快に目を開くことができます。…身体を守る壁，皮膚…，そして，その扉である口を感じます…。大きく深呼吸すれば…，爽快に目を開くことができます…。

### <解　説>

クライアントは，20代中頃のOLで，会社で緊張して他の社員と雑談的な会話ができないという訴えであった。「私は，内向的であがり症なので，人との間に壁ができてしまい，会社にいるのがつらいのです。高校時代にも，その傾向はあったのですが，卒業後，会社に入ってから，特に性格の壁が苦痛になりました」と言う。壁という言葉に力が入っているように感じたので，その点を確認してみた。

すると，まさに壁というたとえがぴったり当てはまるという。訴えとしては，DSM-Ⅳの社会不安障害の範疇に属すると考えられる。

ブラウン（Brown, P.）は「催眠と隠喩」という論文の中で，クライアント自身が使用している個人的な隠喩を活用することを勧めている。

このクライアントの個人的隠喩である壁（すなわち他人との障壁）をこのスクリプトでは活用している。まず，無意識という言葉を導入で使っている。そして壁を「危険から守ってくれるもの」と伝えている。

社会における対人接触行動を安全システムと防衛システムの2つの相互作用

とみる考え方がある。そして，その2つの相互作用が片よったときに社会不安障害が生じると説明する研究者もいる。

　ここでいう安全システムとは，共同的な人間関係を希求する無意識的な態度である。そして，防衛システムは，まさしく無意識的な対人障壁である。すなわち，他人との障壁は，クライアントがその繊細な感受性を他者と接触により傷つく危険性から無意識的に守るものとして解釈できる。

　このスクリプトでは，その障壁を否定せず，その有用性を認め，さらに必要とあらばいつでも扉から出ていけることを暗示したのである。なお，この面接以降8回面接を重ね，種々の暗示的働きかけを行ったが，いずれも面接終了後は，彼女に先に扉を開いて部屋の外へ出てもらった。最後の面接が終わり，「来てよかった」という彼女の言葉を聞いて，筆者は微笑みながら，扉を閉めた。

（カウンセラー　加藤　薫）

●事例④

## 意識的努力を手放すために

　話を聞くというのは，私たちが普段なにげなくしていることですが，実はとてもふしぎなことかもしれません。

　私の言葉は，私の口から出て，時間と共に流れていきます。私の話す言葉は，流れていってあなたの耳に届きます。あなたの耳は，それを時間の流れとともに受けとっていきます。私の思いついた言葉は，私の口を離れて，このようにしてあなたの耳に入っていきます。その言葉は私の口を出るときには，1つ1つの音でしかありません。その音の列は，時間という波に乗って，順にあなたの耳に届いていきます。私の発した音は，あなたの耳にも，音として届いていますが，あなたはそれを時の流れと共に受けとって，言葉として受けとっているかもしれません。私の届けた音は，あなたの耳に音として届いたあと，そのまま音としてあなたの意識にとどまるかもしれません。そのいくつかは，私の発した言葉としてあなたの意識にとどまるようです。その中のいくつかは，さらにつながって文として意識されることがあるかもしれません。今こうしてあなたは私の言葉を受けとっています。

　あなたが私の言葉を意識にとどめるのとは逆に，私の発した音のいくつかは，あなたの耳には届いているのに，言葉としては意識にはのぼらないかもしれません。こんなふうに一生懸命あなたは，私の声を聞き，その流れの中から浮かび上がってくる，私の言葉を聞こうとしているのにもかかわらずです。

　また，私の発した言葉のうち，いくつかの音は，あなたが私の声を聞こうとしていなくても，あなたの意識に残るかもしれません。私の口を離れ，音の列となった言葉の，そのいくつかの音だけがあなたの意識にとどまるのです。さらにそのどちらでもなく，私の発した言葉は，私の口を離れて流れてはいきますが，そしてあなたの耳にも届いてはいるのですが，あなたの意識には1つも

残らないこともあるでしょう。でもそれでよいのです。あなたは，私の言葉をことさら意識にとめようとしなくてもよいし，時にはとめようとしてもかまいません。私の言葉を，そのまま聞き流してくれてもよいのです。どのようにしていても，私の言葉は，このようにしてあなたの耳に届いているのですから。

　私の話を聞いているうちに，いろいろなことが起きてくるかもしれません。今までは，時間とともに流れてくる私の声について話してきました。こんなふうに聞こえている私の声について。この声を聞いているあなたは，今，私の目を見ながら聞いていますよね？　そのように目を開いて聞いていて，もちろんよいのです。目を開いて私を見ているという，あなたの目の感じが意識されているこの間にも，やはり私の声は，私の口を離れ，流れていって今あなたの耳にこうして届いています。あなたはそれを，今こうして受けとっています。こうして私の声の流れを耳に響かせていると，今度は，膝の上で組んでいる両方の手の感覚に気づくかもしれません。右の手が左の手をつかんでいるような，あるいは左の手が右の手をつかんでいるような，あるいはそのどちらでもないような，そんな感じがするかもしれません。そのように感じていても一向にかまいません。そう感じている間にも，やはり私の声は，このように流れていって，あなたの耳に届いていますよ。私の声に心を寄せていると，今度は，まぶたが重く感じるかもしれません。まぶたの重い感じに合わせて，あなたは目をつぶって聞くこともできます。あるいは今までのようにまぶたを開いていてもかまいません。あなたの楽な方法で聞いてください。あなたがまぶたの重さを感じている間，声は自然に耳へと間断なく流れていって，こんなふうに言葉として聞こえています。こうして声に注意を向けて聞いていますが，時にはこの部屋の中に流れている別の音，換気扇の音に，注意が向くかもしれません。確かに換気扇の音が聞こえているようです。そんなときには，それにまかせていてかまいません。やがて，また声が流れてくるのを聞くことでしょう。こんなふうに，声は確かにあなたの耳に届いているのです。

　このように話を聞いているときの状態は，例えばピアノをひいているときに似ているかもしれません。声を聞いていますが，そうしながら，両方の手を，膝の上で組んでいて，その感じを時々は意識にのぼらせています。その逆に，

たとえ両方の手の感じを意識にのぼらせているとき，その間にも私の声を受けとっています。あるいは私の声を言葉として聞いています。私は，今こうして両方の手の感じを感じていながら，意識にはのぼらないかもしれないけれども，声を受けとっています。私がピアノを弾くときにも，私の耳は，私の弾いている１つ１つのピアノの音が時間とともに流れていくのを，受けとっています。私はその音の流れを，心地よいメロディーとして聞いています。そのメロディーを聞いている一方で，１つ１つの音を作りだしている私の指は，鍵盤の感触を感じているのかもしれませんが，私は，その動きを意識にはのぼらせないでいることもできます。私は指の感覚は意識しないままに，その指を動かして音を紡ぎだしているようです。右の手の指はそのパートの旋律を，左の手の指はそのパートの旋律をそれぞれ受け持って動いています。２つの手の指はお互いに協力して動いているかのように，紡ぎだされる音は旋律となって，ハーモニーを重ねています。私はその動きの１つ１つは意識をしていません。ただそのときには，紡ぎだされてくる旋律を，私の耳で心地よく受けとっています。

　私は，時々，私の手の位置や指の動きに注意を向けることがあるかもしれません。私は，手や指の動きが鍵盤の感触，重さなどとともに感じられています。

　そうしている間にも，その奏でるメロディーは，間断なく，私の耳に届いています。私は，滑らかに動かしている私の手や指の動きに，私の耳に届いている心地よい旋律とともに受けとっています。

### ＜解　説＞

　このスクリプトのテーマとしては，＜話を聞くこと＞を使った。クライアントは摂食障害の女性（20歳代）だったが，それまでのセッションで，話を聞くことに対しては意識的な努力をすることで，かなりの緊張につながり，セッション終了後には，疲労を訴えることが多かったからである。こうしたコミュニケーションのあり方が，日常生活でのクライアントの適応の困難さの大きな要因と考えられた。スクリプトの前段では，言葉が話者から聞き手へと流れていくイメージをベースとし，聞こえてくる声＝音とそれをとらえる耳，話し手の

意図としての言葉と，聞き手が受けとる言葉の間に意識の介在の有無を絡ませて錯綜的な説明を行った。クライアントは，この時点で徐々にではあるが軽いトランス状態へと入っていった。そのあとで，前段のテーマである＜聞くこと＞を利用して，感覚移動を取り入れ，話を進めていった。話を進めるにあたり，感覚移動を繰り返しながら，しだいに，主語を省略し，次の段への準備を行ったが，感覚移動によってしだいにクライアントはトランス状態を深めているようであった。感覚移動に引き続いて，次の段ではピアノを弾くイメージをテーマに話を進めた。ピアノを弾くことは，クライアントが好きなことであり，得意な行為であり，また熱中できる行為でもあった。さらに，数少ないリラックスできる行為でもあった。この行為をたどることで，さらにトランス状態を深めることをめざした。クライアントのリソースを利用することも目的となっている。ピアノをどのように演奏するのかについては，それ以前のセッションでクライアント自身から詳細に聞いておき，実際の場面から乖離した，独断的なスクリプトにならないように注意を払っている。

　スクリプト全体としては，メッセージとして「意識的に努力して聞いてもよし。しかしあなたは自然に他の聞き方もできていること。したがって努力の必要はないこと」「あなたはどのような聞き方をしていてもいいこと」ということが入っている。このメッセージが，無意識的にクライアントに伝わってくれることを願っているのだが，実際には，このスクリプトによって，自然にトランスに入れたことの意味が大きい。こうした意識的な努力でがんじがらめになっているクライアントにとっては，トランスに入り，心地よい感覚を体験したこと自体が，無意識の活性化につながると考えられる。

　このセッションを行った当時，クライアントは引きこもりの生活を送っていた。学校にもほとんど行くことができなかった。このセッションの２カ月後より登校を開始し，今日までそれは続いている。食行動の異常はまだ残っているものの，しだいに改善の方向にあるようである。それまでの数年間のつらい日々を思い返して，「夢のよう」とも語っている。

（小児科医　大橋　雄二）

●事例⑤

# 水の流れを無意識の流れに重ねる

　アボリジニという人々のことは私も最近知ったのですが，あのオーストラリアの原住の民には古くからとってもふしぎな自分の見つけ方があるのだ，ということを聞いたことがおありでしょうか。彼らにとってはみんな，彼らの「私」，つまり自分のことは誰も言い伝えられた「唄」になっているというのです。その歴史やら意味やら，人生までもが唄なのだということ，そして，その「私」を確かめるために，昔から村に伝わる物語がその人その人にとっての唄として残されているのだといいます。やがて，その唄をたずさえて，一人ひとりの若者が，そして人々がそれを思い思いに口ずさむとき，彼らはそれをドリームタイム，つまり夢の時間というのだけれど，その唄は，決してそれだけでは終わらないのだそうです。人々と人々のその出会いの中で，唄はひとつになり，そして溶け合って，新しい唄が生まれる。そうして，やがてしだいしだいに，新しい私が生まれる，そういうものなのだそうです。それは「私」として，やがて大きく，やがて深く膨らんでいく，そんな一人ひとりの物語のことなのです。

　ところで，あなたは地図を見るのが好きですか。そして，その地に思いをはせながら，またどこか知らない場所を旅してみたくなることはありませんか。知らない場所で，まだ知らない人に出会うことを通して，何か新しいものに出会えるかもしれない，そんな思いをめぐらせるのも楽しいことかもしれません。そして，私も地図を見るのがとても好きなのです。
　日本地図を取り出して，まだ行ったことのない町や村を，ある時は鉄道で，またある時はバスや車で行くことをぼんやり想像しているのです。
　それから世界地図を見ると，私の想像はもっと広がります。

北米大陸の北の端にあるこの湖はどんなところなんだろうか。針葉樹林の木立ちに囲まれたその湖の深い，深い青さがふと目に浮かぶようです。
　またアフリカ大陸の，この奥地の滝はどんなふうに今も水しぶきをあげているだろうか…。すると，この私の耳には，流れ落ちるその滝の響きもしだいに聞こえてくるようです。
　そしてまた，夏のシベリアの，この岬の丘の頂きに登ると，どんなふうだろう…。すると知らず知らず私の膚にも，その丘を吹き抜ける風の気配を感じ始めることもできます。…そして今私の目の前に広がる大海原は，どこまでも広く，そしてよく見ると，私の瞳にとても収まらない水平線の限りない広がりの中に，この地球の丸さを私に感じさせてくれます。
　そうそう，昨日もそうでした。地図の中の砂漠地帯を見ていたとき，私はなぜかしだいに，かつてあの玄奘三蔵がお経を求めてシルクロードを旅したことを思いやっていたのです。するとしだいに，私自身が照りつける日射しの中，激しいのどの渇きを感じながら，砂漠の中を歩いているように感じました。そして，オアシスにたどり着いたときの，のどを潤す1杯の水に，心も身体も生き返る思いを，まるでわがことのように感じていたのです。
　砂漠地帯には，カレーズという地下深く掘られた水の道があります。地上はジリジリと照りつける日射しに焼けつく，水の一滴もない世界，でもその下にはまるで小川のように豊かで清らかな水の流れが続いているのです。
　このふしぎな地下の川はどこからやってくるのでしょう。それは，はるか向こうの山裾から始まります。それはやがてどこかしらの岩の間から流れだし，一筋の水の流れになって，あちこちからの水の流れも集めて，しだいしだいに確かな流れに育っていきます。そして，しだいにたゆたいながら，さらに深い場所の中へと流れは降りていきます。そして大地の底を通り抜け，カレーズの出口から，大きな流れになってあふれ出していくのです。
　また時に嵐が激しい雨脚を地面に打ちつけるとき，大地はその勢いをすっかり包み込み，またそれが，どこかしらから小さなせせらぎとなって地表に現れ，もっと大きな流れに溶け込んでいくのです。
　思えば，こうしたさまざまな川の旅を経て，水はやがて大きな川になり，大

河になって海の底に溶け込みながら，さらに深い場所，深い時のなかに降りていくようです。深い深い海の底，そして深い深い地の底にもしだいに私は導かれていきます。その深い場所の中に一筋の命の流れを確かに刻みながら，その安らぎの海の底へと私は降りていくようです。そしてこの場所で，しだいに私は私の吸う息，吐く息をいっそう深々と感じていくのです…。

そして，ふと気がつくと，私の吸う息，吐く息は潮の満ち引きにも似て，やがて私の心の耳に遠い潮騒の響きを届けてくれるようです。そしてまた，なぜかそれは，吸う息，吐く息と共に，私の中に人々の唄う声がこだまするように，何かの新しい響きを感じることもできます。こうして，またあのアボリジニの物語から，何か深い予感を私は受けとるのです。

潮騒といえば，そうです，ふと豊かな海に抱かれたハワイの島々も思い出されます。

ハワイの人々が親指と小指を立てながら，ちょっと照れくさそうににっこり笑って，「ゲット・ルース」と呼びかけるとき，ワイキキの浜辺には日焼けした現地の若者が波乗りカヌーの乗船客を呼びかけるその呼び声が，今もこだましているのかもしれません。

オアフ島，ハワイ島，マウイ島の場所はどこなのかなと，今また私は地図の上で探しながら，そこに生活する人々の心も思い描くことができます。

私は吐く息，吸う息を深く感じながら，この部屋に戻っていきます。

### <解　説>

クライアントは20歳代，女性。摂食障害を伴う解離性障害で，児童期早期に実父からの性虐待が疑われる症例であった。薬物過量服用にて本院救命センターに頻回の入院歴がある。きわめて強い攻撃性を秘めており，対象関係にも常に高い緊張を認めたが，クライアント自身，某信仰の影響を受け，意識的には他者を攻撃するようなことは決してなかった。中学時代，家族でハワイに居住していたことがあったが，父の乱行から，帰国して直後父母は離婚。前後してクライアントの過食・嘔吐，抑うつ症状が前景に立ってきたという。母子家庭となったが，以後は支配的・侵入的な母の攻撃をじっと耐え，家事に拘束さ

れていた。クライアントは象徴的にハワイ在住の頃の思い出を痛切に語ったが，よるべのない本人にとって，まさに葛藤の汎化した外界はすべてが邪悪な闇に包まれているもののようにもうかがえた。

　スクリプトに関しては特に，生命の象徴としての水，その営みとしての川を素材とした（無意識の流れをもメタファーとして想定している）。母のイメージの象徴とされる海や大地を基調としながら，そこに抱かれ癒されつつも，主体性を失わないでいられるあり方を，＜唄＞すなわちハーモニーとして伝えること，また海の中を流れる川を通して，さらに大きな広がりと社会性の発展の可能性を示唆すること，そして人と人との出会いの中で新たに生まれる，支配－服従とはまったく異なる，より自然体な人間関係のモチーフをこめている。

　スクリプトを聞いた直後，クライアント自身から「何だかナウシカみたい。だってあれって毒があるでしょう」「でも地下には毒がないのよね。水にも…」との発言があった。そこには激しい雨が大地を通って＜浄化＞されるというような（ある種の宗教的信念に基づく＜復活＞やら，強い緊張を伴う善悪といった二項関係とはまったく別の），何か具体的かつ統合的なパラダイムへの手掛かりを得たのかもしれない。ハルマゲドン後の地上の怒りを浄化する「風の谷のナウシカ」の大地のイメージは，彼女の中でいのちを生みだす母なるイメージへと転回した。その後，しばしば自殺企図の直接の誘因となっていた頑固な夜半の恐怖と不眠が完全に消失している。

　後日，再びトランスの中で，やがて彼女が「好きだった」と回想することができたハワイのビーチの風景をベースに，スコールを降らせて太陽を輝かせていくというスクリプトを聞いてもらったのちは，以後，まったくハワイ時代のことも外傷的記憶の範疇から立ち去った。先の＜毒＞とは，あたかもどろどろに溶けたクライアントの自己身体イメージであり，あるいは母に似た自己，簡単には昇華すべくもない自らの攻撃性そのものでもあったかもしれない。

（精神科医　中村　俊規）

●事例⑥

# パニック障害からの解放に向けて

　心の活動には，自覚している部分と，自覚していない部分があります。それを，意識の心と無意識の心，と呼びます。

　意識の心と無意識の心の関係は，氷山にたとえられることがあります。海上の部分が意識で，海面下の部分が無意識です。建築の専門家のあなたにとっては，建物になぞらえたほうがわかりやすいかもしれません。2階建ての建物の1階が無意識で，2階が意識です。そして1階の床面積のほうがずっと広いのです。つまり，無意識の心はたくさんの働きをしています。

　最も基本的な無意識の働きは，身体の生理的な機能のコントロールです。例えば，呼吸に注意を向けてみましょう。目を閉じたほうが感じとりやすければ，閉じてもいいですよ。無意識の心が一定量の空気を吸わせてくれたあと，同じ量の空気を吐かせてくれているのがわかります。

　おなかのあたりに注意を向けてみましょう。そこでは無意識の心は，消化・吸収・排泄といった活動をコントロールしてくれています。意識の心は，どのようにしてそれらが行われているのか知りません。知らなくても，おなかのあたりの温かさとか，そのほかの何かの感じには気づくことができるのではないでしょうか。

　そして心臓のあたりにも注意を向けてみます。今は，ゆったりと落ち着いた状態なので，心臓の鼓動は感じられないかもしれません。しかし，心臓は無意識の心のコントロールのもと，一定のペースで鼓動しています。呼吸によって取り入れた新鮮な酸素と，消化・吸収により取り込んだ栄養分を十分に含んだ血液を，全身にいきわたらせています。

　このような血液循環も無意識の心がコントロールしてくれています。無意識の心が血管を拡張させると，そこを流れる血液の量は多くなります。するとそ

こは温かくなります。無意識の心が血管を収縮させると，血液量は減り，そこは冷たくなります。

　毎晩とっている睡眠も，無意識の心が関係しています。昨夜はどのように眠りに入ったか思い出してみましょう。目を閉じてから何分後に眠ったのか覚えているでしょうか。あまりはっきりしていないのではないでしょうか。意識の心で眠ろうとして意図して眠っていたわけではないからです。意識の心は，眠りが訪れるのを待っていただけです。無意識の心の一部が，意識の心と無意識の心の大部分を休息させていたのです。

　実は，トランス状態も，同じ無意識の心の一部が作りだしてくれる状態です。トランス状態では，睡眠状態と違って，無意識の心は目覚めています。トランス状態に入っていくときも睡眠状態に入っていくときと同様に，意識的に努力してそうなれるわけではありません。無意識の心がトランス状態に導いてくれるのを待っておいてよいのです。

　このような状態だと，無意識の心の学ぶ能力も向上しているようです。もともと無意識の心は，人生の土台となるたくさんのことを学んできました。ハイハイをしていたときから立ち上がり，歩み始めた日のことを思い出すことはできないでしょう。しかし，どんな様子だったかを想像することはできるのではないでしょうか。それは，そのほかにいくつも築き上げた土台の1つにすぎないのです。

　ほかにも，はじめて話すことを学んだときがそうでした。はじめは，ただ，喉に音が響くのを感じ，そしてだんだんに簡単な言葉を話し，今度はそれらの言葉をつないで，簡単な文を言うようになりました。その後，さらに難しい文も言うようになりました。そして，文字を読むことも，また次に書くことも覚えていったのです。

　それらはみんな小学校で習いました。先生の顔や同級生の顔はどの程度思い出せるでしょうか。教室の様子はどうでしょうか。また，校舎はどのような建物だったでしょう。将来建物の専門家になることは予想していなくても，その土台になる多くのことを学んで，無意識に蓄えていました。

　運動場ではどんなふうに遊んでいたでしょう。運動場で身体を夢中で動かし

て，心臓が早く強く鼓動し，呼吸も速くなり，顔がリンゴのように健康的にほてっていたときもあったでしょう。そんなときは，楽しい気持ちや満足感とともに，身体の感じに注意を向けていたかもしれません。新鮮な酸素を含む血液を速く全身にめぐらせ，エネルギーを作りだすために，無意識の心は心臓を速く動かし，呼吸を速くするよう，身体に働きかけていたのです。意識的には気づかなくとも，無意識の心は，身体のために働いてくれていたのです。

　ブランコに乗っているときも，意識的に重心の移動をしていなかったでしょう。無意識の心が，身体がだんだんと大きく前後に揺れるように，ちょうどよいタイミングで重心を移動させてくれました。

　意識的に大きく揺らそうとすると，かえってうまくいかないことがあります。意識の心が干渉して，無意識の心のほどよい働きを乱してしまうからかもしれません。

　心臓が速く鼓動したり，呼吸が速くなっているときも，意識の心でコントロールしようとすると，かえって苦しくなるのと似ています。身体のために役立とうとしている無意識の心の働きを乱しているのでしょう。

　運動場で夢中で身体を動かしていたとき，身体の状態は無意識に任せていました。そして，身体の状態を無意識に任せるという態度そのものも，無意識的に学んでいました。無意識的に学び蓄えられたことは，またよみがえらせることができます。他の人生の土台となることが無意識の心の中に蓄えられ，いつでも思い出せるのと同じように，無意識の心の中には，たくさんのよい思い出があり，よいイメージがあるでしょう。

　静かにそこに座って，しばらく楽しい思い出にひたってみてはいかがでしょう。（数分間の沈黙）

　そして，今，自分がどこにいるのか気づいてください。自分の好きなときに深呼吸をして，楽しい気持ちをもったまま目を開けます。目を開けたあと，学んできたことが自然に生活の中で活かされるプロセスが進んでいきます。

＜解　説＞

　このスクリプトを適用したクライアントは20代の男性でパニック障害で来

所した。入社以来，深夜業務や徹夜などの激務が続き，3カ月前に通勤電車の車中で突然，心拍数が増し呼吸も速くなり，激しい不安におそわれた。数日後にも同様な発作におそわれ，以来電車に乗れなくなり，休職し心療内科に通院している。パニック障害の投薬治療を受け，最近ようやく各駅停車の電車にはなんとか乗れるようになっている。

　面接のために来所して1回，トランス導入を体験してもらうことを中心としたセッションを受けている。このスクリプトは，セッションの2回目に使用したものである。

　設計事務所勤務で，設計の仕事は好きという話を聞いていたので，意識と無意識の関係を理解してもらうため，建物の比喩を用いた。

　また，入社後，取り組んだ仕事が学校の新校舎の設計だったので，小学校時代の思い出を活用してもらうようにした。無意識という概念はこのスクリプトでは精神力動的な意味に限定していない。自覚的に認知できない，またはコントロールできない，すべての精神活動を含んでいる。したがって，脳生理学的には脳幹が関係している恒常性機能の維持も無意識の心の働きを解決している。

　これは，パニック障害の症状を「無意識の心がクライアントを守ろうという働き」が，意識によって一過的に乱された結果として理解してもらうためでもある。このような理解により，症状を排除しようという態度が症状への固着と促進を強化してしまうという悪循環を断つことをめざしている。

（カウンセラー　加藤　薫）

● 事例⑦

# 無意識と出会う

---

あなたほどたいへんな体験をしてきて，それでも今まで，このようにやってこられたということに，私はすごく感じ入ってしまうのです。どんなことがあなたの助けになっていたのでしょうか。

「それがよくわかりません。なにか訳のわからぬままに，今ここにかろうじているだけです」

ほんとうに。何があったのかは意識できないんですね。逆に意識できないけれど，あなたの中に，無意識のうちにつらい状況を生き抜かせた力というものはあったようですか，それとも，そんなものはやっぱりまるでなさそうに思えるのですか。

「それはわかりませんねえ」

ほんとうに。それはとても意識できないことですものね。＜無意識＞のうちにあなたにそうさせてきた力ということも，なにかしらあるようですか。

「そう言われればそうかもしれません…」

あなたの中の＜無意識＞の力は，あなた自身が気づかぬままに，必要なときに必要なふうに働いてくれてきた，ということもあったでしょうか。

「そうかもしれませんが。でも，それは自分にもわかりません」

ほんとうに。＜無意識＞のうちのことですからねえ。あったとも，そしてなかったとも言いきれない思いなんですねえ。

「ええ，無意識のことなのですからね」

そのとおりですね。無意識のことですからねえ…。

私自身が，今こんなやりとりをあなたとしているうちに，ふと自分のことを感じ始めています。

考えてみれば，私自身もあなたほどではとてもないでしょうが，それなりに苦しい体験もかいくぐってきて，なんとか今ここにいるような気がします。でも，時に何が助けとなって今ここに自分がいるのか，とは，実は私もはっきりわからないのです。悪いことばかりだったようにも思うので，よいことは特別思いあたらないのですが，それとともに，自分がなんとかここに生きているのは，自分の無意識の中には，何かやはりある力があったのかもしれない，とも思うし，でもやっぱりあるともいえないようにも思います。だって無意識のことですから，意識ではわかりませんよね。

　で，そんなものはないとも思い返すのですが，でも，ひょっとして思うのは，無意識の中にそんな力がないとも，私の意識ではいいきれないことなんです。なぜって，やっぱり無意識の中のことだからなあ，気づかない心のことだもんなあ，ともふと思うんです。たしかに，無意識の中にそんな力がある，ともいえないし，でもないともいえない。よくわからないながら，そんな思いで知らず知らず，いつもだんだん訳がわからなくなっていくんです。今もそうですが。

　ほんとうに，今もそうです。意識というのはなんなのだろう。そして無意識というのはなんなのだろう。そして第一，無意識というやつ自体があるんだろうか。意識してない心，というのはなんだろう。ある，なんて説明できないんじゃないか。だって意識ではわからないものだよ。もちろん，でも，ないとも説明できないし。あって，ないのか。ないから，あるのか。

　…だんだん私の意識はぼんやりとわからなくなってきて，そして少しぼんやりし始めるとき，何かが意識からさまよい出るようで。…するとこれが無意識なのか，それとも別の意識なのか。意識は無意識と重なり，やがて知らず知らず１つに交わり始めていくようです。この空間の明るさの中で，そして何かの物音を感じながら…。

　そして，しだいに，私はある，新しい感覚に出会い始めていくようです。この，ある感覚…。

　…そして，ひょっとしてこれこそは，私の無意識と呼んでいいものかもしれません。そして，私の無意識は，私に呼びかけているのかもしれません。そし

て私が無意識に呼びかけているのかもしれません。
　『…私の無意識よ。今度またここへ来て，次のセッションでは，あなたと，まじめにやりとりしたいんです。
　そしてほんとうの，あなたの気持ちを，聞きたいんです。
　あなたは，私のこの意識ではよくないと思っている状態に，かかわっていますか。
　私が，そして，私の意識ではそのことに困っていることを，あなたは知っていますか。
　無意識のあなたは，私を困らせたくて，そうしていますか，ほんとうは別にそんなことは思っていませんか。
　それとも，本当は，あなたは私の役に立とうとしているのですか。
　…私の無意識よ。今度またここへ来たとき，私はあなたとまじめに，本気で，きちんとやりとりできそうな予感がしています。そして，そのときっと，あなたは私の中のある感覚で，私に教えてくれることでしょう…』
　…私は，こんな私の無意識とのやりとりに，私の無意識がきっとこたえてくれる予感を受け取りながら，ふと気がつくと，私は私の吸う息を感じ始めています。そしてしだいしだいに頭も心も，そして身体全体も，とても調和のとれた感覚のうちに，もとの場所に，少しずつ，でもしっかりと，私の無意識に許可を得て，帰ってくるようです。
　…しだいにまわりの物音がもとのように聞こえ始めてきます。そしてこの空間の明るさがいっそう感じられてくるようです。そして，椅子に座っている私のこの感覚が，ずうっと全身によみがえってきます。そして，やがて，私たちは好きなときに，意識とともに，ここに，このときに，帰ってくるのです…。

　このスクリプトは，第10回日本ブリーフサイコセラピー学会で発表したものを一部改変したものである。

<解　説>

　このスクリプトがめざしているものは，あるクライアントとの語らいを通して，＜無意識＞について，その存在を実感的に喚起していくことである。

＜無意識＞という言語は，もとより無意識そのものではなく，1つのメタファーとして使われているが，それをトランスの中で，ある実感をもってクライアントが受けとれるようにすることが1つの課題となる。そして，具体的には，こうした話しかけのあとに，無意識的領域に接近していって，＜無意識＞とコミュニケートして，＜無意識＞からのメッセージを読みとるというようなセッションも行うことができる。これは，手の浮揚などの観念運動を通して行われることが多い（観念運動応答法）が，このスクリプトは，そこに至る前の，準備段階にもなっている。

　ここでは，意識と無意識を言語的にスプリッティングすることから始めている。また，無意識という語用自体によって，クライアントの意識的文脈が解体されてトランスが生起していく中で，しだいに＜無意識＞という概念がクライアントの内部で，ある実感をもって定着していくように種まきをしていく過程にもなっているが，これらはすべて，前述した無意識との対話という，次に続くセッションのためにも有用である。

　なお，この話しかけの導入として交わされたクライアントとの会話で，筆者はクライアントが苦しい状況をくぐり抜けてきたリソースとしての体験を聞いているが，これはブリーフセラピーのソリューション-フォーカスト・アプローチにおけるCoping Questionを用いている。ただ，ここではリソースを意識化することを重視しているSFAにはすべてを拠らずに，むしろ意識化できないままに，無意識のうちに人は頼りとするべき体験をもっている，という方向でのメッセージを届けるように心がけている。

　意識化とは逆をめざすアプローチの中で，ブリーフセラピーを再構成しうる例として，筆者のよく行う試みの一端を伝えた。

（臨床心理士　吉本　雄史）

● 事例⑧

## トランスに添いながら

　あなたの問題解決に役立てるため，また前回のようなトランスに入ってみましょう。今回は前と同じようなトランスに入るか，別の感じのトランスに入るのかはわかりません。軽いトランスに入るのか，中くらいの深さのトランスに入るのか，深いトランスに入るのかもわかりません。

　いずれにせよ，前回の心地よい身体の感じを思い出せる範囲で思い出そうとしてみましょう。あのときと同じゆったりとしたメロディーの音楽をかけているので，それに注意を向けておくと，前回の感じを思い出しやすいかもしれません。スピーカーとあなたの位置関係から，落ち着いて注意を向けると，左右の耳に伝わってくる音の大きさにわずかな違いがあるのに気づかれるかもしれません。今，ほどよく音量を上げてみますが，耳以外の身体の部分にも，かすかな音の振動が伝わってくることに気づかれるでしょうか。気づかなくても，目を閉じてみると，目を開けていたときよりも楽に，微妙な音の違いを感じることができます。何種類ぐらいの楽器の音を聞き分けることができるでしょうか。

　楽器を演奏された経験はあるでしょうか。大人になってから楽器を演奏した経験のある人もない人も，子ども時代には，必ず経験があります。小学生のときにハーモニカの練習をしました。ハーモニカを吹いていたことがあったのをほとんど覚えていないかもしれません。少しは，覚えているかもしれません。いずれにせよ，ハーモニカをはじめて手にしたときは，まったく吹けませんでした。音楽の授業で練習して，少しずつ先生の演奏するオルガンの音に合わせて楽しく吹けるようになったのではないでしょうか。

　ハーモニカであれ，ほかの楽器であれ，演奏することに慣れてくると，手の動きなどあまり気にせずに，楽に演奏できるようになります。長い曲を，身体

を動かし，気持ちよさそうに弾いているピアニストは，10本の指のどれを次の瞬間に動かそうか，などと意識していません。練習の最初の頃は意識的に動かしていたでしょうが，だんだん無意識的に指が動きます。意識の心は，無意識の心が指を動かして奏でているメロディを楽しんでいるだけともいえます。

意識的にやっていた動作が，無意識的にできるようになるというのは，日常的によく起こっていることです。

お箸を使ってご飯を食べる動作もそうです。幼児の頃はスプーンを使って食べていました。それから，お箸の持ち方を覚えました。

どの指とどの指の間にお箸をはさんで持ったでしょうか。指にどのように力を入れて動かしたでしょうか。

最初は，余計な力が入って，2本のお箸で，食べものをはさめなかったかもしれません。しかし，適度に力を抜き，お箸を動かすことを学んでからは，楽に食べものをはさめるようになりました。そして，食べものの味を楽しみながら，お箸を動かすのは，無意識的にできるようになりました。

実は，もっと幼いときに学んだ歩行動作も最初は意識的にやっていました。ちょっと想像してみましょう。生後1年少したった頃，立ち上がり歩み始めていた様子を。最初は大人の手や，壁や家具などを支えとして，危なっかしくよちよち歩いていました。そのときは小さな頭で一所懸命に倒れないようにと考えて歩いていたでしょう。何回も転ぶという経験をしたことにより，転ばないようにバランスをとる技術を無意識的に行えるようになりました。大人になったときは，どんなふうに重心を移動させ，歩いているのか，意識的にはまったく自覚できない状態にさえなりました。簡単なようにみえても，2本足で歩くという行動は，とても難しいことです。ロボットに人間のような2足歩行をさせることができるようになったのは，21世紀を迎えようとしているときでした。ロボットに人間と同じように歩かせるために何千年もかかったといえます。このような行動を幼児期に無意識が学んでしまうのは，驚くべきことです。そのような無意識の能力があるからこそ，素人からみると不思議にもみえるピアニストの演奏も可能になっているのです。ピアニストが長い曲でもどの指をいつ動かすかを学び覚えられるのは，無意識の大いなる能力があればこそです。

私たちは，ピアニストのようにピアノを弾けなくても，歩くこと，お箸を使うことなど，生活の多岐にわたって<u>無意識の能力</u>のおかげをこうむっています。服を着替えたりするのも，考えごとをしながらの場合などは，無意識的な行動です。このようにたくさんの行動の背後に，自覚していない無意識の心の働きがあります。無意識の心は多くのパートに分かれて，私たちの日常のいろいろな行動や反応を，各々のパートが担当してくれているようです。オーケストラが多くの楽器のパートに分かれ，交響曲がいくつかの楽章に分かれているのと似ています。また，洋服ダンスや衣装ケースの中に，何着もの衣服が入っているのとも似ています。

　今までお話ししたことから，意識の心は何かを思いついたかもしれないし，よくわからなかったかもしれません。それこそ無意識の心は，意識が自覚できた以上に，何かに気づき，何かを学んでくれたのではないかと思います。

　では，もう目を開けてもいいなと思ったときに，1呼吸か2呼吸か3呼吸，ご自分で決めた数だけ深呼吸してのびをしてから目を開けることができるでしょう。

### ＜解　説＞

　最初に，トランスに入っていくためのいろいろな選択肢をあげている。いずれの選択肢を選んでも，トランスに入るという前提を受け入れてもらっていることになる。

　次に，身体感覚や音に注意を集中してもらい，トランス状態に入れるように語りかけている。前回のトランス体験のときの身体感覚や音楽を活用することにより，条件反射的にもトランス状態を誘発しようとしている。

　さらに，下線が引かれている言葉，すなわち，「トランスに入る」「心地よい」「ゆったりとした」「落ち着いて」「ほどよく」「楽に」「楽しく，気持ちよさそう」などの意味を散在させている言葉を強調することにより，リラックスしてトランスに入ることを間接的に促している。

　これらは，意識的には気づかれなくても，無意識的には受け入れられることが多い。この散在させてある言葉を強調して伝える方法は，スクリプトの後半

では,「無意識的にできる」「無意識的に行える」「無意識的に学んでしまう」「無意識が学ぶ」というように,無意識の心の肯定的側面を強調することにもなっている。

　また,ハーモニカを吹いたこと,お箸の使い方を学んだこと,歩行動作を学んだことを想起したり想像したりすることは,身体運動に注意を集中することにより,トランスを深化させる効果がある。

　楽器演奏や生活動作や運動の技能の習得は,認知心理学では,手続き的記憶(潜在的記憶)と分類されている。これは,過去に起こった出来事(エピソード)についての記憶や,言葉や事実などの意味についての記憶である陳述的記憶(顕在的記憶)と対照的な記憶と考えられている。

　手続き的記憶の定着の過程は,最初は意識的に行っていた行動が,無意識化されていく過程である。これをこのスクリプトでは,「無意識が学ぶ」という言い方で表現している。

　スクリプトの終わり近くで,無意識の心は多くのパートに分かれていることに触れている。これは,認知脳科学で,精神活動がある程度の自律性をもつモジュールによって構成されている,ということを提唱していることに対応している。手続き的記憶として定着している技能を意識的にコントロールしようとすると,かえってうまくいかないことがある。

　クライアントの問題,症状にもそれと似た面がある。問題,症状を意識的に抑えようとすると,かえってこだわりが強くなり,改善しづらくなる。

　そんなときに,無意識的な精神活動の有用性に着目してもらうことは,問題,症状の改善に役立つ場合が多い。

(カウンセラー　加藤　薫)

> コラム
> # 母親たち，子どもたちの心に出会うとき

　一般小児科の現場では，病気の治療はもちろんだが，育児相談が重要な仕事の1つになる。現在の育児相談の多くの場面では，神経発達，言語発達，情緒発達などの知識を使って，「こうしたほうがよいですよ」「そんなとき叱ってはいけませんよ」「ほめてあげましょう」などという言葉で助言や指導が行われている。これらは主に，子どもに対する親の意識的な努力を前提に行われている，といっても過言ではないだろう。

　一方，親たちが思い悩み，不安になっているのは，「こんな育て方をしていては将来キレやすい子になるのではないか」「自分の気持ちは，隠していても子どもに伝わってしまうもの」というように，親から子どもへ無意識的に伝わるもの，無意識に影響するもののようだ。これらの不安に，小児科医の指導・助言は果たして有効に機能しているだろうか。筆者の経験では，助言されたことをうまく実行できないということで，さらに悩み，自信をなくし，あるいは自責感にさいなまれる，という親が思いのほか多いようである。

　筆者は，療育センターで発達障害をもつ子どもの診療に従事しているが，子どもが障害をもつ場合，状況はさらに鮮明になる。さまざまな要因から，母親と子どもとの間のコミュニケーションは不自然なものになっているが，そこに介入する方法はやはり指導的となる。障害を軽減するために，母親を子どもの指導者に駆り立てる指導が行われているのが現状である。母親たちはそれに従おうとし，多くはうまくやれない気持ちを強く抱いて苦悩するようになり，それが子どもへの影響となっている。その極端な例は虐待であろう。親に意識的な努力を強いた結果ともいえるのではないだろうか。

　筆者が現代的なトランス・ワークに興味をもったのは，もともとは思春期の心身症の患者の治療に使えないかという気持ちからだった。その領域では，現代的なトランス・ワークはとても使いやすく，統合された人格の形成の過程にある彼らに負荷の少ないアプローチができることに満足している。その特徴を，小児科のさまざまな場面で患者の家族，特に母親に対して活かして

いくことが，現在の課題となっている。前述したように，意識的な努力にがんじがらめになっている母親に，まずは楽になってもらうこと，それだけでも母親の無意識的なリソースを使いやすくし，子どもの発達を促進する良好なコミュニケーションを実現する大きなポイントであるからである。さらに，兄弟も含んだ家族の力動が変化していくことで，家族全体をケアするのにとても有効な方法であろうと思われる。

　もうひとつ，小児科の外来という場面での使いやすさもよい点である。小児科の外来に来る親たちが小児科医に期待しているのは，矛盾しているようだが，小児科医の指導であるということも現実なのである。医師の言葉を聞いて，安心して前に進める母親も多く存在する。たとえ心理的なアプローチが必要と思われる親であっても，母親本人はそう思っていないため，心理療法を，というのは持ち出しにくい。そのうえに，外来患者の数の多さからいって，一人ひとりに割ける時間も限られている。こうした条件のもとでセッションを行うのは当然無理がある。ところが，患者の意識的，無意識的な波長に合わせてチューニングしながらスクリプトを使ってメッセージを伝えることは，この条件を乗り越えて，無意識的なアプローチを可能にする。これはとても有効な方法で，小児科のみならず他の科の外来でも応用できることだと筆者は思っている。筆者は現在は精神科の外来も担当していて，そこでもこの方法は使い勝手がよいと思われる。精神科の外来でも，1人の患者に割ける時間はごく短いからである。

　子どもたち自身にもトランス・ワークは有効と思われる。また，ちょっとした言葉かけのレベルで，例えば針を刺すというかなり負担になる場面で，「ちっくんするよ」と言うよりも「ちょっとしみるけど大丈夫だよ」と言うだけで痛みを我慢できる子が多いというようなことも筆者は経験している。そういうことからも，スクリプトに関しては，母親が子どもに対して話しかけるという経験に照らし合わせても，とても自然で，かつ子どもたちの心に響くメッセージを伝えることができるのだと思われる。今後このへんを広げていきたいというのが，筆者の心楽しい課題である。

（小児科医　大橋　雄二）

# 第Ⅱ部
臨床におけるトランス・アプローチの実際

## はじめに

# 臨床催眠における<変化>をめぐって

　クライアント（患者）も<変化>を望み，医師やカウンセラーもまたそれに応えようとする。そして催眠療法は，臨床家にとって，とりわけその期待に応えてくれるイメージを与える場合がある。例えば，こんな具合である。変化（治癒）をめざして，しかもそれがなかなか得られず，クライアントも臨床家も万策尽きた思いのとき，「そうだ，催眠療法はどうか」といったふうに。

　クライアントの<変化>というとき，それは，意識のあり方の変化を意味する。自分を悩ませる意識が別のものになり，クライアントの心理的なとらわれが小さくなることで，そこに<変化>がみられるからである。この意識のあり方の変化を促す作用が文字どおり意識変性をもたらす催眠トランスにあるため，それが<催眠>と<変化>の親和性を人々に感じさせる。そしてこのことが，時に<催眠>に対するイメージの一人歩きを誘うことにもなる。そこでは，<変化>はあっけないほど簡単に引き起こせるもの，とりわけ<催眠>がもたらす<変化>には何か劇的なものがあるかのようにイメージされている。もちろん逆もあって，催眠術レベルの印象から，それがきわめて外部操作的なものであると考え，強い忌避感を引き起こしている場合もある。要するに，ここでは，<催眠>に対する非現実的な認識から，一方ではある過剰な期待として，また一方で，現実にあり得ないもの，もしくは何か奇妙なものといった疑念として，矛盾した形で人々の中に並存してきたのである。

　催眠療法について考えるとき，臨床の専門家の中でさえ時にみられるこうした誤解から離れて，何よりもまず私たちはそこでもたらされる<変化>について，そのあるがままの姿でしっかりととらえ直していくことが必要である。

　クライアントの意識状態について，その内容（コンテント）と文脈（コンテ

クスト）の両面でとらえると，臨床催眠がもたらす＜変化＞は，クライアントのおかれているコンテクスト（内的・外的状況）を変えることで，その体験している事柄や物事の意味するところが変わること，としてみることができる（これを成瀬悟策は体験のしかたが変わることと表現した）。このことは心理療法がもたらす＜変化＞に共通していることでもあるが，催眠トランスの中では，体験のしかたの変化がより確かな形で促進されるものと考えられている。そして現代催眠の始祖であるエリクソン（Erickson,M.H.）のアプローチの多くも，その＜変化＞のプロセスをこの側面において喚起することであった。

伝統的な催眠療法においては，その＜変化＞のメカニズムはおおむねアンカバーリング（抑圧されたものの解放）によるカタルシス作用として語られてきた。ロッシ（Rossi,E.）はこれに現代的な認識と解釈を加えて，過去の（多くは外傷的な）体験によってもたらされた＜状態依存記憶学習＞に催眠トランスの中で接近することでリフレーミングが起こると考え，これを催眠における変化の主要な根拠としているが，これはいいかえれば，催眠トランスの中でクライアントの内的な体験のしかたが変わり，そのことで意識の変化がもたらされる，ということでもある。単純に症状の除去をめざすのではなく，いわば症状への再接近によって，症状の軽快がもたらされるものといえる。いずれにせよ，このようにみていくと，催眠がもたらす変化は，本来，俗説のいうように，仮にも他者からの一方的な操作的介入や，なにがしの恣意的な観念の外部注入によるものではないこと，それとは逆に，個々のクライアントの内的な変化の契機を十全に活かすかかわりによってのみ，はじめて得られる，自然で内発的なものであることを私たちは知るのである。その意味で，現代的な催眠療法こそは，心理療法の中でも，実は最もクライアントの内的な主体性を活かすものであって，そこにまた，臨床催眠のもつ大きな意義と可能性も存在する。

（中野　善行／吉本　雄史）

# 催眠療法の進展
## —ミルトン・エリクソンがもたらしたもの—

## はじめに

　ミルトン・エリクソン（Erickson,M.H.）の治療は，彼の没後20年を過ぎた現在もなお色褪せていない。彼の治療は，20世紀の催眠療法，心理療法に革命的な衝撃を与えたといっても過言ではない。それは，他の諸分野と同様，パラダイムの転換といってもよいものであろう。それがどのようなものかは，おって述べていきたい。

　一方，彼が行った治療とどこかしら似通った治療は，いたるところで見つけられる。実際エリクソンを知ったあと，筆者が魅力を感じる治療者たちにはどこかエリクソン的な片鱗を感じたものだった。それほど達人的な治療者でなくても，いやかえって駆け出しの治療者の場合にも多いのだが，時にエリクソン的な治療を行っているなと感じるときがある。そのような治療では，患者のもっている自己治癒力や患者を取り巻く家庭や社会のリソース（資源）を治療者がうまく引き出せているなと感心させられるのである。

　しかし，エリクソンと彼以外の治療者とでは，大きな違いが存在するのも確かであろう。他の治療者がたまたまできるような治療を，彼はできる限り意識して行ったのではないかと感じられる。その理由の1つとして，エリクソンには，催眠の研究を通じて得た，あるいは確立した認識があるのではないかと思う。

## 1）エリクソンの考えた催眠

　残念ながら，エリクソンは催眠をきちんと定義づけるということをしていない。彼は催眠について，断片的に，あるいは物語的，エピソード的に語っているのみである。彼が語った催眠についての特徴を拾い集めてみると，以下のようなことがあげられるのではないかと思われる。
1）催眠は，ある独特な意識の状態である。
2）催眠被験者は，いかなる意味でも意識がない（unconscious）わけではない。
3）むしろ，普段以上に多くのことに気づいているし，また同時に多くのことに気がつかないでいることもできる。
4）ある意識の集中した状態である。つまりさまざまな外界の出来事にわずらわされることが少ない状態である。
5）外界全般への注意は減少する。
6）トランス状態では，潜在的な能力を発達させやすくする。
7）あらゆるトランス現象は，日常生活の中でも見出すことができる（もっともいくつかの性質は異なるが）。
8）催眠誘導において重要なことは，決まりきった言葉ややり方ではなく，被験者と催眠者との関係であり，被験者のそれまでの体験の総和，つまり内的リソースである。

　このうち，エリクソンの偉大な功績と思われるものは，7）と8）（特に8））を明確にしたことであろう。エリクソンの初期の催眠研究の主なテーマは，催眠を規定するものが，それまでいわれていたような催眠者の言葉や態度（型どおりの催眠誘導手順）なのか，それとも催眠者－被験者関係や被験者側の要因なのかを明らかにすることであった。そして入念な実験によって，重要なのは後者であることを示した[3,4]。なお，7）で述べたことに関連して，エリクソンは，催眠状態における現実感（hypnotic reality）と非催眠状態における現実感（non-hypnotic reality）の違いを，被験者2000人そのうち夢遊トランスに入ったもの750人の協力と30～40年の月日を費やして検討を行い報告している[1,2]。

エリクソンはこう述べている。「催眠状態とは，被験者のそれまでに蓄積した学習と記憶から生じた彼自身に属する経験である。それは必ずしも意識的に認識されておらず，無意識的な意識という特殊な状況の中に表現されうるものである。ゆえに催眠的トランスは被験者にのみ属するのである。催眠者は，被験者の過去の独自の経験に基づいた反応的行為を導き出すための刺激と暗示を，いかに与えるかについて学ぶことができるにすぎないのである」[5]

ちなみに『ミルトン・エリクソンの心理療法セミナー』[7]において，彼が最も多く繰り返し述べていることは，
① 「治療者は，患者の言葉を自分の言葉に翻訳して解釈してはいけない，患者が理解しているように理解しなさい」
ということであり，次に多く述べていることは
② 「治療者ができることは，患者に天候を与えることだけである。治療者が治すのではない。患者がその天候の中でみずから成長するのである」
ということである。そしてさらに，
③ 「人は，自分の学習してきたことを忘れてしまっているが，無意識には蓄えられている，すなわち無意識は学習体験の宝庫である」
ということも繰り返し述べている。

これらの言葉から読者の方々が連想されるイメージはどんなものであろうか。

## 2) 関係とリソースを重視

彼の治療において有名な利用的アプローチ（utilization approach）や，自然なアプローチ（naturalistic approach），許容的アプローチ（permissive approach）を含め，さまざまなアプローチの背後には，8)の治療関係とクライアントのリソースを重視する徹底的な認識の存在を窺い知ることができる。8)の考えは，文章にすれば短いのであるが，そのうちに含まれるものはとても重要である。そのことをもう少し詳しくみていこう。
① ほかの人でうまくいったというやり方を，無条件に別の人に当てはめる

ことができない。
② 同じように，無条件に理論に頼ることもできない。
③ 治療者は被験者と協力して，被験者がよりよく反応できる治療環境を被験者に合わせて仕立てる（tailoring）必要がある。
④ 被験者に合わせるためには，被験者の言葉や振る舞いに注意深くなくてはならない。
⑤ 治療者の言葉や振る舞いに被験者がどう反応するか観察，予測し，治療者－被験者関係を調整しなければならない。

　エリクソンの恐ろしいばかりにすごいところは，この一見単純なこれらのことを徹底的に考え抜き実践したところにある。

　仮に，催眠するときに，「余分な肩の力を抜いてください」などというなにげないような言葉を発する場合であっても，背後に細やかな観察があって，その言葉が相手からうまく反応を引き出すという確信があって使えるのであり，そうでないなら使えないということになる。そういう直接的な言葉が有効な場合は意外とかなり限られたものであり，そうでない場合がかなりある。

　いくつかの方法でうまくいかないとき，そこには，多くの治療者側の弁解があった。いわく，患者の動機が足りない，抵抗が強すぎる，病理が重い，性格が偏りすぎている，などなど。そのような弁解が生まれた理由の一部には，誘導方法（治療技法）が前提になってしまっているために，その方法に合う人と合わない人を選別することになり，合わない人のイメージを治療者が勝手に作りあげてしまったということがあると思われる。それをもっともらしい言葉で説明すると，適応と禁忌ということになる。エリクソンが考えた順番は逆なのだ。誘導方法（治療技法）を前提すべきではなくて，治療者－患者関係や患者のリソースを前提とすべきなのである。

　後者の前提に立ったエリクソンの論文には，適応と禁忌などということは出てこない。エリクソンには，その人に合う有効な方法を何としてでも開発するということしかなかった。そして多大な努力の結果，エリクソンは，ほとんどの人を催眠誘導可能と考えるようになった。

　さて，これらの前提に立つとき，患者のリソースをエリクソンがどう考えて

いたかというと，文字どおり患者のもっているものすべてと考えていたように思う。

　その扱い方は，ゆっくり徐々にのときもあれば，急激な場合もあったし，とても間接的なときもあれば，とても直接的な場合もあった。その使い方も患者に応じて当然のことながら異なったのである。このあたりの理解が不十分なまま彼に関する著作を読むと，その読んだ症例の記述によっては，患者に難題ばかり課す操作的なハードなイメージや，その逆に非常に逸話に富んだ間接的なコミュニケーションを行うソフトなイメージなどが読者の中に作られるかもしれない。実際には，彼は，彼の基本的な原則に（驚くべき徹底性をもって）沿って催眠誘導や治療を行っただけであろう。

### 3）治療者のリソースも利用

　ところでエリクソンの場合，催眠を使った治療と催眠を使っていない治療があるようにいわれる。確かに，催眠トランスを用いずに行った治療はいくつもあるだろう。しかし，彼の治療はどのような場合においても，前記の8）(p.115）の原則が貫かれており，非催眠的な治療にも彼の催眠研究の成果が大いに取り入れられていることは，容易にみてとることができるだろう。

　そしてエリクソンの治療においては，彼自身のリソースも総動員されていたにちがいない。それらを思いつくまま述べてみたい。例えば，脳卒中でほぼ全身麻痺の患者を怒らせることで動けるようになるまでに導いた驚異的な治療が，『アンコモンセラピー』[1]で紹介されているが，これを読むと，エリクソンが17歳でポリオにかかったとき，医者が母親に「明日までもたないでしょう」と告げるのを聞いて，母を悲しませた医師に対して激しく怒り憤慨し，生きようと強く決意し，夕陽を見ようとして自然に自己催眠状態に入ったという有名なエピソードが想い起こされる[2]。また彼が，ポリオによる全身マヒの状態から回復していく過程で，さまざまな体験をしている[9]。人の動き－行動をつぶさに観察したこと，観念運動現象を利用してリハビリを行ったこと，小さな動きが可能になると雪だるま式に改善がもたらされたこと，リハビリの仕上げに

ひとりでカヌーでミシシッピ川を下っていく旅行を行い，その途上でさまざまな人と出会って交流をもち，体力をつけるとともに，人間関係への洞察を深めたことなど。これらの体験から多くのことを得て，患者の治療に役立てている。エリクソンは，ポリオが自分の最大の教師であったと述べている。これは，逆境こそが最大のチャンスになるという象徴的な意味合いだけではなく，文字どおりおびただしいほどの学習体験であったのである。そして，その学習体験の数々は自己催眠状態下で行われていた。

また，彼が子どものとき，3とmの違いがわからなかったのが，教師の援助もあって，トランス状態で理解できた体験がある。この体験は，読み書きができない老婦人モーに字を学習させる際に役立てられている。このケースの報告は，利用アプローチの見事な実例でもある[7]。

さらに，医学生のときに，あまりの人生の不平等（長生きしそうな73歳の何ひとつ良いことをしないしばしば破壊的となる浮浪者と，余命いくばくもない魅力的で美しいあまりにも気の毒な一人の娘）を目の前にして，彼自身同一性の危機に直面したことがある。彼は医局に戻り，自己催眠に入って，「私はただ先のことばかり見つめていました（looking into the future）。目は開いていました。私は生まれることのかなわなかった赤ちゃんを見ていました。だんだん大きくなり，20代で，30代で，40代で死んでいく人たちも見ていました。いく人かは80代90代まで生き続けました。そして彼らの人間としての特別な価値について見ていました。すべての種類の人間を見ました。彼らの職業，彼らの人生，そういったものすべてが私の目の前を通り過ぎました」という体験をして，医療現場で情緒的に混乱しないよう，人生の不平等に納得することを学んだ[5]。このときの体験は，「催眠療法的手続きとしての，時間における偽オリエンテーション」[6]でみられるように，未来指向性を催眠的に応用する形で治療的に結実している。

ほかにも，自然発生的な自己催眠下で生起した自己治療的な体験から得たことを，他者の治療に活用していると思われる事例はいくつもある。これらのことを思い合わせていくと，私たちもまた，自分の欠点や逆境からもっともっと多くのさまざまなことを学べるはずだという希望がわいてはこないだろうか。

## おわりに

　エリクソンの書いたものに触れていて，あるとき理解したように思えて，治療にとって大事なことはこれだなと発見した気になったことが何度かある。例えば，ジョイニングすること（患者の側に飛び込むこと），無益な論争をしないこと，ゆったりとした雰囲気でいることなどなど。しかし，さらに読み進めていくと，まったく違ったやり方の治療に出くわし，面食らってしまう。そして自分がいかに枠組みを作りたい人間かを思い知らされてしまう。進めども進めどもエリクソンに近づけたという感じは，残念ながら今のところまだない。

　ほかに，エリクソンの言葉で印象に残っているものを2つだけ記しておきたい。それは，私が医原性（iatorogenic）の問題をいかにして減らすかということを考えていたときの，「医原病（iatorogenic disease）があるなら医原健康（iatorogenic health）があっていいじゃないか」という言葉と，心的外傷を負った方の治療に苦心していたときの，「不利益なトラウマがあるなら，治療的（therapeutic）トラウマがあっていいじゃないか」という言葉である。なんとポジティブで柔軟な発想！

　冒頭で，エリクソンは催眠療法や心理療法の領域でパラダイムの転換をもたらしたと書いた。それはまさに，「催眠誘導において重要なことは，決まりきった言葉ややり方ではなく，被験者と催眠者との関係であり，被験者のそれまでの体験の総和つまり内的リソースである」ということを，実験的にも臨床的にも示したことにある。このことは，催眠療法だけではなく，心理療法の分野にもみごとに適用してみせた。

　「患者を中心とした治療」というスローガンは，ロジャース派をはじめとしてさまざまな流派が掲げている。かつてのレイン（Laing, R. D.）などの反精神医学の流れも広い意味ではそうであろうし，システミックな家族療法家たちもそれまでの精神病理的な見方の見直し作業を行ってきたし，最近では，ナラティブ・アプローチ，コラボレイティブ・アプローチの臨床家たちも治療者の脱専門（家）性ということをテーマに精力的に活動を行っている。コラボレイティブ・アプローチの無知の姿勢などは，その思想背景は違えども，エリクソンの

「治療者は，患者の言葉を自分の言葉に翻訳して解釈してはいけない，患者が理解しているように理解しなさい」という言葉とある種の相似性を感じさせる。しかし，こうした各流派の治療とエリクソンの治療は，なお大きく隔たっているといわざるを得ない。各流派では，それぞれのスタンスから，どの患者にもある程度似通った治療を行っているが，エリクソンは，患者（の無意識）を信頼しつつ，患者のリソースを引き出し成長させるためには，治療者－患者関係（と患者にとっての外的環境－外的リソース）をフルに活用したため，各患者に応じてそれぞれに異なった治療を行った。この違いには，おそらく，エリクソンが催眠から出発し，催眠という非常にデリケートで強力な手段を使いこなすために，非常に精緻な観察力とあくなき実験精神を培い，患者の変化する可能性を患者とともに喜んだからではないだろうか。

　患者中心でありながら，治療者の役割を確固として貫き，みずからのリソースも最大限活用したエリクソンの数々の症例報告は，それまではあまりよくみえていなかった人間の可能性を示していると思われる。そして「治りうる」という期待と希望が，数多くの治療者を動かしてきている。まさに，エリクソンの非常に高度な専門性がもたらした治療の数々が，もしかすると彼ほどの専門性がなくてもなんとかなるのではないかという治療に必要なある種の逆説的ともいえる楽観さを生みだしている。多くの治療者が，知らず知らずのうちに，エリクソンによって暗に示されてものを受けとっているであろう。そして，それは治療者を越えて，広く一般の間にも広まりつつあるというきざしもまた感じられてきている。

（精神科医　中野　善行）

◆引用文献
1) Haley, J. : Uncommon Therapy. The Psychiatric Techniques of Milton H. Erickson, M.D. W.W. Norton, New York, 1973.（高石昇，宮田敬一監訳：アンコモンセラピー. 二瓶社, 大阪, 2001.）
2) Rosen, S. : My Voice Will Go with You: The Teaching Tales of Milton Erickson. W.W. Norton, New York, 1982.（中野善行，青木省三監訳：私の声はあなたとともに，ミルトン・エリクソンの癒しのストーリー. 二瓶社, 大阪, 1996.）

3) Rossi, E. L. (Ed.) : 1 Initial experiments investigating the nature of Hypnosis. The Collected Papers of Milton H. Erickson on Hypnosis Vol. 1. Irvington, New York, 1980.
4) Rossi, E. L. (Ed.) : 2 Further experimental investigation of Hypnosis: Hypnotic and nonhypnotic realities. The Collected Papers of Milton H. Erickson on Hypnosis Vol. 1. Irvington, New York, 1980.
5) Rossi, E. L. (Ed.) : 4 Autohypnotic Experience of Milton H. Erickson. The Collected Papers of Milton H. Erickson on Hypnosis Vol. 1. Irvington, New York, 1980.
6) Rossi, E. L. (Ed.) : 8 Further clinical techniques of hypnosis: utilization techniques. The Collected Papers of Milton H. Erickson on Hypnosis Vol.1. Irvington, New York, 1980.
7) Rossi, E. L. (Ed.) : 45 Pseudo-orientation in time as a hypnotherapeutic procedure. The Collected Papers of Milton H. Erickson on Hypnosis Vol. 4. Irvington, New York, 1980.
8) Zeig, J. K. (Ed.) : A Teaching Seminar with Milton H. Erickson. Brunner/Mazel, New York, 1980.（成瀬悟策監訳, 宮田敬一訳：ミルトン・エリクソンの心理療法セミナー. 星和書店, 東京, 1984.）
9) Zeig, J. K. : Experiencing Erickson An Introduction to the Man and His Work. Brunner/Mazel, New York, 1985.（中野善行, 青木省三監訳：ミルトン・エリクソンの心理療法, 出会いの三日間. 二瓶社, 大阪, 1993.）

# 概説 ― トランス状態とトランス・アプローチの技法

かねてより，内外の研究者や臨床家によって，催眠療法の治療的メカニズムとその有効性についての研究や説明がなされてきたが，考察の基本となる変性意識状態（altered states of consciousness）について，わが国ですぐれた研究と適切な説明を加えたのは斉藤稔正である。

## 1）変性意識をめぐって

斉藤[5]は，人間は自己を取り巻く現実的な環境に適応するために意味のある行動を志向する存在であるととらえ，またその生命を維持するという行動への意味づけをすることで自らの存在に価値を見出していて，それゆえ人間のもつ現実志向性は最も重要な性向ととらえている。そして，意識の変容した状態を，図1のように人間の現実志向的な行動体系モデルで説明する。それによれば，まず行動が生起するまでの心理的過程として3つの層を想定している。ここでいう下位体系は，現実志向性のために，行動の立案，その内容の吟味，想像，実現への方策，思考，操作，検討，確認などに関した機能をもつとされる。行動の内容に関する具体的な計画や企図はこの体系で現実的な視点に立って調整され，最後に上位体系で最終的な決定が下されると考えている。

催眠法では，まず一連の言語暗示を継続的に反復して提示し，変性意識下で下位体系に一種の混乱を引き起こして機能を低下，もしくは停止させたうえで催眠者は援助的な意図に基づく暗示を与え，被催眠者は，それが示唆するものを選択するとき，上位体系での今までのものと異なる決定をするとみる。催眠者は自らが援助的に意図する下位体系，上位体系の内容を，被催眠者への働き

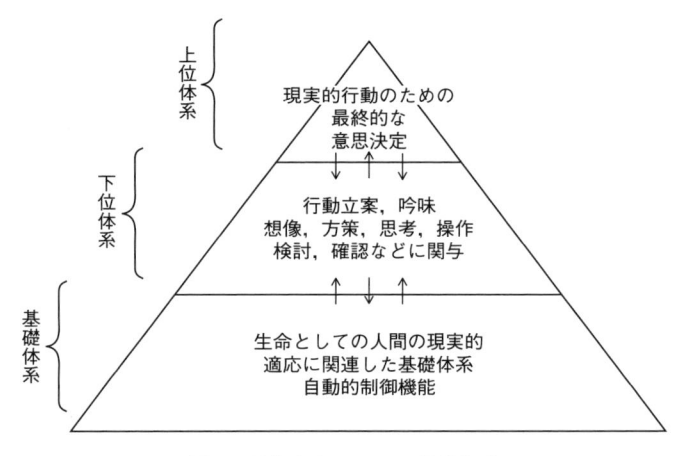

```
       ╱╲         上位体系  現実的行動のための
      ╱  ╲                  最終的な意思決定
     ╱────╲      下位体系   行動立案，吟味
    ╱      ╲                想像，方策，思考，操作
   ╱────────╲               検討，確認などに関与
  ╱          ╲  基礎体系   生命としての人間の現実的
 ╱────────────╲             適応に関連した基礎体系
                             自動的制御機能
```

図1　現実志向のための行動体系

かけを通して代替することができ，その結果，種々の暗示反応を生起させることが可能になるとみなしている。

ところで，ここでのトランスは基礎体系が機能低下するまでに至らない軽度のものであり，基礎体系の機能が著しく低下した状態を本来催眠トランスでは生起させるとしていて，斉藤は，そこに，生体がもつ生命機能の十全な回復をもたらしうる催眠療法の大きな可能性をみているのである。

## 2) 催眠トランスがもたらすもの

次に，現象としての催眠状態の定義については，かねてから，ヒルガード(Hilgard,E.R.)[2]によるものが多くの研究者や実践者の合意を得て定着しているので，以下に掲出する。

① 意志行動に対する企図能力の低下
② 選択的な注意の集中
③ イメージ機能，空想能力の活性化と高進
④ 現実吟味能力の低下と現実歪曲への適応
⑤ 暗示性の高進

⑥　現実の吟味を欠いた役割行動
⑦　健忘
⑧　リラックス状態

　こうした催眠状態の特性から，逆に，意識変性をもたらす技法，およびこのような催眠状態を応用した援助的なアプローチのための技法が成立した（図2）。

① <u>イメージ</u>：想像すること，思い描くこと。クライアント（患者）が自由に行うものと，臨床家が先導的に行うものがある。
② <u>リラクセーション</u>：筋肉などをゆるめ，心身のくつろぎを促すやり方。
③ <u>暗示</u>：ある意図，感覚，観念などが言語や非言語的なものによって非理性的レベルで他者に伝えられる現象，またそのための働きかけ。意図を直接的に伝えるものと，間接形にして明示しないものがあり，催眠療法では伝統的に前者を「直接暗示」，後者を「間接暗示」と呼んでいる。
④ <u>観念運動</u>：ある1つの観念をもつことで，それが身体運動として現れること。例えば，手が上がると思うと，トランスの中で実際に手が上がりやすくなる心身の反応を指している。
⑤ <u>年齢退行</u>：トランス下において，時間感覚の歪曲が起こることを応用して，多くは過去の問題，原因状況に心理的に接近，回帰していくプロセス。

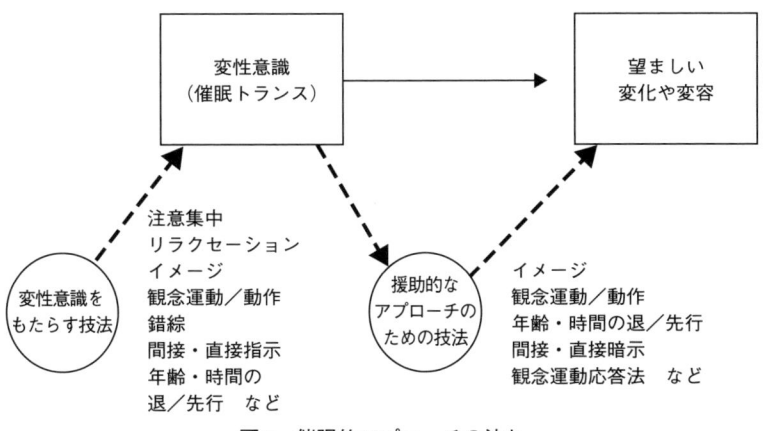

図2　催眠的アプローチの流れ

これらは，歴史的に催眠療法の技法として定着しているものであるが，それぞれが従来は定型的なトランス誘導による意識変性下で行われた（エリクソニアン・ヒプノシスでは個々のクライアントの条件に合わせた非定型のアプローチとして行われる）。そうすることで，クライアントの状態や感情，認知，行動に望ましい変化や変容がもたらされることをめざしたが，一方，こうした技法がいっそう意識変性を促すという側面ももっている。

前述の各技法とそれに関連する技法群は，次のような結果をクライアントにもたらすことをめざしている。

① イメージによる，現実世界での自己制限からの解放と，現実適応性との新たな内的統合
② 年齢・時間退行による，状況依存記憶学習（state dependent memory & learning）[4]へのアクセスと，原体験の認知の変換（リフレーミング），情動的反応回路の回復
③ 年齢・時間先行による，現在状況への固着からの解放感覚と，認知の変換，感情の変化
④ 観念運動による，動作のもたらす無意識レベルでの達成感覚（意思行動に対する要求の低下とヒルガードの述べるもの）。禁止暗示を加えることで，固着して悪循環的に増幅したフィードバックループの逆転ももたらす。

　観念運動を応用して，意識と無意識の分離を図り，無意識の自律的反応を喚起して，無意識レベルとコミュニケートするやり方として，観念運動応答法がある。
⑤ 動作による，主体感の獲得，自己制限から離れた自由な運動・思考・行動状態の回復，拡大
⑥ リラクセーションによる，心身の弛緩と，解放感覚がもたらす生体の活性化
⑦ 間接暗示，直接暗示による，認知の変換／生き方の準拠枠の変化／負荷となる記憶の修正と軽減，肯定的な記憶の喚起／生命感覚の喚起／自己像の変換／自我の強化／自己肯定感，自己効力感の強化／外界への適応能力

の増大／内的リソースの統合／意識と無意識の統合／心身の統合

### 3）コミュニケーションとしての臨床催眠の意味

　従来，催眠は「＜催眠者＞が＜被催眠者＞に対して催眠状態に誘導する」という形で進行するものと考えられてきた。いわば＜催眠者＞によって一方的に催眠誘導が行われるという認識にとどまっていたが，成瀬は，このように＜催眠者＞のあたかも客体でしかなかったクライアントの催眠体験の内的過程に着目して，その主体性を催眠の基軸に据え直した。

　一方，エリクソンおよびエリクソン派の出現によって，催眠のもつ＜催眠者＞と＜被催眠者＞の関係性に着目する新たな視点がもたらされるようになって，両者の間の相互影響，相互作用の過程を通して，催眠の本質はコミュニケーションであることが認識されるようになってきた。

　このことは，催眠に対する固定観念に大きな変改が加えられたことを意味している。まず，そこでは，＜被催眠者＞は単に受動的に催眠をかけられる存在ではなく，治療者という他者との関係において，自らが催眠状態に入ることを選ぶ，あくまで主体的な存在であると考えられることである。ただし，この場合，＜被催眠者＞がその選択をはじめは意識的にしているところがあるとしても，しだいに無意識のうちにそれをしていくことは重要なところであって，その意味では，さしずめ＜被催眠者＞の主体性も無意識レベルで発揮されていること，また＜催眠者＞とのコミュニケーションも主に無意識レベルでもたれていることに，催眠固有の条件と特徴があるといえる。

　しかし，考えてみれば，有効なコミュニケーションというものは，元来が意識レベルだけではなく，より深く無意識的なレベルでも必ず交わされ共有し合っているものであって，臨床催眠はよりその点に深く足場をおいているということができる。ここにも，従来の心理臨床が，ともすれば意識レベルのコミュニケーションを（少なくとも臨床家自身の意識では）重視してきたのとは異なる，新たな可能性をみることができる。

### 4) 臨床催眠にみる目的論モデルをめぐって

　ところで，クライアントの主体性を基軸にして，その＜体験のしかた＞を考える成瀬は，体験過程を催眠療法における重要な治療的本質とみていて，洞察原理や行動原理と並ぶ体験原理の意義を提唱する。ここでいう体験とは，「主体である自己が生きる努力をしている自己自身の只今現在の活動についての内的実感」[3]であり，催眠トランス下や，催眠イメージ下におけるクライアントの内的体験のしかたそのものが，今までの自己制限的な体験のしかたから離れて，新たな可能性につながるものとして考えられている。そして催眠療法とは「日常生活や症状，問題に対する自己活動のしかたを，より適切で安定したより豊かで生き生きした体験のし方に変えていくことを目指す」[3]ものとなる。
　こうした視点は，クライアントの目的志向性を重視するものといえるが，エリクソンの治療モデルにもその目的論的かかわり方において，共通したものをみることができる。エリクソンは常に患者がよりよい現在および未来をめざすことができるように援助を方向づけたが，それはエリクソンの行う催眠療法，および催眠的アプローチにおいて顕著なものがある。とりわけ無意識を知恵あるものとして，人はそれに依拠すべきことと考えたその＜無意識論＞は，従来催眠療法も拠ることの多かった分析的モデルのそれとは明らかに異なっていて，催眠的アプローチの中でより援助的な文脈に沿う形で活用されている。
　こうした特徴をもつエリクソンの催眠療法は，常に，生活者としての個々の人間と，その日常生活に対する肯定的な共感を深く湛えた内容のものとなっていて，クライアントに日々生きることへの希望と意欲を与えるものともなっている。こうしたエリクソンの援助思想は，その有効性と合わせて，催眠・心理療法に深い人間味をもたらすものとして受け継がれていくことと思われる。

### 5) 適用条件を活かして

　催眠療法は，現在の段階では，定型的な誘導パターンに加えて，直接形での指示的なメッセージを援助の中心としたものと，エリクソンに始まり，エリク

ソン派によって受け継がれてきたものが併存している。

　既存の催眠法とエリクソニアン・ヒプノシスは，その考え方や技法において，一見対称的であり，何をもって催眠状態とするかという定義そのものにおいても視点がかなり異なるが，公平にみて，エリクソニアン・ヒプノシスが既存の催眠法の考え方や技法の枠組みを大きく広げたことは間違いない。その意味で，エリクソニアン・ヒプノシスは，従来からの催眠法のいわば創造的なアンチテーゼとしての意義を，臨床催眠の歴史にもたらしたことは疑えない。

　ただ，定型を旨とする催眠法のほうにより親和性を感じるクライアントは（その比率は多くはないが）いるので，その点からも，この二様の催眠法の適用において二者択一的な論法を用いるのは必ずしも適切とはいえない。

　また適用条件でみるとき，高石[6]によれば，現代催眠療法を①標準的催眠療法，②折衷催眠療法，③ストラテジー催眠療法の３つの類型に大別している。

　①は公式的，権威的な伝統的催眠法で，その適応は，疼痛や自律神経系の不調に伴う身体・生理状態の症状除去などをめざすものである。②は他の心理療法に催眠をつけ加えようとするもの，③はエリクソニアン・ヒプノシスを指していて，症状にむしろアクセスして，クライアントに自らの問題解決能力に気づかせようとするもので，②の折衷催眠と並んで複雑な心理的メカニズムの症例にアプローチしやすいとされている。そして，高石のこの類別は，臨床レベルでの各種の催眠モデルの優れた実践的整理ともなっている。なお，①は直接暗示が多用されてよいケースであり，③は間接暗示の多用がふさわしい。

　また前述したように，エリクソニアン・ヒプノシスでは，多くはクライアントのリソースに依拠しながら，「何ができるか」という目的論的立場に立った援助を行うが，還元論的，原因論的見地に拠る従来からの臨床催眠も，その一定の妥当性は今も失われていない。実際，臨床催眠において，クライアントの＜問題＞に焦点づけをすることは，＜状態依存記憶学習＞に，トランスの中で再接近していくことでもあるが，そのことで，リフレーミングと再統合による自己治癒がもたらされる可能性については，正当に評価されてよいものがある（昨今の解離性障害の増大から，抑圧理論ではなく，解離理論に拠るジャネ（Janet, P.）の再評価も，この方向での催眠療法の新たな活性化につながってい

る)。つまりは，臨床場面では，個々のクライアントが受け入れやすい自己援助的な文脈に沿うことで，この2つのスタンスは，どちらも有効なものになるのであって，その意味でも，いずれはこの両者がゆるやかにつながり，融合し，さらには統合していく過程が想定されるが，現在では，ひとまず並列的に存在することを前提に，それぞれの活かし方を考えることが妥当である。

## 6) クライアント中心のアプローチの意義

従来，催眠療法は，臨床場面におけるプロセスにおいて，一定の権威的なポジションを臨床家がとることが多かったが，そうしたポジションのとり方が，時に催眠が"操作"的であるような印象を与え，またある種の依存性を引き出すという誤解，そして一部の事実につながったことは否定できない。

林[1]は，従来の催眠者中心的アプローチから，クライアント中心的アプローチへの転換を説く中で，次のようなインフォームドコンセントをクライアントとの間でもつことを提案している。これは，催眠療法を行ううえでのアプローチ上の姿勢と留意点を私たちに示唆するものといえよう。

① 解決されるべき臨床上の問題は何かを正確に決める。
② その問題の解決に用いることができる催眠の現象は何かを確定する。
③ 催眠的アプローチの効果という面からみて，そのクライアントはどのような生産的なことができる能力があるかを明確にする。
④ そのケースにとって臨床的に健全であり，適切なものは何かを決める。
⑤ 採用することが予想される催眠的アプローチが全体的な治療の枠組みにとって整合性をもつかどうかを判断する。

## 7) クライアントの意識の流れに添って

催眠というのは，＜意識の流れ＞をテーマにしているということがいえる。そして，催眠療法は，＜クライアントの意識の流れに添って，その無意識レベルのリソースをトランス下で活性化しながら，意識状態の望ましい変化を促す

かかわり方＞と新たに定義することもできよう。無意識を活性化するプロセスを通して，意識と無意識の統合を図るこうしたかかわり方は，他の心理療法よりは現代的な催眠療法においてより自覚的になされてきたことを考えるならば，これを現代催眠についての発展的な再定義としてよいかもしれない。そして，その前提に拠るならば，催眠的アプローチは，臨床現場においては（他の心理療法とも重なり合い，融合しながら）いっそう自然で柔軟なコミュニケーション過程の中で再構成しながら活用できる豊かな可能性をもっている。

　催眠療法は，変性意識という普遍的な心的作用と，無意識を自覚的に活用した心理療法であり，この点では，意識的な理論や体系を前提にした他の心理療法とは明らかに異なる性質をもっている。その意味では，催眠療法を自己完結した理論の中で過度に意識的に考えることは，かえって催眠を"逃げ水"のようにしてしまうところがあるのは否めない（何よりも＜催眠＞そのものがまた1つのメタファーでもあること，を私たちは認識しておいてよいようだ）。

　常に時代の流れの中で，新たなとらえ返しとかかわりが求められるもの，それが実は臨床催眠の1つの本質であるかもしれない。

（臨床心理士　吉本　雄史）

◆引用文献
1) 林茂雄：催眠療法の発展と進歩．催眠学研究 40(1)(2); 34-38, 1995.
2) Hilgard, E. R.：The Experience of Hypnosis. Harcourt, Brace and World, 1968.
3) 成瀬悟策，鶴光代：催眠療法．小此木啓吾，成瀬悟策，福島章編：心理療法1, 臨床心理学大系．金子書房，1990.
4) Rossi, E.：The Psychology of Mind-Body Healing. W. W. Norton, 1986.（伊藤はるみ訳：精神生物学－心身のコミュニケーションと治療の新理論．日本教文社，1999.）
5) 斉藤稔正：催眠と意識現象－時間的に変動するトランス．催眠学研究, 45(2); 17-21, 2000.
6) 高石昇：催眠療法の新しい動向．催眠学研究 43(2); 33-38, 1998.

# 第1章
## アプローチのポイント

## 1　医療現場から（1）

### 1）催眠療法実施上の留意点

#### a　催眠療法実施前の注意

　催眠療法を適用するにあたっては周到な準備が必要である。まずやらなければならないのは，その患者あるいはその症状が催眠療法の適応かどうかの判断である。催眠療法以外により適切な治療法はないか，催眠療法単独でよいか，他の治療法と組み合わせたほうがよいかなどを総合的に判断しなければならない。催眠療法に対する動機づけはもちろんのこと，催眠に対する不安や誤解の除去も重要である。筆者の経験では，治療者がむりやりに催眠をかけるというのではなく，患者のほうからかけてもらいたいという雰囲気にもっていくことでスムースに催眠に導入できる。ただし，最初から催眠療法を希望してくる患者には注意が必要である。これらの患者の中には，催眠に対して何か魔術的な過大な効果を期待しているものがいたり，時に統合失調症の患者がみられたりするからである。

#### b　治療目標をどこにおくか

　転換性障害の場合の治療目標は比較的設定しやすいが，解離性障害の場合の治療目標の設定は非常に難しい。解離性健忘の場合，その記憶をすべて回復させるのがゴールとなるのか，解離性同一性障害（多重人格障害）の場合，その人格の統合を図るのがゴールとなるのか，判断に苦しむところである。また，患者本人と家族の催眠に対する期待が異なることもしばしばみられるので，その判断は慎重を要する。

## c 催眠療法実施にあたっての留意点

### i 催眠トランスのどの現象を利用するのか

催眠トランスには表1に掲げたようなさまざまな現象がみられる。催眠療法をより有効に実施するには，その中のどのような現象を利用するかである。心身のリラクセーションを目的にするならば，自律訓練法（これを催眠療法と考えるかどうかは議論のあるところであるが）のほうが適当かもしれない。筆者は催眠療法の主な対象を転換性障害と解離性障害としているので，年齢退行現象とイメージを利用することが多い。これらの現象を得るためには深催眠を必要とするので，ケースが限られてくる。一般に転換性障害と解離性障害の患者は被催眠性が高いので催眠トランスに誘導しやすいが，なかには催眠トランスに誘導できないケースもみられるので，その場合の対策を講じるのも重要である。また，深催眠に誘導できたようにみえても，治療効果と結びつかない場合もみられるので，注意が必要である。

表1 催眠トランスでみられる現象

① 被暗示性の亢進
② 役割行動
③ 心身の弛緩
④ 筋の強直，カタレプシー
⑤ 自律神経系の変化
⑥ 感覚過敏，感覚鈍麻
⑦ 意識野の狭窄
⑧ 現実吟味力の低下
⑨ カタルシス効果の促進
⑩ 注意の再配分
⑪ イメージの出現促進
⑫ 幻覚（幻視，幻聴，幻嗅，幻味，幻触），負の幻覚
⑬ 錯覚
⑭ 時間の歪曲（時間の短縮，延長）
⑮ 記憶想起の促進（記憶の消去）
⑯ 年齢退行，年齢前進
⑰ 催眠中の体験に関する健忘（後催眠健忘）
⑱ 後催眠暗示の履行

ii 環境調整の重要さ

　フロイトが催眠を捨てた理由の1つとして催眠の効果が一時的であることがあげられているが，これは患者を取り巻く環境の調整を怠ったためと思われる。催眠療法で症状を改善することができても，もとの環境に戻せば再発するケースはしばしばみられる。催眠療法による症状の除去は治療のきっかけをつくることであり，その症状の原因となった環境を調整することのほうがむしろ重要である。

## 2）催眠療法の終了

　どの時点で催眠療法を終了するのかも難しい問題である。筆者は転換性障害の患者（約4年間，脚がまったく動かず拘縮をきたした）に100回以上にもわたって催眠療法を行い，軽快に至ったことがあるが，「いわゆる他者催眠（療法）」は原則として4～5回を限度としている。多くの患者は2～3回催眠に導入してみると，被催眠性が高いかどうか，催眠療法が有効かどうか見当がつく。4～5回やってみて効果がみられなければ，催眠療法に期待ができないので他の治療法に切り替えたほうがよい。このようなことも催眠療法を始める前に患者に説明しておくことは重要である。

（精神科医　中島　節夫）

## 2　医療現場から（2）

### 1）はじめに

　筆者はエリクソンの遺産を通じて催眠を学んできた。それで催眠療法は，意識の状態や流れにより注意を払う心理療法であるととらえている。いわゆる伝統催眠についての素養は乏しいが，催眠的な見方，考えた方を日々の臨床に役立てたいと考えているものである。伝統催眠についてはたまたま集中して学ぶ機会がなかっただけである。

　診療体制は，予約制で1人の面接時間は一応30分を目安にしているが，実際にはかなり幅があって時間的枠組みは結構ルーズである。看護師はいなくて，原則として診察中はクライアントと私だけの空間になる。たいてい小さなテーブルをはさんで座っているが，小さなベッドもあり，まれに希望される方に使用することもある。BGMは流すことも流さないこともある。なお，全員保険診療である。さまざまな状況によって行えること，工夫のしどころ，留意すべきことなどは異なってくると思われるが，今回は個人的な経験の範囲にとどまる発言であることをご容赦願いたい。

### 2）思いつくままの感想

　催眠の実施方法については他の方々が述べてくださっているので，総合病院時代や大学病院時代から開業して変化したと感じられることを織り交ぜながら，辺縁的なことから触れてみたい。

#### a　関係が穏やかに
　かなり濃密な時間をクライアントの方と一緒に過ごすこともあるが，いわゆ

るアクティングアウト，激しい陽性転移に悩まされることが開業してほとんどなくなった。もちろんリストカットなどをされる方は大勢いらっしゃるのだが，それが治療者への直接的なメッセージからという感じは乏しい。これは筆者のやり方の変化よりも，場の違いによるところが大きいと思われる。病棟のある総合病院などでは，複雑な集団的な心理（例えば，クライアント間の羨望，競争，ちょっとした失敗からくる悲観的な雰囲気の蔓延など）への配慮が必要となるかもしれない。例えば，スタッフ間の連携，雰囲気作りへの配慮などは重要となるであろう。

### b　少ない面接回数で

　これは，来院者のモチベーションの違いによるところが大きいのかもしれない。完全によくなるまで面倒をみてほしいというような方は少なく，ある程度の改善なり見通しなりがもてるようになると，あとは自分でやってみますと言われる方が多くなった。

　とはいうもののこれは相対的なもので，長期にわたりかかわらせていただいている方ももちろん多くいらっしゃる。

### c　こちらの対応にも変化が

　このような状況の変化にともない，筆者の対応も変化をみせてきていると思う。クライアントの方へ同調しすぎることへの警戒心が薄まってきていて，より催眠的な対応がとりやすくなっている。

　相手の一見，反（非）規範的ともとれる言動に反応することが少なくなり，話題の筋をただ，そうか（そうなんだ），なるほど，などとうなずきながら追えることが多くなってきている（疑問を心の中にしまっておくことができる）と思う。相手が話したいことが終わってこちらの発言を待っているときに心がけていることは，まずねぎらうこと，相手のリソースに焦点をあてた話をすること，そのあとで少し違う視点（角度）から見直すことができるかどうか尋ねること（場合によってはヒントを出す）くらいである。これだけでかなり効果が上がっているのではと感じている。

後者の2つのことを，筆者は便宜的にKnowing What I Can do（KWIC（クイック）：何とかやれるとわかる）とReviewing in Another Perspective（RAP（ラップ）：ちょっと別の角度からみてみたら）と呼んでいる。KWICとは，クライアントのリソースに何らかの方法で焦点をあてることで，クライアントにこれから自分で何とかやっていけそうだ，という意識的無意識的感覚（納得感）を得ていただくことを指している。RAPとは，治療関係の中で少し違った地点から，これまでの問題への取り組み，現在の状況，今度の人生についてなどを見つめ直していただくことである。とりあえず，reviewingとしているが，rehearing, recalling, retouching, re-storying, reframingなどでもよい。

　KWICとRAPは密接な関係にあり，片方ができるともう片方ができやすくなるような関係にある。トラウマ的な体験で苦しんでいるある女性の場合に，これまでの自分の人生を，舞台設定（例えば外国を舞台に）や登場人物のキャラクターの設定（それぞれをある動物に）を変えて物語っていただくことで，KWICを得られ，その後の治療がスムーズに行ったことがある。また対人関係で悩みふさぎ込んでいる男性の場合に，その晩年をイメージしていただくと，良好な人間関係を築いているイメージが得られ，それを徐々に現在へと近づけていってKWICが得られたこともある。また将来が何とかなりそうと思えるようになると，自分についてより肯定的にみられるようになり，直面していた問題への見方も変わっていった。

　ちょっとくどいようだが，これらのことは相手の見方をこちらが受け取ってから行うようにするべきで，相手の見方を否定するものではないし，変えようと焦らないほうがよい。

## 3）面接の終わり方

　クライアントは，知らない間に意識の状態が変化するが，変化することが日常生活にどう影響するかということもまた知らない。うまくできたと思ったのにその次の面接で面接間にあったことをうかがって，配慮不足を詫びたことが何度もある。例えば，面接中にクライアントは何とかやっていけそうという気

になって家に帰ったが，実際には無理でかえって以前より落ち込んでしまったとき，あるいはまた，面接中に思い出したつらい体験が，帰ってからますます思い出されて苦しくなったときなどである。

　そこで留意点を述べておきたい。催眠的アプローチの中で，クライアントがトランスに深く入っていくと，そこはクライアントにとって日常とは別の環境の1つとなりうるので，その中での記憶が鮮明であった場合，現実に戻ってきたときに，一種のカルチャーギャップによるショック体験と似た混乱が生じる場合がある（トランス状態が快適であっても，深いトラウマが表現されたときでも。期待と現実のギャップからくる苦悩，過去の苦痛の現実への侵入など）。こうしたとき，例えば，複雑なトラウマを抱えた方たちの場合には，かなり深刻な事態が起こりうるので，現実に戻るときに配慮が必要な場合もあることを覚えておいてほしい。また，トランス下で，恐怖症や疼痛などの症状の除去を目的とした直接的な暗示を行った場合なども，もしうまくいかなかった場合には，クライアントが自分を責めてかえって不安が増強して症状の悪化を招いてしまうこともある。エリクソンが催眠療法で覚醒の前に催眠状態で起こったことの健忘暗示を多用したのは，そのような混乱を防止する目的もあったものと思われる。

　もっとも多くの場合は，ここで話したことや聞いたことは忘れてしまってよいこと，そしてもし帰って思いどおりにいかずつらいことがあったら（もちろんうまくいったことについても），それを次回に教えてほしい，もし次から次につらいことが浮かんできてとまらなかったら，それをできるだけ書き留めてきてほしい，とお伝えすることで，深刻な事態は回避できていると思う。健忘もよいし，もし想起が過剰になるならそれを利用していきましょうという具合である。こちらが面接後のことを配慮していることが伝われば，トラブルも予防しやすくなると思われる。

（精神科医　中野　善行）

## 3 歯科医療現場から

### 1）訴えには現実的な身体治療を優先する

　患者が望む歯科医師像を描き出すいろいろな調査の結果には，"上手，丁寧，痛くない"先生であるほかに，"優しい，感じのいい，患者の話をよく聞いてくれる"先生という項目が必ず含まれている。技術的な面と，態度的な面からの歯科医師への評価である。しかしながら，実際には"優しい，感じのいい，患者の話をよく聞いてくれる"先生でも"すぐに痛みを取り除いて"くれなければ困るし，"上手，丁寧，痛くない"先生であれば"多少はぶっきらぼう"でも我慢しようとするのが，歯科患者の思いでもある。"すぐに"痛みを止め，"痛くない治療"をすることが良い歯科医師としての具備条件であり，ここでは技術面の評価が優先されている。

　若い歯科医師には，患者の訴えに適切に対応する技術の習得が研修の第一目標となり，反面，"優しい，感じのいい，患者の話をよく聞いてくれる"先生になるには特別な研修を必要としないとの思い込みがあるのか，歯科医師としての態度の訓練はどちらかというと後回しになっていることは否めない。

　歯科医療の現場では，器質的な歯科治療を行う者と心理治療を活用する者とが，同一人物であることが多い。すなわち，歯科医師として，患者心理に深くかかわった治療を展開したいと思えば思うほど，患者の訴えに適切な身体療法のできることが必須条件となる。

　すなわち，歯科心身医療の実践にあたっては，"患者の話をよく聞いてくれる腕の良い先生"と評価されるよう，身体治療に専念する姿勢が大切である。患者さんの態度，応答，口の中に訴える症状などから，たとえ心理的要因が関与していると思える場合であっても，身体的治療を優先して患者の訴えに現実的な歯科治療を的確に行うことが必要である。

身体症状の軽快とともに，治してくれた先生に対するラポールが高まり，症状の基盤にある問題点の抽出や解決に心理的な技法を取り入れやすくなる。

心理治療を活用する環境を整えるためにも，まず身体治療を的確に行う技能をもちたいものである。

## 2) 催眠療法が適切で有用な事例がある

### a 催眠療法による症状の直接除去

もともと，歯の治療は痛くて不快なものであるとの思い込みがある。実際，歯を削る，歯肉に麻酔注射をする，歯を抜く，神経をとるなどの処置には，苦痛を伴うことが多かった。この苦痛を和らげるのに，昭和30年代半ばを頂点として，催眠の直接暗示効果を応用した"痛くない"歯科治療が注目を集めた時期があった。

やがて，歯科麻酔学の研究が進み，局所麻酔剤の改良や細い歯科用ディスポーザブル注射針が開発された。また，電動注射器の開発，笑気鎮静法や聴覚減痛法の普及によって，手続きが簡単で効果が確実な歯科麻酔法が確立され，局所麻酔時の痛みを最小限にとどめることができるようになった。あわせて，歯科治療椅子が水平に近く設定できるようになり，局所麻酔注射時の循環器系不快症状（いわゆる脳貧血症状）が発症することも少なくなった。こうした医療技術革新の波に押されるかのように，歯科治療に伴う痛みに対して催眠の直接暗示法を歯科臨床で応用する機会は少なくなってしまった。

### b 歯科心身医学療法としての催眠療法

昭和40年代初めになると，歯科・歯科口腔外科領域において心身両面から歯科心身症の発症機序が研究され始め，歯科心身医学療法としての催眠療法が実践されるようになった。

催眠性トランス，あるいは変性意識状態と呼ばれる状態の中で積極的に与えられる暗示は催眠療法の作用機転の中核をなしているといわれる。歯科治療恐怖，精神性一次性ショック（あるいは疼痛性ショックの一部），過剰絞扼反射，

口臭自己臭症，咬合不全を中心にした顎顔面部の不定愁訴（あるいは顎関節症の一部），口腔乾燥，非定型顔面痛，顎顔面部の慢性疼痛，舌痛症（あるいは舌疼痛症の一部），舌癌恐怖，口腔習癖など，歯科心身症として包括される病態に催眠性トランスを適用して，心身のリラクセーション，不安や恐怖の除去，心理的問題点の意識を図ろうとした。催眠療法は"心理療法の母"とも呼ばれるように，現在では，自律訓練法，行動療法，交流分析などに分かれているが，いずれも歯科心身症の治療には有用な心理療法である。

#### c より良い歯科医師－患者関係の構築

医療における催眠は，依存ならびに従属という特異な医師－患者関係の中で，trophotrophic に心身の安定と平静をもたらす。催眠療法を行うことによって，歯科医師－患者関係の信頼の絆がいっそう固いものになり，行われている身体療法はより有用性の高いものになる。また，いわゆる良好なラポールが構築されると，インフォームドコンセントや医療面接も円滑に行われる。

事実，成瀬が提唱する"脱催眠"のように，正面切って催眠療法を用いずに，催眠の特質と効果を医療あるいは教育などに活用しようという傾向が出てきている。すなわち，通奏低音のように催眠療法を利用すると，歯科患者教育，歯科健康教育の面で心理効果あるいは教育効果があがるだけでなく，歯科医師としての態度を涵養して治療的自我を確立することができる。

催眠療法を仲介として，医療の場における人間関係を構築することには大きな意義があり，とりもなおさず今後の催眠療法の在り方を示唆しているように思われる。

### 3) 歯科医療現場での催眠導入の実際

#### a 共同作業（催眠）への動機づけ

明らかに催眠などの心理療法を求められた場合にしか"催眠"という言葉を用いない。多くは"筋肉の緊張を取り除いて柔らかくする練習"と説明する。

「筋肉がねじれた緊張状態が続きますと，中にある血管が圧迫されて血液が

流れにくくなります。すると，筋肉に血液がたまって腫れあがり，痛みを感じるようになります。筋肉を柔らかくする練習をしてみましょう」

### b　導入前の姿勢と緊張／弛緩の体験

　約30分の診療時間を確保して，いつものとおり準備した歯科治療椅子に座らせるが，治療室でも静かな場所の椅子を選び，照明は消したままにする。

　催眠であると告げている場合には，被暗示性テストから始める。そうでないときは，少々無理な姿勢だが，背中を起こして足を前に投げ出した背中，おなか，あるいは握り拳の筋肉を利用して，緊張と弛緩（ストレス・リラックス）を理解させる。

### c　腹式呼吸

　「では，ちょっとだけ息を吸ってください。一旦（息を）止めて（ください）。そう，そしてゆっくりと吐きましょう。もっと，もっと，吐いて（ください）。今度は，肺のすみずみまでいっぱいに吸い込んでください。一旦（息を）止めて（ください）。そう，そしてゆっくりと吐きましょう。ここから先は，普通の息のしかたで結構です」。

　呼吸に合わせた暗示の言葉のリズムで，催眠誘導がすでに始まっている。

### d　後倒法

　「では，かるーく眼を閉じて（ください）。吐く息に合わせて，身体の力を抜いてみましょう。足首，太もも，おなかの力を抜いて柔らかくしましょう。そう，肩から腕，手首の力も抜いて柔らかくしましょう。このあと背中と首の力を抜きますと，スーッと椅子にもたれかかるように後ろに倒れます。さあ，抜いてみましょう」と言いつつ，電動椅子を操作して後ろに倒すと導入が速い。

### e　催眠の深化

　催眠反応表（成瀬）にしたがって，運動的催眠暗示，知覚的催眠暗示，記憶的催眠暗示の順に暗示の言葉を与えるが，暗示の言葉の間には，「とてーも，いい気持ちです」という言葉をはさむ。

「あなたは今，お花がいっぱいの陽だまりで，気持ちよーく居眠りしています」

手首を少し持ち上げて放したときに，そのまま落ちてしまうのが目安となる。

### f　催眠下の歯科処置

多くの歯科処置は，軽い催眠状態で十分である。特に，歯科治療に伴う痛みや治療器械の出す音に過敏な患者には，知覚的催眠暗示を丁寧に繰り返す。

患者の催眠感受性と動機によっては，歯科処置が刺激となって催眠状態が浅くなるが，「少ーし醒めてきましたね。もう一度，筋肉をリラックスさせましょう」と言いつつ，深呼吸法や知覚的催眠暗示で深化させる。

### g　後催眠暗示と覚醒

歯科処置が終わったら，後催眠暗示を与えて催眠状態から覚醒させる。

「さあ，治療も終わりました。これから5つ数えて手を叩きます。あなたは気持ちよーく目を覚まし，とても爽快な気分になります。次回の治療にはこの方法がもっとうまくいきますよ。いつーつ…，ひとーつ，ハイ」。ポンと手を叩く。

大きく伸びをさせるが，覚め方が不十分なときは覚醒の暗示を繰り返す。

（歯科医　西田　絃一）

# 4 カウンセリング現場から

## 1）カウンセリングにおけるトランス・アプローチの有用性と適応をめぐって

　カウンセリング現場は臨床催眠の適応領域であり，催眠法を活用しやすい条件をもっている。
　それにはまず，時間的条件があげられる。カウンセリングは標準的には，1回の面接で50分前後という設定をするが，これは援助を目的とした1回の時間としては，かなり恵まれたものであり，同時に催眠療法としても意識変性を十分に活用できる条件である。もとより催眠アプローチには，いつもそれだけの時間が必要とはいえないし，とりわけコミュニケーションの中に催眠的プロセスを活用するやり方をとるならば，それだけの時間の長さは必要でない場合もあるが，意識変性に至る過程と，そのあとの暗示を中心とした援助的アプローチがもたらす結果の安定度や確実性を考えるとき，やはりカウンセリングの標準的な時間設定はめぐまれた条件といえる。
　空間的な条件にも適している。カウンセリングは個人対象の場合，通常静かな室内で対応していくが，比較的外部の雑音や他者が侵入しにくい空間で行うことで，クライアントの集中を助けやすいことは大きな利点である。インテークの時間も設定することで情報を得やすいことも含めて，こうしたメリットをもつカウンセリング場面は，臨床催眠の適応領域として，やはり最良のものの1つとして考えられる。

## 2）現場におけるトランス・アプローチの進め方

　通常の形態としては，カウンセリングではまずインテーク（受理面接）を行い，ここで，主訴（歴），および生育歴，現在の生活状況をはじめ，クライア

ントに関する詳しい情報を収集していくが，その中で催眠療法の適否条件を査定するとともに，筆者の場合，催眠法を主体として行うか，他療法の補完的な用い方をするか，ここである程度判断しておくことが多い。あわせて，この段階で臨床催眠についてのクライアント本人の理解の度合いや，要望の多少，また催眠を望まない場合のその理由なども確認しておくことも必要である。

こうした段階をふまえて，催眠法が有用と判断した場合，催眠感受性の大小や，催眠に対する反応特性の状態をみておくことで，それ以降の催眠面接のやり方や方向を展望しておけることが多い。

面接を重ねながら催眠アプローチを展開していくにあたっては，一般的には以下のようなバリエーションで行うことが考えられる。

## a 集中的なトランス状態を活用して

### i 非定型による場合

臨床現場で出会う複雑な心理的機序が関与する訴えには，その多くは個々のクライアントの反応特性にそった柔軟なアプローチが望ましい。また催眠療法を望みながら受動的な位置に立つことに抵抗をもちやすかったり，アンビバレンツな不一致感情を強くもっているケースも同様である。これらの場合は，筆者は一貫して極力パターン化を避けて，導入も普通のなにげないやりとりから日常的なトランスにつなぎ，しだいにクライアントにとっては知らず知らずのうちに標準的なトランスに入っていけるようなスタイルが有効であると考えている。こうしたやり方は，個々のクライアントの異なる条件にも対応しうるものであり，現場では今後さらに多用されるものとなろう。

### ii 定型に基づく場合

これは，アプローチのしかたも，観念運動を主体として，その中に凝視法なども加えた定型的な方法のほうが受け入れやすいケースにするやり方で，この場合，まず催眠が共同作業であることを伝えて，クライアントの協力を求めるようにする。筆者の経験によれば，このようなプロセスは，定型的な催眠法に一定の知識と肯定的な関心をもち，また，受動的なポジションに立つことにアンビバレンツな抵抗を示さないクライアントにおいて有効である。

### iii　自己催眠を加える場合

　前述のような他者催眠に，自己催眠を適宜加えながらプロセスを進めるスタイルも考慮できる。

　ちなみに，催眠はすべて自己催眠の要素をもつものであって，その意味では自他がはっきりと分けられるものではないが，スタイルとしては，ひとまず自分で内的集中状態に入るものを自己催眠と呼ぶならば，セラピーにおいてクライアント自身が主体的なあり方を望んだり，こちらの判断としても主体性を尊重することがとりわけ望ましいと考えられるケースには，自己催眠によって自らの「意志」で一定のトランスに入ってもらいながら，それを次に他者催眠で深化するやり方が活用できる。

### iv　その他の心理療法と組み合わせる場合

　他の心理療法，特に隣接すると思われる心理療法（第Ⅲ部参照）と適宜組み合わせたり，それらの補完法として用いるというやり方である。これは実際にも少なからぬ催眠・心理療法家が行っているものであって，すべて1つの心理療法だけでは多様なケースに対応できず，催眠療法もまた同様である以上は，このことは当然であり，また必要なことでもある。そして，これは単なる折衷法という以上に，催眠療法の有効性を強める利点に加えて，それぞれの他の心理療法の効果をさらに催眠トランスが喚起拡大するという点で，催眠療法自身のもう1つの有用性の活用にもなるものである。

## b　コミュニケーションのプロセスを活用して

　クライアントの意識の流れに添いながら，親和的なやりとりを進めていき，そこに自然に生起するトランス下で，エピソードや引用，寓話などの提供をしたり，逆説的な指示を加えるようなエリクソン・モデルのほかに，セラピストとクライアント両者のやりとりを，必要に応じてそのつど無意識化（暗示化）に導いたり，逆に意識化（明示化）する往還過程を共有していくやり方も考えられる。これらはクライアントの無意識レベルを活性化して，意識と無意識を自然に統合していける可能性をもったかかわり方であり，コミュニケーションレベルで行う現代的な催眠アプローチの応用法でもあって，筆者自身はこうし

たやり方を行うことが多い。

## 3）実施上の注意のポイント

　まず注意すべき点は，催眠療法の禁忌とされてきた症(病)状の認識であろう。従来より，統合失調症がその第1の対象であったが，ほかでも重篤な大うつ病や両極性障害，てんかんなどがあげられてきた。また，ボーダーラインケースへの不適応性も伝えられてきた。確かにこうした知見にはある程度の妥当性があるが，これらが完全に催眠療法の不適応ケースかどうかは，今後ともいっそうの実践的研究を待たなければならない。ただし，前述の症(病)状や，ほかにも例えば解離性障害などを含め本来適応性のあるケースにかかわるときも，それらには十分な慎重さをもって対処すること，十分な臨床的経験をもたない場合は，安全を期して集中的なトランスを伴う催眠法の適用を避けておくことも必要な配慮である。とりわけ投薬や入院などの措置がとれないカウンセリング現場では，その制約からも，慎重な判断が必要である。

　催眠療法がセラピスト－クライアント間の共同作業であることは大事にしたい。両者の対等性を重視し，そこにこそ，援助の有効性をみるカウンセリング現場においては，とりわけこのことは強調してよいところである。その意味でも一部クライアントの「催眠」への過度な（時に魔術的な）期待を面接に入る前にあらかじめきちんと解いておくことは重要である。そして，催眠療法は合理的な心理療法であり有効なものではあるが，決して万能ではないことを確実に伝えたうえで，共同作業として行う意味を理解してもらうことは，催眠者との対等性を大事な前提として伝えることにもなり，その意義は大きい。

（臨床心理士　吉本　雄史）

> コラム
## 言語的メッセージと「無意識」

　言葉の無力さを感じるとき，言葉が鎖や錘のように感じられるときというのは，誰しもあるだろう。例えば，「がんばれ」という言葉。しかし，これ以上がんばることがつらいのに「がんばらねばならない」というのは，それが良かれと思っての励ましであっても，それゆえにかえってプレッシャーになることもある。意識的努力を促す言葉は往々にして強迫観念となり，逆効果になりがちだ。近年はそうしたことは比較的知られるようになってきたのか，「がんばらなくていい」「そのままの自分，ありのままの自分を受け入れよう」などのようないろいろな言葉が「癒し」の言葉として使われるようになってきた。こうした言葉は意識的努力からくる強迫性，苦痛を和らげる逆説的メッセージとして，いや，その人の存在を肯定するメッセージとして，時に有効性をもちうるだろう。しかし，必ずそうかといえば，ことはそう簡単ではない。

　こうした「癒し」的メッセージは，まず，受け入れるのに抵抗があることもある。「『そのままでいい』と言われても，今の自分が苦しいから変わりたいんだ」など。その言葉自体は受け入れたとしても，「そのままの自分でいなければならない」と，結局，強迫的な意識的努力になって苦しくなってしまうこともあるだろう。

　重要なことは，「ありのままであるべき」という言語メッセージ，意識的努力ではなく，実際に「ありのまま」を体験，受容することではないだろうか。それは，「無意識」レベルでの自己受容ともいえるだろう。現代催眠のトランスワークは，意識レベルを下げることで，こうした「ありのまま」体験，自己受容体験を促進するものであろう。言語的コミュニケーションによって肯定的変容が起こるのも，チューニングで「無意識」的相互交流が生まれているからだろう。筆者は，臨床の場で，あるいは研究を通して，こうしたことを実感しながらやってきた。これからもますます，「無意識」の力，深さに驚かされていくことだろう。

（カウンセラー　鎌原　利成）

## 5　教育現場から

### 1) 教育現場における催眠的アプローチの利用

　治療的手段としてだけでなく，学習指導，生活指導といったさまざまな教育活動に催眠を活用する豊かな可能性があることを多くの専門書が言及してきた。一方では，催眠を教育現場で活用することに反対する意見に対して，催眠療法の専門家から，それは誤解や偏見，不勉強や無理解に基づくものだ，との非難が向けられた。
　現実は，学校に催眠療法の存在感はまだないと断言しても，あながち間違いではない。かつて，ロジャース一辺倒といわれた学校教育相談の領域にも，多様なカウンセリングの理論と技法が導入されるようになった。そしてそれは，相談面接の枠組みを越え，教育活動支援の手法としてその適用範囲を広げつつある。しかし，こと催眠療法に関しては，心理臨床の専門家が学校で活動する時代が到来したにもかかわらず，学校にその居場所はなく，教職員の間で話題にすらならないというのが実情であろう。
　教育現場にはいまだ解決できない数多くの問題が山積し，その中には，解決に催眠が奏効するであろう課題が数多く存在する。にもかかわらず，積極的に教育が催眠を活用していく方向へと進展しないのを，非科学的な知識による誤解と偏見が蔓延しているからだと一刀両断にしては，前進は望みようもない。現状をありのままに受け入れつつ，両者に共通するパラダイムを拾い集める作業こそが，数々の障害を徐々に取り除くうえで必要なことではないだろうか。

### 2) 学校の事情

　職場の倫理を尊重することは，何にもまして大切なことである。学校現場で

の催眠的アプローチを考えるうえで，次の３点は，当然であるがゆえに見過ごされやすく，配慮を要する。

　まず，学校は治療機関ではない。これは，専門家が学校の相談室で臨床にあたる場合でも同じである。外部の治療専門機関と同じことをそこでやろうとすると，「ここは学校なのに」とどこかで囁かれていると思ったほうがよい。「効果的なものを活用するのに何が悪い」式の論理は，治療現場のそれと心得たほうがよい。これは臨床の専門家だけでなく，教師でさえも，なまじカウンセリングの研修を積むと，自分のもとを訪れる誰もをクライアントや患者と呼ばれる立場に据えがちになる。

　第２に，学校はパブリックで，安全な空間である。昨今の犯罪の多様化で神話になりつつあるが，少なくとも現場はそう努力している。したがって，それを脅かすもの，その可能性があるものは排除しようとする。催眠，無意識といった用語すら，その一般的にはわかりにくい印象が難点となりやすい。科学的か非かは問題ではなく，安心して，隣で誰もが覗ける／誰にでもできそうと判断されるかどうかが重要なのだ。

　最後に，プロセスの問題である。学校は，意識に働きかけて，目的論的に間違いのない，ある知識や伝統，社会的スキルを獲得するための場である。一般に，催眠のように，無意識に働きかけ，自我機能が低下して現実吟味能力が弱まり，被暗示性が亢進した受動的で無批判な状態や，イメージが活性化して空想的で幻想的な状態とは対極にある。混沌とした無意識的世界そのものに接近し，それを体験することよりも，そうした曖昧で無秩序なものを秩序立てていく作業を理性的，知性的に行うのが学校である。教育目標を達成していく計画的な活動と催眠は，本質的に相容れない面がある。この点はしっかりと理解しておく必要がある。なぜなら，この相反するところにこそ，実は催眠アプローチを教育に適用する可能性があるからだ。

### 3）分かれているなら新鮮です

　催眠アプローチではなく，リラクセーション，注意集中，イメージの活性化

と，目的論的に3つに分けた用語を用いると，学校現場では比較的すんなりと受け入れられる。

　日本語の「催眠」がもつ誤解や偏見の払拭にヒプノセラピーを使う流れがあるが，用語が変わることで受けとる側の印象が変化するだけでなく，教育現場では目標が明示されることが大切な要素である。教育本来のねらいをより効果的に達成するための標題がつくことで，催眠アプローチが教職員に受け入れやすいものになる。まさに「息を十分に吸うためには，しっかりと吐いてください」という言葉が説得力をもつように，である。

　3つの用語の中で，リラクセーションは，学校現場で最も市民権を得ているといってよい。しかし，実践レベルでは理論化されたものはなく，個々の教師が独自の方法で教育活動に用いている。自律訓練法やその簡便法，呼吸法，瞑想法など，学問的に体系化された実践も数多く報告されてはいるが，現場での広まりはない。

　教育相談担当者と養護教諭を対象にしたある調査では，「教育活動にリラクセーションを導入する必要性を感じながら，その方法を知らないために手をこまねいている」と回答した者が7割を越えている[1]。確かなニーズがありながら，それに応えられていない。

　こうした状況を打破するためには，日常トランス，自然発生的なトランスにもっと目を向ける必要がある。特殊な方法を用いて，リラックスや注意の集中をする（従来，現在もこうした認識が普及していると思われる）のではなく，普段から我々はそうした状態を経験していて，自らの意志で再体験することが可能であるという発想の転換が求められている。カウンセリングにおいても，大変な問題，重い症状への援助のほうが注目されやすい。しかし，一番のニーズは予防的・開発的な部分にある。この側面で，カウンセリングは教育活動に溶け込みつつある。この流れに催眠アプローチも学びたいところである。

## 4）間接的アプローチー現代臨床催眠の可能性

　さて，より広範にトランスを捉えて，現代的な催眠法やエリクソン催眠の視

点に立つと，学校では多彩な催眠的アプローチがそれとは意識されずに行われていることに気づく。

　例えば，低学齢児童への童話の読み聞かせといったことも，日常トランスを活用した好例といえる。さらにもっと日常的な教育活動においても，教師が児童生徒への語りかけに，誰かの引用をしたり，自分自身のエピソードを語ることで，直接にそれとは言わず「ほのめかす」ことがしばしば行われる。あるいは，一連の所作をとらせながら，児童生徒の注意をある方向へ向けていくこともある。こうした，直接的にはその意図を明示しない間接的で暗示的なアプローチは，現代催眠のエスプリを活かしたコミュニケーション法といってよい。

　もともと，特別な存在の大人である教師と児童生徒の間では，暗示的な介入が入りやすく，間接的なアプローチが効を奏することが多い。ところが教育現場では，直接的に的確な指示を出すことには関心を示すが，間接的なアプローチに注意が向けられることはほとんどない。そして，あらためてそう促されても，そのための指針が何もないことに気づかされる。

## 5) パターンの利用と崩し

　間接的アプローチを実践するうえでの1つの指針は，「パターン」であろう。学校はその宝庫である。教育活動の多くは，パターン化することやパターンを読むことから成り立っている。学校生活そのものがパターンといって過言ではない。システム同様，パターンも自らがそこに飲み込まれてしまうとみえなくなるが，ちょっと視点をそらすだけでたくさんのものがみえてくる。

　多くの研究者が催眠的なコミュニケーションの基本技法の1つとして，相手のパターンを知ることをあげている。相手の情報処理のパターン，意識的なパターンと無意識的なパターン，生理学的パターン，家族・文化的なパターンを知り，それに合わせることであり，援助的意図をもってそれを混乱させることである。

　先に述べた「具体的に的確に話そうとする」というのも学校で起きているパターンの1つである，このパターンの混乱／崩しは，「曖昧」に語りかけるこ

とである。「曖昧」であることがもつメリットを，教育現場はほとんど意図して活用していない。適度な曖昧さは，その言葉から，聞き手が自分に関係の深い，フィットした意味を見つけてくる。それは主体的な探索活動を促進する。しかし，的確に話すこともそうであるように，曖昧に話すことにも習熟することが不可欠である。やみくもに曖昧な言葉かけをすると，何を言っているのかわからない，話が難しいという抵抗しか起きない。

手始めに，相手の内的世界に言葉のもつイメージを注ぐような言葉（meaningful words / wording）を心がけるとよい。学校はそうした言葉かけの機会にあふれている。例えば，「あなたは，どんな状況からも学ぶことができます」（「あなたは…できます」によって強制でなく許可になる），「自分の中に豊かな経験の貯蔵庫があって，自然に…」といった具合である。比較的息の長いJ-ポップスや演歌が参考になる。メロディはトランス誘導で，詞をメタファーとして改めて見直すとよい。

いまだ，教育は間接的な効果的コミュニケーションを共有する説明概念をもっていない。それらは職人芸になっている。その面で，現代催眠から教育が学ぶべきことは多いだろう。

（高校教諭　髙工　弘貴）

◆引用文献
1) 岡山県教育センター編：リラクセーションの活用に関する研究－高等学校における実践を通して－. 研究紀要, 175, 1994.

◆参考文献
森谷寛之：生徒指導に対する基本的考え方. 森谷寛之，田中雄三共編：生徒指導と心の教育－入門編－. 倍風館, p.3, 2000.

# 第2章
## 現場におけるアプローチ

● 事例①

# 全般性不安障害

精神科医　藤村　敬二

## 概　要

　Aさんは20歳代の，既婚女性。子ども1人。両親は彼女が中学生のときに離婚。その後母親に育てられる。同胞は兄が1人。

　小学生の頃より，漠然とした不安感がよく出現していた。Aさんが小さい頃から，両親の仲は悪く，家庭はいつも楽しくなかった。「今日は（家庭は）どうかなあ」と思って学校から帰ってくるような感じだった。家ではいつも1人で，食事を1人でするのも平気だった。思春期を過ぎる頃から，この不安をあまり感じなくなってきた。

　来院する数カ月前から，何の原因もないのに再び不安感が出現しだした。特に身体に問題がないのに，「もし私が病気になったら，この子はどうなるのだろう」と考えてしまう。揺れるものに乗ると不安になるので，エレベーターにも乗れなくなった。

　本院に来る前に他院にかかり，抗不安薬を処方され，少し改善したが，薬をやめると不安が再び出現した。この半年間は薬を飲んでいない。

## 面接の経過

　「このままだといつまでも薬を飲み続けなくてはいけないのでは」と考え，違った治療を希望して本院に来たと言う。初回の面接では，現在の症状，家族歴を聞いた。それから薬を処方し，まず症状を減らすことは気持ちを落ち着けるのに重要だと説明した。同時に，催眠療法による治療を行うことを提案。彼女は催眠療法に対する知識はなかったが，治るならどんな治療でもよいという積極姿勢だった。

## ●治療方針

　Aさんがもっている不安は漠然としたものが多かったが，詳細に聞いていくと，不安はいろいろな小さなことに固着していた。その細かな不安を1つ1つ消すことにより，全体の不安感を量的に減少させることを目標とした。薬は2回目の面接までしか処方を行わず，彼女も服薬の必要性を感じなくなった。

## ●対人関係での過敏さに対する催眠アプローチ

　2回目の面接で，不安な点を聞いていくと，「相手の反応について考えすぎる」「顔色をうかがってしまう感じだ」「はじめての人とは目を合わせられない」「18歳までは平気でしゃべれたが，その後徐々に変わっていった」と語った。それから，現在のアルバイト先の責任者についての悩みを語った。50歳代の女性で，朝の挨拶がその日によって声のトーンが違う。その日の機嫌によって注意のしかたがまったく違う。Aさんが変わりなく仕事をしているのに，機嫌が悪いときは「手が空いたときは，仕事を見つけてやりなさい」と注意をし，機嫌がよいときには「たまには座って休んでいいよ」と優しい言葉をかけてくる。この上司の機嫌に振り回され，叱責されるごとにショックを受けていた。

　この問題については2回の催眠を行った。催眠を行う前に，次のように催眠について説明を行った。「催眠に必要な深さは人によって違います。浅くても，その効果に変わりはありません」「催眠の中で私が話す内容があなたの気持ちにそぐわなければ，遠慮なく無視していただいて結構です。それについて罪悪感をもつ必要もありません」

　ここでは最初に，彼女が漠然と考えているような催眠状態でない体験を最初の催眠療法でしても，治療としてはそれで十分であることを保証している。それと彼女の中に，私に対して信頼している部分と，信頼できない部分があることを認めてあげ，私が行う暗示を拒否する権利があることを告げることにより，彼女との信頼関係を深めようとした。

　次に，催眠導入を行い，その中で，「あなたは私の声を聞こうとする必要はありません。あなたの無意識が聞いてくれています。あなたの無意識は意識よりももっとすばらしいことができるのです」「今からあなたが知ることは，誰

も自分の能力を知らないということです。これから催眠療法で，あなたは自分の無意識のペースで，あなたの能力を見出す旅に出るのです」と話した。ここで，無意識は意識と独立して働き，無意識が重要なことを成し遂げられるとクライアントに教え，その後の催眠療法で，彼女が自分の無意識にいろいろな問題の処理を積極的にさせるように促している。そして彼女の能力には無限の可能性があることと，無意識が適切と考えたときに自分の能力を新しく見出すことになると伝えようとしている。

　1回目：仕事場の場面をイメージしてもらい，頭の中はまったく何も考えず，マイペースで仕事をしている。そこにいつもの上司やその他の人がいろいろ言うが，それに反応することなく，頭の中を空にして働いていることを強調。

　2回目：南の島のリゾートホテルに泊まっている。ゆったりとした状態で，心も身体もリラックスして，海岸でもホテルでもいろいろな人たちと話をしていると暗示。

　この2回の催眠によって，状態は改善し，「仕事場で強気になった」「『仕事場だけのことなのだからいいや』という気持ちになれた」「頭の中がいても立ってもいられなくなるような発作は最近ない」などと現況を話した。

● 自分が病気になることへの不安に対する催眠アプローチ

　その後かなり状態は改善していたが，「自分が病気になったらどうしよう」「家族が病気になったらどうなるのだろう」などという不安が続いた。

　身体への不安感を強く訴えていたので，次のように3回目の催眠療法を行った。

　3回目：「あなたが今何かを食べている状態を想像してみてください。その食物は口に入り，そこで歯や顎によって小さく噛み砕かれます。そのときには，口のまわりにある無数の筋肉が縮んだり伸びたり柔軟に協調して，歯が食物の固さによって噛みやすくなるように動いています。口から出てくる唾液からは，消化したり消毒したりするいろいろな強力な酵素が尽きることなく出ています。それによって柔らかくなり，悪いものも除かれていくのです。すばらしく精密にいろいろな小さな動きが絡み合って，優れた働きをしているのです。そ

れが巧みな食道の蠕動運動で，ゆっくりと下のほうに行って，胃にたどり着きます。胃もまた食物が入ってくるにしたがい動き回り，胃のまわりの細胞からは，強烈な胃液が出て，消化していきます。胃には他の臓器から胆液や膵液などが送られてきて，それぞれが巧妙に消化を助けていき，計り知れない働きをします。食物の中の細菌やウィルスなども，これらの殺菌力の強い分泌液で溶かされたり，殺されたりします。胃の表面にある細胞は，胃の内容物の状態によって，分泌するものを精巧にコントロールします。酸性が強ければ弱めるようにし，精密コンピューターの機能の何百倍，いや無限大の働きをしています。すばらしく力強い機能を無尽蔵にもっています。そして十二指腸，小腸に送られて，そこで必要なものだけ選ばれて小腸の壁にある細胞がきわめて巧妙に吸収していきます。吸収されたものは血液の中に入っていきます。大腸では，水分やその他の栄養物が吸収されます。大腸や小腸には，いろいろな細菌が100万以上も住み着いていて，人間が栄養を吸収し，食物を分解する手助けをします。細菌が働いて食物を吸収しやすい形に変えていきます。人はうまく細菌その他のものをも使って生きているのです。非常に柔軟に，自分以外のものの機能まで使って計り知れない多様な働きをしています。みごとな機能です。血液にはまたいろいろな強力な細胞がいます。細菌が入ってきたら，いち早くそれを知らせる細胞，それに呼ばれて細菌を食べてしまう大魔人のような細胞，ウィルスを見つけたら，それを攻撃するタフな細胞，その他いろいろなすばらしい細胞がいます。ウィルスによって攻撃する細胞の形も変わっていきます。敵の形に合わせて人間の攻撃細胞も姿を変えていきます。なんと柔軟な，弾力性に富んだ，高性能なものでしょう。あなたの身体の中に，これらの細胞が尽きることなく生まれてくるのです。脳にも，無数の高性能な細胞がいます。それぞれがつながっており，情報を伝達していきます。脳からの指令により人間は細部の動きまで調和をもった指示をされます。脳からいろいろな化学物質が出てきて，身体の細部にハイスピードに指示を送ります。脳内には身体の細部から莫大な量の情報を受けて，それを瞬時に脳細胞内で伝達され，判断され，指令を出すのです。どこか1つの細胞が判断するのではなく，たくさんの優れた細胞がすばらしいチームワークで判断していきます。そのす早いスピード，判

断力，そのチームワークすべてが，きわめて効率よく，みごとな機能性をもち，尽きることのない順応性もあわせもつ，優れたものなのです」

このように具体的に，身体の機能について細かく語るメインストーリーの中に，「すばらしい」「柔軟な」「精密に」「優れた」「強力な」「計り知れない（無尽蔵の）」などのプラス・イメージの言葉を散りばめることによって，身体についてのプラス・イメージを喚起すると同時に，人間がもつ能力の無限の可能性を強調しようとした。

### ●自分の育った家庭の寂しさを引きずっている問題

その後，この病気に対する不安感は大幅に減少したが，「1カ月に2～3回気分が悪かったりする。なんとなく地面が揺れてくる感じ」と訴えた。また，「普通の人がうらやましい」「家族の仲が良いのがうらやましい。私はいつも一人だった」「自分は子どもの頃から，大人びていて変に落ち着いていた」など，過去の家族問題を引きずっていることを示唆する発言が増えた。

この時点で，そのあたりを確かめる意味も含めて，次のような催眠療法を行った。

**4回目**：へその下にある気のエネルギーの中心部分を意識して，そこから息を吐き出すようにイメージしてもらい，深い呼吸を数回してもらったあと，その部分に意識を集中して，そこから何かイメージが出てくれば知らせてほしいと頼んだ。すると，「不安発作」と「両親の不和」と彼女は語った。その後，「いつも母に怒られていました。すごく厳しい人だった。私のいい加減な性格とあまりに合わなかった」とも付け加えた。その後，その問題をへその下にイメージしたシチュー鍋（シチューは彼女の好きなものの1つだった）に入れ，ゆっくり煮詰めて，その中からまったく今までとは違った視点で，完全に異なった考え方の何かが出てくると暗示。その後，Aさんは何も語らず，涙を少し流した。起きる暗示をしても目を開けず，5分ほど待ってからもう一度指示をして目を開けた。彼女は，「家族でトランプをよくやりました」「家に帰っても母が働いていたので，誰もいなかった」「でも，友人と楽しく遊んでいました」「なぜか涙が出てきた。なぜだろうと自分でも思っていた。自分では悲しいつ

もりはなかった」「父のことを話そうと思っても言えなくて，涙が出てきた。父のことをいろいろ思い出して…」と語った。

次に来院したとき，状態は安定しており，「たまに頭が気持ち悪いことはあるが，前のように，いても立ってもいられない感じはない」と語る。そして，はじめて父親の思い出をいろいろと語っていった。

過去の思い出を語り続ける彼女に，「過去にとらわれずゆったりとしたり，より自由に，思いきり遊んでもいいのだ」「大人になり成熟するにつれて，まったく違った，より豊かな自分になれるのだ」といったことを伝えたく，次のような催眠暗示を行った。

5回目：「あなたは南の島にいます。ハンモックにゆったりと横たわって，南の暖かい日差しを浴びながら，何も考えず，心をゆったりとして，まわりの新鮮な空気を吸い，波の音を聞きながら，うたた寝しています。…身体が熱くなってきたので，海に入ってみましょう。すばらしい原色のさんご礁の世界の中で，色とりどりの魚たちが自由気ままに泳いでいます。あなたが近づくと，さっと逃げますが，その後は何もなかったかのようにゆったりと泳いでいます。あなたも同じように魚たちと遊んでください。思いっきり自由に泳いでみてください。今のあなたは魚のように自由自在に泳げます。…次に魔法のじゅうたんに乗って飛んでみましょう。じゅうたんの上では気持ちよい風を感じてください。その風で身体中がリフレッシュする感じです。下を見てみましょう。緑の草原に牛や馬や羊の群れが見られます。たくさんの牛がのんびりと草を食べています。ゆっくりと歩いているものや，横になって瞑想しているかのように目をつむっているものがいます。馬たちは，気持ちよく草を食べていたと思ったら疾走し始めました。たてがみをたなびかせながら走る姿は美しく，気高くさえ見えます。あなたは，馬の上に乗っているかもしれません。身をかがめて，馬の息づかい，馬の筋肉の躍動感が，あなたの身体全体に伝わってきて，身体の芯まで興奮する感覚を感じてみてください。心地よく，その興奮を楽しんでください。…ここで少し違ったイメージを作ってください。いま地面に，1つのトマトの種がまかれました。そこは肥沃な土地です。十分水をやっていると，小さな芽が出てきます。その芽は，日を追うごとに，少しずつですが大きくな

っていきます。毎日見ている人はあまりわからないくらい，少しずつ大きくなっていきます。葉も2つが，4つになり，8つになり，どんどん増えていきます。だんだん形が変わっていきます。葉の大きさもますます大きくなっていきます。高さも，1cmが2cmになり，5cm，8cm，15cm，30cmといよいよ高くなっていきます。見違えるようになります。トマトの根も，地下で見えませんが，網の目のような形で広がっています。その形の変化をあなたが見ることができたら，本当に驚くでしょう。根から土壌の養分をどんどん吸いこみ，葉では，光合成でエネルギーを作っていきます。葉や幹の色は鮮やかな緑色になり，その生命力の強さを示しています。大きさが1mや2mになると，小さな緑色の実ができてきます。それが少しずつ大きくなり，日に日に変わっていき，そのうちに色も少しずつ緑が薄くなり，気づかないうちに色が赤みを帯びてきます。大きくなるにつれて，いよいよ赤くなり，真っ赤に熟したトマトができてきます。あなたの手のひらいっぱいになるような大きなトマトが，いくつもいくつもできあがってきます。あの小さな小さな種から，年月が経つうちに，このような大きく真っ赤なトマトがいくつもできるとは本当に不思議だと思いませんか。種のときは想像できないことだと思いませんか。毎日見ていると，少しもこの変化に気づかないのに，月日が立てば，こんな大きな変化が起こっているとは，本当にすばらしいことです」

　このような催眠療法を行い，7回の面接で彼女の不安感は大幅に減少した。この状態ならだいたい問題なくやっていけるので終わりとしたいと希望され，筆者も問題ないと判断できる状態だったので終了とした。その後，1年立って状態を聞いたところ，安定しており，以前のような不安感はないとの報告を得ている。

### 解　説

　エリクソン（Erickson, M. H.）の考えによれば，病気の原因は，クライアントの認識や反応のパターンが融通性なく固定化し，あまりに厳格に自己能力を制御してしまっているからで，治療においては，無意識に直接働きかけることによって，無意識により，意識のこのような行動制限を打破させると考える。

また彼は，催眠療法は学習過程や再教育の方法であると考え，意識からの抵抗をなくすために，催眠を使うだけでなく間接暗示を主に使った治療を行った。

この症例でも，間接的な暗示としてのいくつものストーリーを語ることによって，治療者の考えを押しつけることなく，彼女の中にある資源を使って，彼女の固定化した考え方に変化をもたらそうとしている。催眠の中で治療者が提供するものを彼女の無意識が採用するかどうかはわからないが，まず提供して，その後，彼女の無意識が暗示のどの部分を採用してくれたかに注意をしながら，結果をみていった。筆者ははじめから確固とした治療目標を立てずに，彼女が提示する症状や問題に対して，催眠療法によって変化を惹起することで，全体にどのような変化が起こるかを観察しながら治療を行った。

エリクソンは，ザイグ（Zeig, J. K.）への手紙で，治療にて真に重要なことはクライアントに変化を渇望させることと，自分の本当の能力は誰もわかっていないのだということをわからせることだと言っている。Aさんの場合は，はじめから治りたいという動機づけには問題がなく，今回の催眠治療で，自分の能力のすばらしさ，その無限の可能性を伝えられたのが，成功をもたらした主要な要因と思われる。

〈プライバシー保全のため，対応の事実性を損なわない限りで，事例の事実関係を変更している〉

### コメント

　ここでの催眠アプローチは，許容的に，自然に，そしてリソースを利用しながら行われている。誘導はきわめて自然であり，治療者の優しさや繊細さや思いやりや豊かな感性がちりばめられている。またその実際は具体的に語られているので，とてもわかりやすくイメージしやすい。

　クライアントのオリエンテーション（指向性）が過去に向かってとどまったときに，治療者はそっと未来へ誘っている。「過去にとらわれなくてもいいよ」などのメッセージは，決して直接言葉にされずに，よくこなれた間接的なメタファーや暗示を使って伝えられている。

　この過去から未来へという流れの切り換えは，時としてとても慎重さを要する。おそらく明確に語られてはいないが，「過去にとらわれていてもいいですよ」とまず相手の在り方を間接的に肯定したうえで，この作業がなされたのであろうと思う。治療者の行き届いた配慮から，そう想像されるのである。　　　　　（中野　善行）

●事例②

# 身体表現性障害

高校教諭　髙工　弘貴

### 概　要

　Yさんは，高校2年の女子生徒である。自営業を営む両親，中学2年生の妹の4人家族である。

　中学2年生になって程なく，体調不良を訴え不登校状態となる。主訴は，腹痛（下痢）で，頭痛とめまいが加わることがある。症状は午前中に重く，トイレに入るとなかなか出てこられない。結果，放課間際の登校か，欠席することとなる。

　高校入学直後は，中学時の症状もなく過ごせていたが，2学期から再発する。このとき思春期外来の病院で投薬を受けたが，改善がみられず，2カ月ほどで自分の判断から通院をやめている。2年生になると症状はさらに重くなる。真面目で倫理観の強い人柄からか，午後からでも登校しようと努力するが，授業にはほとんど出席できなかった。登校時は，体調の悪さをほかに気づかれないよう気丈に振る舞うが，周囲の誰もが心配するほどに顔色は悪い。成績，行動面での問題はなく，対人関係も如才なくこなす生徒である。

### 面接の経過

#### ●相談に至る経緯

　本事例は，治療を求めて来談した方へのセラピーではなく，学校における教師と生徒の日常的なかかわりでの援助である。そこで，相談に至る経緯を簡単に述べておく。

　筆者は数学教師であり，Yさんを1年のときに教えている。普段から好意をもって話しかけてくる生徒の1人だった。

体調が悪化してからは、担任のF先生と相談を重ねていたが、事態は好転せず、2年生の1学期も終わらぬうちに、進級が危ぶまれるほど欠課時数が嵩んでいた。Yさんが留年を口にするようになり、F先生から筆者に相談がもちかけられ、3人で話すことになった。

　このときYさんは、筆者が校内で相談を担当していることを知らず、F先生が自分の問題を相談に来たことも伝えられていなかった。F先生が彼女の問題を語り始めると、Yさんはそれをさえぎるように書棚に並んだ心理学書に興味を示して話題を逸らした。そして、「もっとしっかりがんばります」とはりきってみせた。

　このとき、筆者はYさんの身体症状について、具体的な事実は知らなかった。思春期の女子生徒が好意を抱いている教師には話しにくい話題であろうとF先生としては気を利かしたつもりだったが、かえって抵抗を生む結果となった。

　そこで、筆者からこれまでの二人の面接に言及し、前向きな意志を讃え、その努力をねぎらうと、Yさんはしばらく涙ぐんだ。落ち着いた頃を見はからい、この近辺の特産である梨を話題にこう続けた。「実が大きくなりかけているね。もしかしたら、この時期の陽気って大切なのかな。何にでもいい時期っていうのがあるっていうしね。機が熟すって言うのかな？　人にもそんなときってあるんだろうね…。私はだいたい、いつもここにいることが多いかな…」

　この状況下の筆者の言葉は、威光暗示的な色彩を帯びて伝わりやすい。間接的な語りかけにより自発性を促すことで、これまでの関係を維持したまま仕切り直しをしたいという意図があった。これまでYさんの努力は功を奏していないにせよ、現時点でのYさんのモチベーションを尊重することを優先した。

　3日後、自らの意志で訪ねてきた。前回はトイレから出られないことが話題にされるのが嫌だったと前置きして、とつとつと自分の抱える症状について語り始めた。すでに学校生活は危機的状況になっているが、秋にはさらに症状が重くなることが多いので、今が自分にとって大切な時期だと加えた。

　自分の身体をコントロールする力をつけたいというのは、F先生との相談の主テーマでもあった。中学校のスクールカウンセラーに指導を受けた自律訓練法がうまくできなかったことと、当時の主治医から身体の症状に精神的な面が

影響していると告げられたことがその理由である。
　かつて経験できなかった温感や重感は，トランスという状態で生じるもので，誰でも自然発生的なトランス状態を経験していることを伝えた。彼女は，好きな授業中は周囲の声が耳に入らなくなるし，体調が悪いことが意識から消えていることを体験として述べた。そうした経験をするときと，普段との違いを尋ねると，「あまり緊張していない」と答える。「じゃ，リラックスでもする？」と誘うと，よい反応が返ってきた。その状態で何をしたいかを尋ねると，「これからどうしたらいいのかを考えたい」という。

### ●催眠プロセス1
　そこで，集中している授業を思い出して座り直してもらい，手のひらを眺めやすいように，前に差し出してもらった。Yさんのペースで進めるためと，これからのことが自然に湧いてくる精神過程であることを伝えるために，not doing/ not knowingの表現を用いて，こう語りかけた。
　「Yさんにとって，授業中に集中する体験はとても自然なものでしたね。ですから，私の言うことに耳を傾ける必要はないんです。なぜなら，あなたの心の奥深くで，ちゃんとそれをしているからです。ですから，目を開けておく必要もありません。そうして，好きなだけ，ゆっくりと，自分の呼吸を感じているだけでいいんです。吐く息とともに，身体から力が抜けていく，そんな感覚を感じるときがあります…。
　自分の手を，今まで見たこともない，はじめて見るもののように，感じてみてください。私の手が感じていること，私の手で起きていること，手の中で起きているかもしれないこと，そうしたすべてを感じとれるくらい，感受性を高めて，繊細に感じ続けてください…。
　そうして，自分が気がかりな問題を思い浮かべてみましょう…。すると，その問題をどっちの手で感じているのかなってことを，だんだんと考え始めるかもしれません。
　もしかしてそれが身体の問題なら，そのつらさは右手のほうにより表れているかな，それとも左手かな…。あるいはそれが自分がうまくコントロールでき

ないことなら，それを右手のほうに感じているのかな，それとも左手かな…。学校の問題なら，それは右手に乗っているのかな，左手なのかな…。あるいは，もっと他の問題なら，それは右手で考えているのか，左手かな…なんて。

　右手か左手か，どちらかの手が問題を表していることを感じられたら…，その反対の手は何を表現しているのだろうと感じてみてください。問題の手がどんな感じか…，そして反対の手がどんな感じか…，よく感じてみましょう」

　もともとこの誘導は，ロッシ（Rossi,E.A.）のアイディアによるものだが，本人に，起きている精神過程をコントロールしている感覚をもってもらうことができる。また，一方の手に問題を極化し，反対に目を移す過程は，袋小路に陥っているこれまでの解決努力をシフトするメタファーになっている。

　Yさんは，しだいに表情が平板になり，右手はそのままに，ゆっくりと左手が太ももまで下がっていった。反対の手に意識を向けるよう促したあとは，一旦，右手がわずかに挙上し，しだいに両手の高さが近づくように，行きつ戻りつしながらゆっくりと動いた。

　その後，両手が意志や命をもっているかのように感じてもらい，手と手の間で起きていることを，ドラマでも見るかのように観察してもらった。さらに，そこで湧いてくる感情，イメージ，疑問を自然に体験して，それに身を委ねるよう促した。そして，それが自分だけの問題を表現していることが感じられたときに，新しい可能性が湧いてくることを暗示した。今起きている心の働きが，好きな期間，普段の生活の中で続くとの後催眠暗示を与え，覚醒してもらった。

　Yさんに感想を求めると，手足が温かくなっていることをいちばんに喜び，頭の深くが休まった感じがすると振り返った。さらに，何かを考えていたが，何を考えていたかはよくわからないとしながらも，帰りがけに次のような話をした。

　「高校へ入ったとき何でもなかったでしょ。周りの人は，すごく心配していたんです。新しい環境のストレスに耐えられないんじゃないかって。でも，私はすごくリラックスしてたんです。それだけで，それでどうと言われても困るんですが」

● 催眠的プロセス2

　夏休みに入って間もなく，また訪ねてきた。症状はあるものの気分は楽で，この状態で2学期が迎えたいという希望を述べた。どんな工夫をしてきたのかの問いには，「今朝も家の手伝いをしてから来たんですよ」という。意味を解しかねていると，説明に窮している様子がうかがえたので，いつかよい説明ができるだろうと，聞き流した。

　筆者とどんなことをしていきたいかを尋ねると，前回からずっと何か考えている感じがあり，それを明確にする手伝いをしてほしいという希望と，前回のように手足が温かく感じられる体験を自分でできるようにしたいと言う。温感は筆者が与えたものではなく，Yさんの身体から自然に発生したものであることを強調し，そうした体験をするのに今役立ちそうなことを尋ねると，朝，家の手伝いのあとで日光浴することが自分のエネルギーになっていると教えてくれた。

　この場でその様子を再現するよう促した。そして，かすかにユーモアを交えて，こう語りかけた。「そう，そうして，太陽の温かい日射しを浴びて，心地よい感じを味わった人のことを知っています」

　このときのYさんもそうだが，リラックスするよう促すと，すぐ目を閉じたり，リラックスするための努力をするものがある。こうした場合，リラックスはその人なりのペースで自然に湧いてくるものであることを間接的に伝えておく必要がある。内的な没入が妨げられている可能性がある場合も，軽い混乱を入れると，望ましい状況が引き出されやすい。

　「そう，そうして，あたりまえのように呼吸をするように，古代から人間には自己防衛機能が働いています。切迫した危険には脳幹から自動的に信号を発し，脊髄に沿って交感神経を伝わり，アドレナリンというホルモンを分泌するのです（略）。危険が去ると，脊髄のもう一方に沿って，副交感神経がエンドルフィンを分泌するよう信号を伝え，肉体をホメオスタシスという状態へ導き，いつもの生活へと導くのです」

　その後イメージ誘導法により，太陽の温かさが頭から腹部に降りてきて，四肢に広がっていく感覚を味わうよう促すと，身体の微細な動きが止まるのが観

察された。

　そうして，両手，両足，心臓，呼吸の順に，それぞれの部位でホメオスタシスがどう働いているかを伝え，その感覚を確認するよう促していった。そして，話題を変えて，次のように語りかけた。「あなたが自分の身体と対話している脇で，私は考えているんです。先生の先生なら，今，あなたに何を話すのだろう，って。その先生が，ご自分のところへおいでになった方をリラックスさせて，いろいろな話をしてあげると…，その方はどんどんくつろいでいって，気づくんです。先生がそんな話をしなければ，負担になっていたり，見落としていたり，思いもつかなかったことにです。そして，それは，生活の中でありふれたものであるために見落としていたことや，斬新でないために見逃してしまっていることや考えだったりするのです。先生の先生とあなたにしかわからない，そんなことです。小さい頃からいろいろ身につけていながら，いろいろな困難に対処しながら，それらを忘れてしまっている…，そんなこと。先生とＹさんは知っていて，私にはわからない…，そんなこと。それに気づいたとき，それが言葉になったとき，何かが変化し始めるのかもしれません。そして，気づくでしょう，それがあなたにふさわしい姿だと」

　Ｙさんの言語化したいというニーズに応えようとする意図から，このスクリプトを挿入した。意識的にＹさんは，こうした努力を十分している可能性もあるため，健忘しやすい織り込まれたストーリーとして，語りかけた。

　再度，自律神経系の話に戻し，額の感覚に集中してもらった。最後に，温かい感覚が，身体の芯から広がっていく感覚を感じるよう促し，それを感じた時点で覚醒してもらった。

● **変化に向けた対話**

　覚醒後，今回のイメージ誘導法と同じように，自分で太陽の温かさが身体に入ってくるイメージを抱いて，リラックスし，覚醒する方法を練習して身につけた。このリラクセーションは，今回の問題に奏効しただけでなく，２学期以降の部活動（個人競技の運動競技をしてる）に効力を発揮し，学校での所属感を増す結果となった。

今回の感想を求めると，小さい頃，父親と仲良く遊んでいるイメージが浮かんだことを教えてくれた。これまで，誰に相談しても，家族は話題にはならなかったので気に留めたこともないが，しかし，前回の面接から，ずっと何かにつけて思い浮かび，「あー，家族かー」という感じがすると語った。
　2学期までに，その後4回の面接をもった。そこでは，次のようなことが語られた。
　最初に（一人で来談し）リラックスしたときに，症状が父親の事業が傾きかけたことと関係があると感じた。当時，父は従業員を解雇し，学校を休ませてYさんに仕事の手伝いをさせた。家計が苦しいのはわかっていたが，そのために学校へ行けないことは納得できなかった。このまま高校も進学できないのではないかという不安もあった。だから，高校入学したときは，自分でも不思議だが，症状が出なかったのだと思う。その後，夏に多忙になる仕事をいやいや手伝わされて，また不安が襲ってきたような気がする。
　2回目の面接で，家の手伝いの話をしたのは，自発的に手伝うことで，そうした気分が軽減できるのではないかという工夫が予想以上にうまく行っていることを話したかったのかもしれない。しかし，そのときは，父の仕事に嫌悪感もあり，筆者に話しにくかったし，そんなことで病気になっている自分が情けなかった。リラックスした状態では，おなかや頭の痛みは感じなかった。ただ，思い浮かんできた優しい父親像がなかなか消えなかった。そのうち，父親の仕事が一家を支えてくれている大切なものだと思えるようになり，家計のことや父の仕事について家族と会話できるようになった。
　3回目以降の面接は，そうした工夫を聞いているだけで過ぎた。それとともにYさんの身体症状も安定していった。その後，2学期が始まっても欠席することなく登校できるようになり，進級している。

### 解　説

　学校臨床のエスプリは，来談者をいかに患者やクライアントといわれる人物に仕立てることなくかかわり合いをもち，解決へ導く援助をするかにあると考える。それは，数学の授業で，演習問題を解くことに熱中する生徒を見守る教

師のような，学校の日常と変わらぬものであればあるほどよいと考える。問題が解けたときに，生徒からこれは先生のおかげだと感謝されることはまれである。多くの場合，生徒自身の達成感や満足感といったものが素直に表現される。これが学校臨床の理想ではないだろうか。その意味では，協同作業以上の，主体的な感覚を抱いてもらったまま，傍観者的な関与が求められているといえる。

　初回の催眠プロセスで，問題を一方の手で表現してもらう際に，観念運動応答法を準備することも可能であったが，Yさんとのコントラクトを尊重した。催眠的アプローチを学校で用いる場合には，治療現場以上の説明責任と倫理観が求められているといってよい。本文中では割愛したが，本事例でも十分な配慮をしてアプローチしたつもりである。

　集中的なトランス誘導を用いたのは，確かな五感を回復させて生命感覚を取り戻し，あらかじめもっていた解決意欲を，自己解放的で，自己受容的なものにする意図があった。もともと，こうした集中的なトランス体験は，こうした自己制限的な日常意識を変えることに有効であることが知られている。

　また今回，面接中は細かに，現状肯定のメッセージを伝え続けた。そのことが，メタフォリックなかかわりだけでなく，Yさんの変化に向けた精神的なスペースを広げることと，モチベーションの維持に奏効したと考えている。

　トランスの深浅度は，援助レベルでは，その有効性に有意な相関がないことが知られている。間接的でメタフォリックな介入が効力を発揮しやすい教師と生徒の関係性においては，それが主体的な変化を導くことは多い。

　教育は，方法論的においてその知見はいまだ浅く，その点からも現代催眠から学ぶべきことが多いと考える。

〈プライバシー保全のため，対応の事実性を損なわない限りで，事例の事実関係を変更している〉

### コメント

　催眠は心因性の身体症状にもみるべき効果をもたらすことが多いが，この事例はその一端を教えてくれるものである。ここではかつて不十分に終わった来談者の自律訓練法体験を利用しながら，実際には他者催眠のもつ，生理・心理両面にわたる治療的インパクトが十分に発揮されていて，有効な結果につながっている。

　ここでみる催眠的アプローチは現代的なもので，意識的な解決努力を無意識レベルにシフトさせることや，かつての困難への来談者自身の対処能力をはじめ，変化と回復に役立つ来談者の内なるリソースの喚起が催眠トランスの中で自然にもたらされるように適切な工夫が織り込まれている。それがアプローチ初期の症状の受容過程を経て，しだいに症状そのものの軽快，消失へと至る無理のない回復の過程に役立っていて，学校現場にも現代催眠の適応性のよさがうかがわれる例ともなっている。

（吉本　雄史）

● 事例③

# 強迫性障害

カウンセラー　加藤　薫

## 概　要

　C君は高校2年生である。50代の会社員の父親，40代の専業主婦の母親，大学2年生の姉の4人家族である。

　中学2年生の頃から，テレビニュースや新聞で災害や事故のことを知ると，犠牲者に対して「ざまあみろ」「いい気味だ」という考えが浮かび，頭から離れなくなり始めた。そのまま放置しておくと悪いことが起こりそうで不安になり，自分の頭を拳骨で強打しないと気がすまなくなった。高校に進学して以来，症状は増悪し，頭を叩く頻度が増し，出血するまでになった。

　発症後現在までの4年間，大学病院精神科など3カ所の精神科で，三環系抗うつ剤，SSRIなどによる薬物療法を受けてきた。しかし明確な改善は認められず，眠気，吐き気などの副作用に悩まされることが多かったため，ここ半年ほどは服薬を中止している。

## 面接の経過

　第1回面接に，C君は母親と一緒にやってきた。薬物療法にあまり効果がなかったので，心理療法を受けてみる気になったと言う。

　今まで4年間精一杯症状と戦ってきたC君の努力をねぎらうとともに，それを支えてきた母親や家族の配慮に敬意を払うように心がけつつ，筆者は話を聞いていった。

●解決に向けての話し合い

　C君が「ざまあみろ」というような強迫観念から少しは逃れることができる

のは，好きなTVゲームに熱中しているときのようである。またプロ野球やサッカーの試合を熱中してテレビ観戦しているときも，比較的大丈夫だということである。

　頭を殴る強迫行為をやらずにすんでいたときについても尋ねてみたが，強迫観念が浮かんだときは，確実に強迫行為が伴ってしまうと言う。

　このように，症状が起こっていない例外的状況を見つけてもらうような質問を丁寧に重ねていくとともに，症状が改善したあとの様子についても考えてもらった。C君は今までより勉強に専念できているだろうと答えてくれた。また母親は，もうC君のことを心配しなくてもすむので，趣味でも見つけて楽しんでいるだろうということであった。

　その後，C君と母親に紙片を渡し，問題を解決するのが心理療法の開始からどれだけ経ったときなのかを直感で書いてもらった。2人とも半年後と書いてくれたので，筆者は，この一致は意味があるかもしれないとコメントをしておいた。長い間治療を受けてきて，思うように改善していないクライアントの場合，あきらめがちになってしまうので，このように解決への希望をもってもらうための働きかけが有用である。

　第1回面接の終了時に，今後の面接の希望について聞いてみると，催眠療法を受けてみたいとのことであった。

### ●催眠アプローチのプロセス1

　第2回面接では，催眠療法を始めてみることにした。2回目にも母親が同伴してきて，C君への催眠療法が有効なものかどうか，不安がっている様子もうかがえたので，母親にも催眠に入ってもらうことにした。

　筆者は，2人に次のように語りかけた。

　「C君のような症状は，病院の先生がおっしゃったように，強迫性障害といいます。強く迫ると書きますが，文字どおり何かに強く迫られて頭を殴らされているような気がしませんか。意識的に望んでやっているのではないので，無意識的な心の働きといえるでしょう。

　このように，人の心は，意識の心と無意識の心の2つに分けることができま

す。意識の心の働きである，判断したり解釈するという活動をお休みさせ，無意識の心に働きかける方法が催眠療法です。意識の心に頭を殴るように迫ってきた無意識の心に働きかけるため，まず催眠状態に入ってみましょう。といっても難しくはありません。

　日常生活でも知らないうちに催眠状態になっているのですよ。例えば，布団の中で完全に眠る前に，意識がぼんやりしていたのを覚えていますか。朝，目が覚めて，布団から出る前もボーッとしていることがあるでしょう。昼休み後の授業で，先生の単調な講義を聞いていて，眠くなったこともあるでしょう。これらは自然な催眠状態です。前回話してくれた，テレビゲームに熱中しているときや，野球やサッカーの試合に熱中しているときも，我を忘れている状態で，催眠状態の一種です。

　このような例の中で，よく思い出せる場面は何でしょうか」

　C君に尋ねてみると，寝る前の状態と答えた。母親もそれならよく思い出せると言った。

　そこで，C君と母親に向かい合わせに座ってもらい，お互いの目を見てもらうようにした。そして，昨夜眠る前の様子を視覚，聴覚，触覚にわたって，丁寧に思い出してもらった。

　顔の表情が平板化して，身体の微小な動きも止まったので，催眠状態に入りかけていると判断された。

　2人がそのようになったタイミングを見計らい，「催眠状態にいつ入るのか，意識の心は知らなくても，無意識の心は知っています。催眠に入った合図として，無意識の心は目を閉じさせることもできます」と続けると，C君は瞬きが多くなって自然に目を閉じた。そして，筆者は次のように語りかけた。

　「催眠状態の中で，実際の目は閉じても，心の目は開けたままで，先ほどまで見ていたものを見続けることもできます。そして，どんな場所でリラックスできるのか思い出し，その場所も一緒に見ることができるかもしれません」

　このように語りかけることにより，C君と母親の各々の姿にリラックスした状態を結びつけた。これは特に母親のための働きかけである。C君が強迫行為をするのではないかと不安に満ちた目で見ることが，C君にも不安を引き起こ

すこともありうる。その不安が，強迫行為の後押しをする可能性も考えられる。それを防止するための工夫である。

その後，1回目の面接で聞いた，症状が改善したあとの様子についてイメージしてもらうように語りかけた。

このような誘導のあと，覚醒してもらい，2人に感想を聞いた。C君は，ボーッとはしたが，催眠に入ったという気がしない，とやや不満足な様子であった。一方，母親はいい気持ちだったと満足げであった。C君も実際は催眠に入っている様子を示していたが，本人が催眠とはこういうものだ，と考えている体験ではなかったようである。

強迫的傾向のある人は，催眠体験についても，強迫的なこだわりをもつ場合がある。本人が満足できる催眠導入の方法を選ぶために，筆者はこんなとき，何種類かの導入法を試してもらうようにしている。その場合，対話から自然に導入していく現代的な方法も有用であるが，一方，伝統的な定型化された方法に手応えを感じることもある。

1週間後，母を同伴せずに1人で来たC君に，いくつかの催眠導入法を試してもらった。最終的に選んだのは，漸進的弛緩法によって催眠に入っていく方法であった。身体の各部位に順次力を入れてもらってから，弛緩させ，十分にリラックスしてもらった。その後10段の階段を下りるイメージを描いてもらって催眠に導入した。弛緩部位や弛緩後のイメージについて，1つ1つC君と話し合いながら決めた。こうして，催眠導入法はC君と筆者で共同作業として作り上げたといえよう。そして，これは全体のプロセスにおいて，筆者が心がけている点でもある。

●催眠アプローチのプロセス2

次回の面接で，前回に決めた導入法で催眠に入ってもらい，次のように話しかけた。

「ホームルームの時間を想像してみましょう。議長を選んで，クラスの規則について話し合っています。生徒の中には数人の頑固者たちがいて，彼らはクラスの規則を破った生徒を糾弾しています。『規則は絶対守るべきだ。破った

からには罰を受けるべきだ』と主張しています。そして,『罰として丸刈りにすべきだ』と言って,バリカンをもって規則を破った生徒の頭を刈ろうとしています。

　議長は,丸刈りにするのはやりすぎだと思いつつも,頑固者たちの大きなパワーに圧倒されて,彼らを制することができません。そんなときにどうすればよいでしょう。

　…生徒の中には,頑固者たちと反対の意見だけれど,黙っている者もいるでしょう。このような生徒たちを指名して発言させると,今までどっちつかずだった生徒たちの中でも,頑固者たちと反対の意見をもつ者が増えます。そして,…やがて,多くの生徒たちの反対意見を結集して,頑固者たちに立ち向かうことができます。頑固者たちも,丸刈りにさせることそのものが目的ではなく,クラスの秩序を守りたいため強硬意見を述べているのでしょう。だからクラスの多くの生徒が,丸刈り反対と言えば徐々に納得していきます。

　…この話から,君の無意識の心は,何かを感じてくれるかもしれません。…別に意識の心で解釈する必要はありません。無意識の心が意識の心に何かを伝えて,意識の心が今までとは違う感じ方,考え方,行動をとり始めたとき,…あの話から無意識の心が,何かを感じていたのだと気づくでしょう」

　覚醒後,宿題として行ってもらう「曝露法」と「反応妨害法」の説明をした。これは,強迫性障害の改善に有効な方法として知られている。

　具体的には,強迫観念が起きる場面から逃げないで,強迫行為を行わないよう我慢するということを繰り返し,強迫行為の引き金となっている不安感を徐々に軽減していく方法である。PETやSPECTのような脳の機能を画像で診断できる装置を使った研究により,強迫行為を抑えることを繰り返し実行していると,脳の働き方も改善することがわかっている。

　ただし,我慢するというのは,かなりの意思力がいる。先ほどの語りかけは,ホームルームの逸話により,無意識的な力を活用して少しでも反応妨害法が実行しやすくなるように工夫している。すなわち,強迫行為に駆り立てる無意識の部分を頑固者にたとえ,それをやめさせようとする無意識の部分を頑固者と反対の意見の者にたとえている。そして議長という意識の心が,そのような無

意識の部分の力を借りようと心がけると、強迫行為は止められるということを間接的に伝えている。ほかにも同様に、数回にわたり催眠中に逸話を語る面接を繰り返した。ホームルーム以外に、野球チームやサッカーチームの選手の対立の隠喩も使った。

強迫行為の頻度を減らすことができ始めたようなので、我慢する方法を聞いてみると、自分なりの工夫も語ってくれた。息を吸って肩に力を入れ、息を吐いて一気に力を抜くとよいとか、ひいきの野球選手がホームランを打った場面や好きなサッカー選手がみごとなシュートを決めた場面を思い出すとよいなどと教えてくれた。これらのC君が自分で考えだした対処行動も、催眠状態でイメージでおさらいし、強化するよう努めた。

● 「うるせいやつ」－強迫観念への呼びかけ

「ざまあみろ」というような強迫観念に対しては、擬人化して絵に描いてもらった。強迫観念が起こってくる場合をしっかりイメージし、はじめにC君の身体の輪郭を描いてもらい、その中に「ざまあみろ」などと言っている小悪魔のようなものを描いてもらった。名前をつけるように頼むと、「うるせいやつ」と命名してくれた。『うる星やつら』という漫画の題名からとったと言う。

その絵をC君の前に貼って、じっと見つめながら漸進的弛緩法を行ってもらった。そして語りかけた。

「催眠状態に入っていく準備ができると、自然に目が閉じるままに任せることができます。…目が閉じても、心の目は絵を見続けることができます。

そして、『うるせいやつ』はどんな気持ちをもっているのか、想像してみることもできます。…攻撃的な気持ちもあるかもしれません。攻撃的な気持ちが、なぜ人間に備わったのか研究した人がいます。その人の説によると、人間が環境からの影響をはね返そうとするときのエネルギーが、攻撃性の起源だということです。

C君も、まわりからの圧迫や影響をはね返したかったときもあったかもしれません。そして、はね返せずに、エネルギーがたまってしまったこともあったかもしれません。…無意識の中にたまったエネルギーを発散するため、無意識

の心は『うるせいやつ』のようなものを作ることがあります。『うるせいやつ』がエネルギーを発散してくれるので，君の無意識の中にエネルギーがたまって爆発する，ということが防げていたのかもしれません。

　…もっとも，『うるせいやつ』にエネルギーの出し方を変えてもらう必要はあるでしょう。頼んでみるとよいかもしれません。『うるせいやつよ，僕の中にたまったエネルギーを発散してくれるのはいいけど，今までとは別の形で発散してくれ』と呼びかけてみましょう…」

　覚醒してもらい，絵を持ち帰って自宅でも1日1回，「うるせいやつ」に呼びかけるようにしてもらった。

　このように催眠療法と各種技法の適用により，強迫症状は20回の面接で大幅に減少した。それは，最初にC君と母親が問題が解決するために要する期間として予想した半年間とほぼ一致する期間であった。

　その後，C君は生活意欲を回復し，受験勉強にも励めるようになったとの報告を得ている。

### 解　説

　ヴァイツェンホッファー（Weitzenhoffer, A.）は，『催眠の実際』という著作の中で，強迫性障害の患者は催眠感受性が低く，催眠状態に導きにくいと述べている。確かにセラピスト主導で一定の方式で催眠誘導をしようとすると，あたかも催眠に抵抗しているかのように，入りにくい人が多いようである。しかし，事例中で述べたように，クライアントと協同して催眠状態を実現するという立場で進めていくと，催眠導入がよりしやすいように思われる。

　また，強迫性障害への催眠療法の有効性を疑問視する研究者もいる。これも，伝統的な催眠療法ではなく，クライアントのリソースを活用する現代的な催眠療法では奏効するケースが多いようである。

　ただ，催眠療法単独では不十分なときもある。このケースでも，催眠療法のイメージ技法，隠喩技法などを使いつつも他の技法と組み合わせて対応している。

　クライアント自身の対処法，問題が生じていない例外的状況，問題が解決し

たときの様子などに焦点をあてる解決志向アプローチは，このケースでは初回面接から用いている。

また，有効性が確立している曝露法と反応妨害法という行動療法の技法は，中核的技法として使っている。強迫観念に対しては，症状とクライアントを分離して扱うナラティブ・セラピーの外在化技法を活用している。

このケースでは，これらを1つにまとめ，実行しやすくする技法として催眠療法を適用しているが，催眠療法の有用性の1つが実はここにもある，と筆者は考えている。

〈プライバシー保全のため，対応の事実性を損なわない限りで，事例の事実関係を変更している〉

---

**コメント**

　最近，医療の分野では，客観的に有効性が実証された治療法を系統的に適用する立場EBM（Evidence Based Medicine）が注目されている。一方，クライアントのもつ主観的世界を尊重する立場であるNBM（Narrative Based Medicine）も，EBMに対するアンチ・テーゼとして注目されており，EBMとNBMの統合が今後の課題となっている。このケースでは心理臨床の分野でのEBM的方法である認知行動療法の技法と，NBM的方法であるナラティブ・セラピーなどを，催眠を媒介としてうまく統合している。

　面接過程の初期に，問題解決までの期間の見通しを尋ねているが，クライアントによっては，焦りの気持ちを増強してしまう場合もあると考えられる。また，強迫観念をリフレーミングするため攻撃性をもちだしているが，これもクライアントによっては有効性につながるとは限らない。こういうあたりにもクライアントの個別性を重視するNBM的配慮が必要といえる。　　　　　　　　　　（吉本　雄史）

● 事例④

# 転換性障害

精神科医　宮城　徹朗

## 概　要

　Cさん，女性。出生・発育では特に異常は指摘されていない。元来，循環気質で，整頓好きで，細かいことまで気を配る性格であった。幼少時より肉親に性的ないたずらをされていたという。結婚するも，出産後まもなく離婚し，再婚するが夫は自殺している。

　その後，拒食症および不眠症との診断で心療内科に通院開始。以後，加療を続けているが，消化器を中心として，激しい頭痛・眩暈などの症状をしばしば呈したという。

　また，肉親からは性的な嫌がらせを受け続けたが，一方では彼女はその肉親の世話を続けていた。当科受診の半年ほど前より，顔がほてり，手におびただしく汗をかき，咳嗽の連続と動悸・過呼吸発作を起こすようになった。また，入眠困難・途中覚醒が同時に認められるようになった。過呼吸発作のため，仕事もできない状態となった。

　更年期障害を疑い婦人科を受診したが否定され，心療内科の入院に至ったものの，症状は改善せず，自傷行為や大量服薬を試みるとのことで，当科に入院加療目的で紹介となった。

## 面接の経過

### ●受診と見立ての推移

　パニック発作の診断にて当科初診，翌日入院となった。

　前医よりSSRIなどの処方を継続していたが，過呼吸発作はむしろ増悪傾向であり，一日にいくども起こっていた。また，ジアゼパム（ベンゾジアゼピン

系抗不安薬）の注射への依存がしだいに深刻化しているようであった。

　この時点ですでに，単純なパニック障害では説明がつかないのでは？という感覚を筆者は覚えていたのだが，初診時の面接では以下のような説明を行っている。

　すなわち，患者本人には，紹介状からはパニック発作が発生したあと，二次的に不安，焦燥を呈していると考えられることを説明し，加療法として薬物療法とともに認知行動療法，簡易な精神療法，解決志向アプローチを提示した。この際には，催眠トランスを利用した催眠療法の導入は検討していなかった。

　患者はまず薬物療法を選択した。長期にわたり抗うつ薬の服用を続けており，まずは薬物の調整を希望したため，当初は患者の観察を続けながら薬物の調整を行う予定であった。

　入院後の観察からは，本人の発作自体に対する深刻味のなさ，さらには過呼吸発作時に起こる手のしびれが右側のみであったり，上肢下肢合わせての右片麻痺様の状態や半側盲といった偽神経症状を呈することから，不安障害圏というよりは身体化障害圏，なかんずく転換性障害ではないかと考えられた。また，症状が転換性障害であるとともに，性格もいわゆるヒステリー性格であると感じられた。身なりは整っているという以上に目立ち，自身の症状の表現は豊かな語彙に支えられていた。

　一方で，本人との診察場面では，他の身体化障害圏の患者が失立，失行を呈するのを見て侮蔑の言葉を発するなど，患者はこの障害に対して嫌悪感をもっていることがうかがわれたため，患者本人にも受け入れられやすい形で説明する必要を感じた。また，ニトラゼパムの注射などへの依存の軽減には，特に患者自身の自覚が重要であると考えられた。

### ●催眠トランスを利用した治療の導入

　そこで筆者は患者に対し，自身の状態に対する自覚を高めること，そして自身のリラクセーションやセルフエスティームを高める一手段として（筆者の心積もりとしては，のちに自律訓練法の導入も考えていた），「トランスへの導入」という言葉で新たな治療の導入を勧めてみた。その際の本人に対する説明は，

以下のようなものであった。
　「私は，これからあなたにトランス状態に入ってもらおうか，と考えています。トランスというのは，実は，誰でもが普段から経験しています。例えば，騒がしい場所で仕事をしていて，まったくその音が気にならないほど集中していたり，それから車を運転していて，信号もきちんと守り，きちんと道を走ったはずなのだけれど，少しの間ボーッとしていたみたいに記憶が飛んでいたりといったこと…，そんな経験はありますか」Cさんの目が興味深げに光るのを見ながら，こう筆者は続けた。「そういったときに，あなたはトランスに入っているのです。そんなときにはきっと，無意識と意識の境目がゆるやかになっている状態なのです。そして，あなたの症状もまた，無意識が深くかかわっていると思います。あなたが意識では起こすまいと思っている発作が起きてしまう。あなたの意識できない心（無意識）が強くかかわっているのかもしれませんが，どうでしょうか」Cさんが思わず（？）うなずいてしまう。そこで，こう筆者は続けた。「そこで，トランスの中に入ってみてはどうかと思います。まずあなた自身がリラックスして，そうすることであなたの無意識にお近づきになってもらって，自分で自分自身をよく感じることの手伝いをするのが目的です」
　まず，感覚移動法より施行したところ，案に相違することなくきわめて高い感受性をもっていることが判明するとともに，患者本人にとってはリラクセーションの効果をもっている様子で，本人は強くこの療法の継続を希望した。
　この際，筆者はこの1回目の催眠トランスへの導入後より患者の態度が軟化し，話す言葉が増え，転移的な要素が会話の端々にうかがわれたこと，さらには初回，感覚移動法施行の際に周囲のさまざまな生活上の物音や人通りの気配を用いていたにもかかわらず，筆者との密室での施行の希望を述べたことなどから，催眠トランスを利用した加療に対する強い依存の傾向を患者がもっているように感じたため，あまりに調子の悪いときには誘導を行わないことを先に告げておいた。
　また，この加療を行っていく目的として，リラクセーション以外に，診断，さらには治療のうえで，本人が自身の状態を納得し，意欲をもって参加できる

ような契機作りにもなるように期待していることを患者に伝えた。

### ●導入中の過呼吸発作発現とその後の進展

　その後，2～3回目にかけては感覚移動法を主体として施行を続けた。この間，患者が感覚移動法の最中，聞こえてくる病棟の洗面台の水音を利用したイメージを用いているところで，過呼吸発作様の状態をみせた。筆者としては，この段階でのこのような症状の出現は予想していなかったが，そのまま水の流れがゆるやかになるイメージや雲の穏やかな流れのイメージを追っていってもらうことで，患者は過呼吸発作をやりすごした。

　このエピソード後，患者本人に，状態として，パニック発作などの不安障害よりも，身体化障害，特に転換性障害の部分が大きいと伝えることとした。そして，より器質的・素因的な部分は少ない症状であるから，心もちの変化で発作の様子も変わっていくこと，だから，回復への大きなチャンスかもしれない，ということも伝えた。

　患者は導入中の自身の発作の再現やそこからのイメージによる回復をよく覚えており，また，少なくとも知的な面では理解した様子で，「なんとなく，そんなふうに言われるのではないか，と思っていました。言葉だけで，発作が消えていったし…」と述べた。また夫が入水自殺であったこと，その発見時の様子や，膨らんで見る影もなくなった顔について語り，水のイメージと発作のかかわりはそこにあるのではないか，と自身で理由づけていた。

　そこで，患者には，それまで行っていた注射を段階的に減らし，なくす方針であること，また，発作の際スタッフは見守るのみで処置などを行わないようにすることなどを説明した。患者はこの方針を了承し，入院して治療を続けたいとの希望を述べた。

　こうした取り組みを続ける中で，発作のコントロールは進み，筋肉注射は使うことなく発作をやりすごすことができるようになった。一方でそれとともに，「やる気が起きない」「眠れない」といった抑うつ的な訴えが多くなっていった。

## ●無意識への信頼を目的とした加療

　患者が抑うつ状態を訴えて以降明らかになったのは，一時嫁いでいた娘が離婚し，患者と共に暮らすようになってからの不満，そして十数年前に子どもをおろしたという点で，患者はそのことを繰り返し述べた。

　この頃には，患者にとって最も困る点というのは，家に帰りたくない，という点であり，次いで，何をやってよいのかわからない，という点であり，発作に関してはそう困っていないとの訴えであった。

　前医から数え半年近くの長期にわたり入院継続を行っており，一種のホスピタリズムに陥っているように思われ，本人にも説明した。このため，その後は訓練としての外出，帰宅を繰り返してもらうこととし，一方で，催眠トランスを利用した加療を継続し，さらに自律訓練法を行うことで不眠に対処できるようにした。その施行にあたっては，うつの訴えには焦点をあてず，イメージによる感覚移動を行うこととした。

　この際のスクリプトは導入と無意識への信頼を狙ったものであり，1例としては以下のようなものであった。これ以前より，患者は水辺の風景が好きだという話をしており，海岸の砂浜，遠くの沖のヨット，といったイメージを覚醒時の会話の中で述べていた。そのため，筆者は頻繁に導入に水のイメージを用いていた。また一方で，水の流れの表現を用いた部分で症状が発現し，夫も入水自殺であった点など，水に対する反応に強い両価性を感じたことも，以下のようなスクリプトを用いた動機となっている。

　「…意識では今，洗面台の，水の流れを聞くことができるでしょう。やがて，あなたの無意識では，遠い家の，近くの河の，水の流れをとらえることもできます。河の流れにたゆたって，魚や，藻が，ゆっくりと流れているのかもしれません。水の，なんとなく，流れ，まとい，馴染むような，どこかで味わったような，そんな感触を何時か，肌でなんとなく感じることもできるでしょう。冷たく，あるいは痛いような感じをつかむこともできます。日差しは暖かく，風は流れ，雲の流れも肌で感じられているかもしれません。

　心は流れるままでもよいのです。

　そしてさらに，流れのままに，大きな川に出て，海に至ることもできます。

深い水底から見上げると，蒼く沈んだ世界，その向こうに，きらきらと輝くものが見えることがあるでしょう。輝く水面。そしてさらに，雲の向こう，空の向こうを感じることもできるでしょう。

そうしているとまた，それを見て，いろいろな流れに無意識が向くこともあるでしょう。河や海だけでなく空や地下の水，そして空気，星，そして人の生きていくやり方，すべてに流れがあるのかもしれません…」

患者は催眠トランスを利用したセッションの中では，たびたび亡き夫のことを思い浮かべ涙を流した。例えば，上記のスクリプトの中では，灯籠流しを思い浮かべ，カタルシスを味わったと述べている。

また，「発作」を思い浮かべてもらいながら，観念運動応答を行い，この「発作」が本人のためになっていること，一連のさまざまな症状が喪の作業にもなっているということを，患者と共に確認した。

入院後，2カ月にて退院，催眠トランスを利用した加療を終了した。こうしたセッションはほぼ週に1回，30〜60分間ずつ計7回ほど行われた。

退院時には，過呼吸発作はあるものの，1週間に1回程度。ジアゼパムの注射は不要となり，なんとか家事をこなしていた。退院後1カ月で発作はほとんどなく，パートも再開するような状態となった。

なお，薬物療法は入院後1週間目以降，さらには退院後に至るまで変更なく，パロキセチン30mg，スルピリド200mgを維持した。

### 解　説

受診・入院時，パニック発作として診断され，筆者に紹介された症例である。治療開始時には，パニック障害および，そのため二次的な抑うつ状態を想定し，SSRIなどの処方，行動療法的な加療を続けていくつもりであったが，その後の症状の観察から，身体化障害，特に転換性障害が診断とされた症例である。

成書では転換性障害の加療に際して，催眠や暗示による症状の除去はかえって症候移動や不安抑うつを招き，好ましくないともされているが，この症例のように，直接的な症状解除を目的としない使用も工夫できるはずである。本症

例の中でも，患者からの求めに対しても直接的な暗示を症状解除を目的に用いたことはなかった（患者に対しては，ジアゼパムの注射と同じく，一時的に症状が軽快しても，依存のために効かなくなったり，より症状を複雑にするから，と説明した）。

本症例の場合，催眠トランスへの導入の最中で突然過呼吸発作を起こしたことで，その後の見立てを伝えることや治療同盟を形作ることとなり，発作のコントロールへの導入が容易になった。筆者の場合，このように導入中に症状の再現をみることがままある。自身の導入法があるいは時に少し侵襲的・攻撃的なのではないかとも感じているが，多くの場合，それを積極的に利用させてもらうことにしている。

我々がしばしば経験するのは，身体化障害の患者，ましてや薬物に対する依存傾向をもつ場合，（たとえ表面上でも）診断を受け入れ治療を共に進めていこうという形をなかなか作ることができず，苦慮するという問題である。催眠トランスへの誘導がその第一のハードルをクリアすることを大いに助けてくれた。

本症例では，一方で，その経験を境に，発作の自己コントロールが進むとともに，うつの訴えが大きくなったが，イメージを用いた導入を重ねることで，発作症状の受容が進む中で自然に軽快し，乗り越えることができた様子である。

心理療法，特に催眠は，患者および治療者，そしてその関係を大きく動かす。患者に対してはある程度，退行促進的に働くことが多いように思われる。退行は治療上必要でもあるが，阻害要因ともなりうる。本症例の場合でも，患者が治療者に対し依存的となる場面が認められている。催眠を用いた治療に際しても，他の心理療法と変わりなく，退行の質と程度をみながら進めることが必要になる。

現代催眠のプロセスは一方，患者・治療者関係や治療の場を作っていくときに，より柔軟で自由度の高い対応を提供し，ひいては治療そのものの選択肢や幅を広げてくれる。

ことに精神科には，本人の意思によらない強制的な治療形態も含まれるなど，

患者・治療者関係が成立しにくい状況もままみられる。その中でいかに治療を組み立てるか，と考えるとき，精神科臨床における心理療法の困難さを感じるが，今後，現代催眠は有効な手段の1つとなりうるのではないだろうか。

〈プライバシー保全のため，対応の事実性を損なわない限りで，事例の事実関係を変更している〉

**コメント**

　過呼吸症候群ともパニック障害とも一時的には診断され，見方によっては，複雑性PTSDも考慮に入れたくなるようなケースである。

　治療者が，慎重にクライアントとの距離間を調整しながら，セルフエスティームを高めるための手段として，「トランスへの導入」を試みたことは，とても有意義であったと思われる。その段階からみごとに治療は展開をみせた。催眠を通じて，おそらく治療者への信頼感が増し，また治療の枠組みが変化したことから，患者がより自由に自己を表出できるようになったと思われる。うまくトランスを活用したからこそ，いわゆる「抑圧」がゆるみ（内的連想が活発になり），次々と問題が現れてきたと思われるが，それにもまたうまくトランスを用いて対処していった様子がとても興味深く描かれている。

　トランスを，自己肯定感を高め，良好な対人関係を形成し，問題をこれまでとは別なパースペクティブからともに眺め，自分でリラックスする手段とする，など多様に活用されているのが参考になる例となっている。　　　　　　　　　　（中野　善行）

●事例⑤

# パニック障害

臨床心理士　生田　かおる

　「夜中にコーヒーを飲もうとして身体の力が抜けたときに，発作が起こりました。急に右側に顔をねじると必ずぐらっとする感じになるのは知っているのですが，このときはミルクを取ろうとして，右側に顔を向けてしまいました。あっ，発作がくる。身体に力を入れなければと思いながらも，それができませんでした。動悸が激しくなり，冷や汗が出てきて，吐き気もしました。自分のことがコントロールできなくなり，気を失って倒れてしまいました」Bさんが語った大きな発作の様子である。

　本稿では，Bさんが語った発作の悪循環過程［①顔を右側に向ける→②ぐらっとする感じがする→③また，倒れたら怖いという思いが瞬時に頭を駆け巡る→④動悸，吐き気，冷や汗といったその他の身体症状が加わる→⑤気を失って倒れる→⑥自分はダメだなと思ってしまう（この悪循環過程は，通常，②から始まることが多い）］を崩すのに有効であった方法が明らかにされている。特記すべきは，ぐらっとする感じをコントロールできる自分のイメージの定着化にトランス誘導を用いたことである。

## 概　要

　Bさんは50代の男性。5人きょうだいの長子として誕生。両親がともに仕事をしていたため，小学生の頃から家事，育児の手伝いをしていた。現在は再婚した妻（有職）と2人で暮らしており，子どもはいない。パニック障害と診断されるまでは，仕事も遊びもがんばり，家でパーティを開いたり，旅行を楽しむ生活を送っていたという。

　医学的検査の結果，甲状腺機能障害などの身体所見は認められず，パニック

障害と診断されてから4年が経つ。先妻の入院，死別を契機として，めまい，ぐらっとする感じ，吐き気，動悸，冷や汗，気を失うことに対する恐怖を訴えている。1人で外出することは可能だが，旅行，運動，レストランでの食事，階段を駆け上がることなどを控えており，隠れた広場恐怖がある。

精神科にて抗うつ薬を処方されており，本人曰く，前記の症状はほぼ毎日あるものの，症状をなんとか自分でコントロールしており，仕事は続けられる状態であった。薬物療法に加えて，精神科で心理療法も受けたが，先妻の入院，死別が発作の原因だと決めつけられたことが不満で，2カ月でやめてしまったそうである。

自分でコントロールできないほどの大きな発作が，この4年間毎年1, 2回はあったという。これまでは，発作後3日ほど，長くても1カ月休めば，職場に復帰できた。今回は，5カ月経っても出社できるまでには回復せず休職中。社員の健康を管理する担当者が電話で予約をとり，初回面接にはBさん，健康管理の担当者，妻で来所。

## 面接の経過

### ●初回面接

ソファーと肘掛け付きの椅子が用意されている面接室にBさんを含む3人が案内された。Bさんは会社の担当者に付き添われ，肘掛け付きの椅子に座り，大事そうに抱えていたバッグを足元に置き，肘掛けをぎゅっと握り締めた。

入室から椅子に座るまでの1, 2分の観察で筆者（セラピスト）が思ったことは，「Bさんは，気を失って倒れることを恐れ，肘掛けをぎゅっと握っている」であった。

3人の来所をねぎらい，筆者が思ったことを確認するために，以下のように尋ねた。

Th（筆者）（1）：電話で，これまでのことについてはだいたいうかがっています。めまいやぐらっとする感じは週に何回くらいありますか。

Bさん（1）：365日。毎日あります。

Th（2）：それは大変ですね。今もありますか。

Bさん（2）：（少し考えてから）今はありません。身体の力を抜いたときに気を失って倒れるんです。だから，いつも気を張って，身体にぎゅっと力を入れているんです。

Th（3）：ご自分でコントロールする方法をよくご存知なんですね。365日ぐらっとする感じがあるのに，大きな発作は年に1，2回。気を失って倒れそうになったとき，いつもどうしていますか。

肘掛けをぎゅっと握っていたのは，やはり，気を失って倒れることを恐れていたからだった（Bさん(2)参照）。それにしても，ぐらっとする感じが365日あるとは…。でも，「今もありますか」の質問に「今はない」と答えた。実際にぐらっとする感じと，ぐらっとする感じが来そうだとの区別をつける課題が必要だ。筆者が尋ねもしないのに，どんなときに気を失うかについてBさんは説明してくれた（Bさん(2)参照）。これは，Bさんが発作に対しての自分なりの防衛シナリオをもっていることの証であろう。気を失いそうになったら，身体にぎゅっと力を入れて，遠くの一点をみつめ，ソファーに横になり1，2時間ゆっくりして，体がリラックスしてくれば楽になる。Bさんの対応法（「ぐらっとする感じ」を怖れなくなるための課題－p.195で後述する，その1にて利用）がTh(3)の問いかけにより明らかになった。これは，使えそうな情報だ。

その後，これまでの発作の様子が語られ，先に述べた悪循環過程が明らかになった。また，Bさんが以下のように思っていることがわかった。
① 発作の兆候をとらえ，早めに対応ができたときは，大きな発作にならない。
② 兆候（注：Bさんにとっての兆候は「ぐらっとする感じ」である）をとらえ損なうと破局がやってくる。

これまでは，大きな発作は家で起こったが，外で気を失って倒れ，人に迷惑をかけるのが怖いという。外で倒れたときのために，いつも頓服，胃腸薬，水，ぬれタオル，バンドエイドを持ち歩いているのだと，その行動をからかうよう

に妻が伝えた。

続いて，Bさんの一日の様子を確認した。午前中はぐらっとする感じがひどいので，ほとんど横になっている。午後は少しよくなり，買い物などに出かけられる日があるという。なかなか寝つけず，明け方近くまで起きている。睡眠薬は服薬したくない。妻の分も含めて，最低限の家事はしている。妻に「Bさんの家での様子をご覧になってどう思いますか」と尋ねると，「本当に具合悪いの？って思います」と返ってきた。

### ●悪循環過程を崩すために

**1）崩せそうなところから始める**—リフレームと症状の処方で⑥の「自分はダメだな」の部分を崩す（特に，1〜5回面接にて行う）。

悪循環過程の⑥「自分はダメだな」を崩すために，Bさんの行動すべてに関してリフレームを行った。発作そのものや，発作に対する防衛行動が妻にも理解されず，Bさんは自分に自信をなくしていた。「年齢を考え，今までのやり方を変えるチャンスですね」「新しい生活パターンを作っていきましょう」と症状のリフレームと将来の展望を提示した。加えて，休養が必要なこと，ゆっくりすることを勧めた。午前中はほとんど横になっているという報告があったので，少なくとも午前中は横になっているように，と筆者が指示した。これにより，Bさんは横になっていることで，自分はダメだなと思わずにすむわけである。

症状だけでなく，日常の些細なことに関しても，すべてリフレームをした。「食べすぎた」とBさんが言えば，「食べることでエネルギーが得られますね」とリフレームする。「過去の失敗ばかりにこだわっている」とBさんが言えば，「過去のことを大切にされているのですね」とリフレームするという具合であった。

周囲が笑っていた常時薬を持ち運ぶこと，健康に関する書物を読みあさること，寝るときの姿勢に関して，「身体のことを大切にしているからですね」とリフレームした。

3回目の面接では，散歩に出かけたこと，5回目には，往復200kmのドラ

イブに出かけたという報告がきかれた。その報告に対して，筆者は無理しないようにと休養を勧めた。「休養のために休みを有給でいただいているのだから，元気に遊び歩いているというのも心苦しいでしょう」とも付け加えた。

リフレームと症状の処方により，Bさんの行動する力が回復し，⑥の「自分はダメだな」の部分に修正が加えられた。悪循環過程は⑥に修正が加えられることで，バランスが悪くなった。

### 2）バランスが悪くなった悪循環過程を一気に崩す

○「ぐらっとする感じ」の実態を掴む（1〜15回面接の課題）：「実際にぐらっとする感じ」と「ぐらっとする感じが来そうだ」を区別するための実験を毎日行い，「実際にぐらっとする感じ」がどれくらいあるか記録をつける。ソファーに横になったものを「実際にぐらっとする感じ」として記録する。その結果，365日あると思っていた「ぐらっとする感じ」は，実際のところは週に多くて2回だということがわかり，Bさんは気を失って倒れるのが怖いという思いから少し解放された。悪循環過程のバランスがさらに悪くなった。

○「ぐらっとする感じ」を恐れなくなるための課題その1（2〜5回面接の課題）：「実際にぐらっとする感じ」がしたら，ソファーに横になり，これまで身につけた対応法を冷静に行うことを指示した。「ぐらっとする感じ」がしても，破局（気を失って倒れること）がやってこないことをBさんが理解した。

○「ぐらっとする感じ」を恐れなくなるための課題その2（6〜15回の面接で行う）：これまでの対応法の効果は認められたが回復までに時間がかかりすぎる。数分で回復でき，「ぐらっとする感じ」がしても破局がやってこないという確信をBさんがもてるよう，トランス誘導を用いた課題に取り組んだ。手順は以下のとおりである。

「ご自分がどんな呼吸をしているかに注意を向けてください。（間）少ーしゆっくり呼吸をしてください。ゆっくり吸って，そうです。ゆっくり息を吐いて

ください。そうです。息を吐きだすたびに，リラックスした感じになっていきます（何度かゆっくりの呼吸を繰り返す）」

↓

「今度は，息を吸い込みながら，顔を上げず，視線だけを少ーし上に向けてください。これ以上息が吸い込めなくなったら，目を閉じながら，息を吐きだしてください。肩がぐっーと下がっていくのを感じますね。そして，肩の力が抜けていくのを感じるかもしれません。肩の力が抜けるのを感ずるとき，リラックスした感じになっていきます。今，Bさんは椅子に座っていて，手をももの上に置いています。手にももの温かみを感ずるかもしれません。感じのよい温かさです。その温かさに，リラックスした感じになっていきます。背中を背もたれにつけて座っていますね。背中のあたりに緊張を感ずるかもしれません。感じないかもしれません。緊張を感ずることで，さらにリラックスしていきます」

↓

「身体がリラックスするのを感じながら，草原の風景を頭の中に思い描いてください。思い描けたら，うなずいて教えてください。（うなずくまで少し待つ）草が風に吹かれています。草のいい香りがしてきます。心地よーい風を身体に感じます。顔を少ーし上に向けると，空が広がっているのに気づきます。空はどこまでーも続いています。雲が浮いていることにも気づきます。その雲を眺めているうちに，太陽の温かみを頭の上に感ずるかもしれません。温かみを感じたらうなずいて教えてください。（うなずくまで少し待つ）その温かみは身体全体に広がっていきます。首筋，肩，胸のあたり，背中，腰のあたり，太もも，膝，足へと広がっていき，とてもリラックスした気持ちになります」

↓

続けて，「ご自分の身体についてよく調べていますね」「ご自分の身体のことは，ご自分がいちばんご存知ですね」「これまで，ぐらっとする感じを上手にコントロールしてきましたね」「ぐらっとする感じがしたら，このリラックスした風景を思い描くことで，ぐらっとする感じをコントロールできますね」「親指と人差し指で輪を作り，そこに，このリラックスした感じを流し込んでください」

「そうです」「ぐらっとする感じがしたら，輪を作りリラックスすることで，ぐらっとする感じをコントロールできますね」と話しかけ，うなずいてもらった。

　前述した課題その1でリラックスの効果は実証ずみである。問題は時間がかかりすぎることであった。短時間でリラックスする方法が必要であった。Bさんは本で自律訓練法を試したこともあり，リラックスすることに関心があった。Bさんのリソースを有効に利用するため，リラックスという言葉をキーワードに，そして，身体の温かみを感ずるトランス誘導のシナリオを作ることにした。
　注意したことは，次のようなことである。
① Bさんが今していることを，そのままBさんに伝えたこと。これにより，Bさんの注意集中の焦点を狭くして，トランスに入りやすくした。
② 「…かもしれません」と，許容的な言葉を使ったこと。
③ Bさんをよく観察して，「…と感ずるかもしれません」と話しかけ，それに同意していることがはっきりしないときは，「…と感じないかもしれません」を加えたこと。
④ 「リラックス」というときに声の調子を変化させたこと。
⑤ 息を吐くときに話しかけたこと。
　5回目の面接より，この課題を始めた。8回目からは，あえて右側を向くことで「ぐらっとする感じ」を自分で作りだし，先に述べた手順でそれをコントロールする練習を始めた。まず，面接中に行い，それができるようになったら，家庭での練習を課題とした。家庭でできるようになったら，オフィスのトイレで，次にオフィスの自分のデスクでと場所を変えた。「ぐらっとする感じ」は破局をもたらす怖いものから，自分でコントロールできるものへと，Bさんの中でその見方が変わった。

### 解　説

　Bさんとの面接はフォローアップの面接を2回含み，25回行われた。期間はほぼ1年間であった。「ぐらっとする感じ」がBさんにとって怖いものでなく

なっていたのは，15回目の面接であった。17回目の面接を終えた翌週より，慣らし出社を始めた。勤務時間は3時間から始め，徐々にその時間を増やしていった。20回目の面接では，「ぐらっとする感じ」がなくなったとの報告があった。慣らし出社期間中，契約した時間以外に何もしないでオフィスにいる時間を体験してもらった。また，オフィスで50％の力を出す，75％の力で仕事をするという体験にも挑戦してもらった。その結果，今後は75％の力で仕事をしていくという方向ができあがった。最後は，Bさんの社会的ネットワーク作りに取り組んだ。

リフレームと症状の処方により，Bさんは自分に対して肯定的なイメージをもつことができるようになり，悪循環過程の一部が崩れた。そうしたときにトランス誘導を用いたので効果が出たものと思われる。トランス誘導では，Bさんのリソースを，無理なく有効に再活用でき，その結果，悪循環過程を崩すことが可能になった。症状を対処する過程で，Bさんはこれまでの自分の生き方を振り返り，新しい生き方を探しだすことができたといえる。

本事例は，日本心理臨床学会第20回大会（2001年9月，東京）において，「悪循環のシナリオの書き直しができたパニック障害の二事例－症状のリフレームと予期不安のコントロールを考える－」と題して発表した。

〈プライバシー保全のため，対応の事実性を損なわない限りで，事例の事実関係を変更している〉

### ◆参考文献

1. Barber, J. (Ed.) : Hypnosis and Suggestion in the Treatment of Pain. W.W. Norton, New York, 1996.
2. Nutt, D., Ballenger, J., Lépine, J. P. (Eds.) : Panic Disorder: Clinical Diagnosis, Management and Mechanisms. Martin Dunitz, London, 1999.（久保木富房，井上雄一，不安・抑うつ臨床研究会編訳：パニック障害：病態から治療まで. 日本評論社, 東京, 2001.）
3. O'Hanlon, W. H., Martin, M. : Solution-Oriented Hypnosis: An Ericksonian Approach. W. W. Norton, New York, 1992.（宮田敬一監訳：ミルトン・エリクソンの催眠療法入門：解決志向アプローチ. 金剛出版, 東京, 2001.）

4. 佐藤啓二, 高橋徹編：パニック障害の心理的治療法：理論と実践. ブレーン出版, 東京, 1996.

> **コメント**
>
> 　予期不安と，それにともなう身体反応の悪循環過程がパニック障害をもたらすが，このケースでは＜症状の処方＞という，コミュニケーションレベルでのエリクソン催眠の応用と，それに加えて，症状のコントロールのためのトランス誘導が行われている．＜症状の処方＞は，ここでは，リフレームと合わせて，無理のない指示（午前中は横になっていること）によって，クライアントに受け入れやすいものになっているが，トランス誘導も自然なやり方で進められている．
>
> 　ちなみに，ストラテジック・アプローチはエリクソンの指示的セラピーの側面を継承しているが，そこで用いられる＜指示＞の多くはクライアントの抵抗にたくみに添いながら行うものであり，そこにも実は，クライアントのソフトな意識変性を引きだす過程が含まれていることに注目したい．
>
> 　なお，幼少時の外傷体験が状態依存記憶学習となってパニック障害の背景を強度に形成しているケースについては，トランス下でそれに再接近してリフレームする催眠アプローチが有効であることも付記しておく．　　　　　　　　（吉本　雄史）

### ●事例⑥

# 歯科における症状（過剰絞扼反射症例）

歯科医　西田　紘一

### 概　要

　40歳代の調理師Aさん。20歳過ぎから，歯科医院で治療を受けようとしても，いざ治療椅子に座わると，しばしば激しい嘔気（吐き気）に襲われ，治療にならない状態が続いている。

　Aさんが10歳の頃，風邪をひいて扁桃を腫らし，近所の耳鼻咽喉科を受診した際に，Aさん自身の言葉によれば，喉の奥に"むりやり"薬を塗られて，吐いてしまったことがあった。子ども心にも非常に恥ずかしい思いだったが，そのときはそのまま終わり，特に気にとめることもしなかった。しかし，20歳頃から歯の治療の際に吐き気のため治療が進まなくなり，むし歯の痛みに困りつつも，そのつど，必死の思いの対症療法でやりすごしてきたという。しだいに歯の揺れがひどくなり，近医での治療も進まず，紹介来院した。

### 面接の経過

#### ●ともかく歯の治療を希望する

　かかりつけ医である開業歯科医からの紹介状には，「嘔吐反射が強いので歯科治療が困難である。どうも心身医療的な問題を抱えているようなので，先生のもとでの治療をお願いしたい」とだけ記されていた。

　Aさん本人に確かめると，かかりつけ医といっても，痛いときだけ飛び込んでその場限りの痛み止めの治療を受けてきたにすぎず，ここ20年は本格的な歯科治療を受けていないという。

　「それでは，一応，口の中を見せてください」と歯科治療椅子の按頭台（枕）に頭をつけるように求めたとき，「ちょっと待ってください。吐きそうです」

と前かがみになって口に右手を当ててしまった。左手は喉仏の辺りを挟むようにして，いまにも吐きそうなしぐさである。

「大丈夫ですか」と慌てて声をかけつつ，膿盆（注：傷の消毒などに際して，洗浄液を受ける金属製の皿）を顎の下にあてがった。しかし，本人の苦しがりようはただごとではなく，顔は真っ赤になって下を向き，息も不規則である。吐けば吐いたで楽になるのかもしれないが，実際に吐くまでにはいたらない。

嘔気が襲っているときに，「大丈夫ですか」と声をかけられたり背中を擦られたりすると，かえって嘔気が激しくなり実際に吐いてしまうことが多い。しかたがないので，することがないまま傍に立って，Aさんの嘔気がおさまるのを待つだけである。

頭を安定させるための専用の治療椅子に座らせ，ある程度の光量の照明を得ることが，的確な歯科治療を行うための基本的な位置づけである。Aさんのように歯科治療椅子にも座らず，頭が按頭台に固定できないでフラフラと動く状態では，口の中への照明の取り込みも十分でなく，口の中の診査はもちろんのこと，歯科治療椅子に座って基本的な姿勢を作ることすらもできない。もとより，安全な治療を進めることもできない。

あってあたりまえの反応も，過剰に生じるようになると困ったものである。口を十分に開けられず，少しばかり後方に反り返る姿勢すらも保てないので，これでは歯科治療が進まないはずである。

「ちょっとだけ見せてください」と言ってもうなずくだけで，吐き気と闘っている本人は口を開くこともできない。「これじゃ，歯科治療は無理だから，今日は何もしないことにしましょう」と告げると，「歯が痛くて何も食べられないから，どうしても治療してほしい」と強く訴える。

### ●契機となった外傷体験がある

かかりつけ医からの紹介状もあるのでむげに断ることもできず，「少し落ち着いてから始めましょう」とその場を離れた。5分ほどして戻ってみると，それまで背中を丸めて前傾姿勢をとっていたのだが，体を起こし，それでも歯科治療の姿勢をとることができずにいる。しかし，吐き気はおさまった様子であ

る。

　「落ちつきましたか」との問いかけに，「ええ，ご迷惑をおかけしました。もう大丈夫です」と答え，コップの水を一口含んですすいでいる。口の中に入れた水は，嘔気の刺激にはならないようである。

　「いつ頃から，こんな症状があるのですか」

　「そうですね，20歳の頃から続いています」

　「歯医者さんへ行っても，歯の治療はできなかったでしょう」

　「ええ，痛いときだけ近所の歯医者さんに飛び込んでいました」

　「じゃあ，ほとんど歯の治療は受けていない？」

　「仕事が調理師なので，歯が痛くなると味までわからなくて困っています」

　この返答は，今後の治療を進めていくうえでのキーワードとなってきそうである。さらに，質問を続けてみる。

　「食事のときはどうしているのですか」

　「ご飯は普通に食べられます」

　「吐き気は感じない？」

　「はい」

　どうやら，食べ物を口に入れた刺激には平気で，食事以外の特別の状況だけに出てくる症状らしい。いよいよ，核心に迫る質問である。

　「最初に吐き気を感じたときのことを覚えていますか」

　「10歳の頃，風邪をひいて扁桃を腫らしたので近所の耳鼻咽喉科にかかりました。このとき喉の奥に薬をむりやり塗られて，気持ちが悪くなり，診察室で吐いてしまいました。子ども心にも非常に恥ずかしい思いでした」

　なかには，その場では思い当たる出来事はないと言う患者さんもいる。しかし，日を改めた診察のときに，「家に帰って考えましたら，ふと思い出しました」と，最初のエピソードを話してくれる人が多い。トラウマになっている出来事がほとんどの場合に存在する。

●緊張を意識させる

　特定の身体部位に過度の注意を向けると，その部の感覚が過敏な状態に陥っ

てしまう。臨床的には，心気状態などとしてよく知られた事実である。

　口と咽喉頭部の境界である軟口蓋部は，口から入ってくる異物を防ぎとめる働きを担っている。ささいな刺激に対してでも，この部の粘膜は敏感に反応して，異物を通さない反応，異物を押し戻そうとする反応を表す。絞扼反射や嘔吐反射と呼ばれる防御反応である。

　「じゃあ，はじめにどの程度の症状なのかをチェックさせてください。頭を後ろにつけて，口を大きく開けてみて（ください）。鏡のついた小さな器械（注：歯鏡。ミラーともいう）で，お口の中をみてみますよ」と言いつつ，口を開かせる。

　「ア」の形ではなく「オ」の形で，おそるおそる開いた口に，ミラーを近づけた途端に，喉が締めつけられそうになると訴える。もちろん，口腔内を診査することは不可能である。

　「吐きそうですか」
　「口の中を触られると思うだけで，喉が締めつけられてしまいます」
　「そのとき，どんな気分ですか」
　「本当に吐くのではないかと心配で，緊張しています」

　粘膜を刺激したわけではないのに，これまで繰り返してきた絞扼反射への予期不安が高まっている様子がありありとうかがわれる。

　「緊張するといろんな刺激に対して過敏になりますので，おそらく喉も過敏な状態になっているのでしょう」と"緊張"という言葉をキーワードにして強調する。そして，「気持ちが緊張しているだけでなく，身体もコチコチですよ。きょうは，身体をほぐして，身体の緊張をとることから始めてみましょう」と続けて，これから"からだ"へのアプローチを行うのだと念押しする。

　「親指を中に，握り拳をつくって，強く握り締めて（ください）。そうですね。そして，パッと開きましょう。もう一度やってみましょう。握って，パッ。握ったときの感じが緊張。パッと開いたときの感じがリラックスです」。握り拳を利用して筋肉の緊張と弛緩状態を会得させ，この状態を意図的に全身に広げようとする狙いがある。

　「この筋肉の感じはとても大切です。この感じを喉につくれたら，ゲッとく

る反応もなくなります。ちょっと，練習してみましょう」

● リラクセーションの効果を体験させる

「では，背中を起こして，少し前かがみになって（ください）」

最近の歯科治療椅子は全体に流線型なので，腰をほぼ直角に曲げて，背中を起こし，足を前に投げ出して座るのは窮屈である。背中とおなかの筋肉を緊張させないと座れないのだが，少々無理なこの姿勢をとらせ，のちほど述べる催眠導入に利用する。

「ご飯を食べるときのように下を向いて，口を開けてみて（ください）」

筆者のほうが前かがみになって，のぞき込むような姿勢をとり，ミラーを唇に当てつつ，「もっと顎と喉の力を抜いてください。唇に触れても平気ですよね」

「大丈夫です」

「続けて，舌（多くの臨床家は「ベロ」と言っている）を触ってみます。平気でしょう？」

「大丈夫です」

「じゃあ，両方の肩の力を抜いて，手をダラーンとさせて，口を開いて（ください）。ベロの上をもう少し奥まで触ってみましょう。まったく平気でしょう？　さあ，コップの水でお口をすすいで（ください）」

ガラガラと"うがい"をすることもあるが，注意を集中したために過敏になった口の感覚と張りつめた気持ちを和らげるように仕向ける。

「ここまでは平気でしたね。どうですか，今までとは変わった感じ方だったでしょう？」

「ええ，落ち着いていて，平気でした」

「顎と喉と肩の筋肉の力を抜いただけで，こんなに平気になります。でも，まだまだ力が入っています。体中の筋肉の力を抜けば，もっと楽に口を開けられます。そうすれば，口の中を触るという刺激が増えても，平気でいられるようになります。続けてみますか」

「やってみます」

ここから先は，全身の筋肉の緊張を選択的に，かつ段階的にゆるめることにした。左右の親指を中にして強く握る"緊張感覚"と，握り拳をパッと開いたときの"弛緩感覚"を共通の記号にして，「では，もう一度背中を起こして，少し前かがみになって（ください）。親指を中に握り拳をつくって強く握り締め，パッと開き（ましょう）。このリラックスした状態を，体中に広げてみましょう」

● そのまま催眠に導入し，少しずつ深化させる

「ご飯を食べるときのように少し下を向いて，顎と喉の力を抜いて（ください）。軽ーく眼を閉じて，両方の手に握り拳をつくり，パッと開いて（ください）。両方の肩の力を抜いて，肩から指までをダラーンとリラックスさせ，もう一度，強く握って，パッと開いて（ください）。手のひらや身体が，ジーンと温かくなるのがわかりますよね」

「では，背中の力を抜いて，後ろにもたれかかりましょう」と話しかけ，「今の状態で，さらに力を抜いてリラックスしてみます。肩から肘，肘から手の力を抜いて（ください）。背中の力を抜いて（ください）。そう（です）。太ももの裏側の力を抜いて（ください）。そう（です）。足首の力も抜いて（ください）」。

身体の力が抜けて歯科治療椅子の背板に背中が埋もれるようになり，眼を閉じた頭がやや前に倒れてくる。続けて，「そう（です）。今度は，そのまま頭も後ろに倒しましょう。椅子がしっかりと支えているので大丈夫です」。

頭が後ろに動きだすタイミングを逃さず，歯科治療椅子の電動操作ボタンを押して背板を後ろに倒し，仰向きに寝る姿勢にした。

「身体全体の力がスーッと抜けて，とてーもよい気持ちです。瞼がだんだん重ーくなって，しだいしだいに眠ーくなってきます」

このあと，いわゆる成瀬の催眠尺度（催眠反応表）に準じて運動的催眠の手続きを進め，催眠を深化させた。

さらに，「あなたは今，お花畑に寝転がっています。気持ちよい風が吹いてきています。口の中には甘い蜂蜜の味が広がり，花の香りがあなたの身体を包

むように漂っています。小鳥たちのさえずりがあちこちに聞こえ，見上げている真っ青な空には真っ白な雲が浮いています」と，知覚的催眠の手続きの触覚・味覚・嗅覚・聴覚・視覚暗示をまとめて提示した。

「とてーもよい気持ちです。しばらくの間，こんな素敵な気分に浸りっきりになってみましょう」と，5分ほど催眠状態のままにした。

催眠導入に成功し，催眠下でのリラクセーション状態が持続できたので，解催眠手続きをとって歯科治療椅子を45度の角度まで起こし，覚醒状態にした。目覚めてグッと伸びをした直後に，「口の中はどんな感じか調べてみましょう。開けてみて（ください）」と話しかけて，ミラーを唇や舌，あるいは頬の粘膜に触れてみても平気なことを患者自身に確認させた。

## 解　説

胃の内容物を吐逆する反応は，化学物質が胃を直接的に刺激したとき，口の奥の粘膜を刺激したとき，副交感神経（迷走神経）が刺激されたとき，あるいは強い不快な感情が生起したときなどにみられる。また，味・におい・色・形などの五感や，緊張や不安などの情動に働きかける間接刺激も無視することはできない。

吐逆に先行して，胃部の不快感や嘔気があり，喉が締めつけられるように筋肉が強く収縮して気道を塞ぎ，気管内への吐逆物の流入を防いでいる。この喉の筋肉の強い収縮を絞扼反射と呼んでおり，生体防御機構の1つである。

口腔感覚を鈍くする表面麻酔剤，情動刺激を遮断し筋緊張を抑える精神安定剤や笑気吸入鎮静法などの身体療法は，効果の的確さや再現性の点に難がある。

初診の段階で知り得た範囲では，調理師としての社会生活を営み，自分の食事の摂取には支障がないAさんには，深刻な人格障害や行動障害があるとは思えない。また，絞扼反射が過剰になった契機と考えられるトラウマや軟口蓋から咽喉頭部にかけての心気状態への対応も必要ではない。ただ，歯科治療場面とか，歯科治療行為，あるいはそれらが般化した歯科医療者との人間関係の構築に"緊張"を引きずっているだけである。

その後，Aさんは，少しずつ歯科治療を受けられるようになったが，"どこでも，誰からでも，どんな治療でも受けられる"ことがAさんの目標である。
　このようなケースには，"緊張状態"に拮抗する"弛緩状態"を習得させることが近道であり，催眠療法によるリラクセーションあるいは症状消去の直接暗示の有用性は高かったと考えている。

　注：会話の中の（　）は，実際に言葉として発しても発しなくてもよい部分である。患者が治療者より年上のときは（　）内の言葉を口に出すが，年下の患者には口に出さず，間として使っている。

〈プライバシー保全のため，対応の事実性を損なわない限りで，事例の事実関係を変更している〉

---

**コメント**

　臨床催眠はラポールがその成否を左右するが，歯科領域では，苦痛とそれにともなう予期不安・恐れが大きいため，とりわけ良好なラポールがあらかじめ求められる。その点でも，この事例は患者やクライアントとの親和的なコミュニケーションがラポールをどう形成していくか，のわかりやすい1モデルにもなっている。
　また，従来より催眠的アプローチはリラクセーションを基本的な治療的条件として考えてきたが，この事例にみられるように，まず患者の緊張に焦点づけながら，しだいに弛緩へとその意識を移して進めていく過程にも，抵抗を利用しながら，リードへと進む催眠法の柔軟な適応例をみることができる。
　なおほかに，昨今歯科領域で多い心因性の各種の訴えのように，複雑な心理的機序によるものには，エリクソニアン・アプローチなどを含むさまざまな工夫が今後歯科でも課題となるものと思われる。

（吉本　雄史）

●事例⑦

# 解離性障害

精神科医　中島　節夫

### 概　要

　Oさんは30代の主婦である。
　高校を卒業して仕事に就いたが、体調が思わしくなかったので退職。結婚して1子をもうけたが、数年後に離婚。また復縁し、さらに複数の子どもをもうけている。同棲中にリストカットをし、某大学病院の精神科を受診したが、2回の通院で治療中断。数年間、治療を中断していたが、子どもを虐待するようになったため、同大学病院を再受診した。本人は子どもを虐待したことを覚えている場合も覚えていな場合もあり、また、自分が部屋を片づけた覚えがないのに片づいていたりといった、記憶の欠損を思わせるようなエピソードも認められた。さらに、診察中に人格の交代が確認されたため、解離性同一性障害と診断され、催眠療法の目的で筆者の勤務するクリニックに紹介されてきた。

### 面接の経過

●初診時

　初診時は単身で受診。前述の病歴を確認し、本疾患には催眠療法が有効であることを説明した。約1カ月後、夫をともなって受診してきた。夫は治療に協力的で、夫の話では過去に何回か自殺未遂があり、子どもみたいな口調になったり、顔つきや性格が変わったようになることもあったらしいが、本人はそれらのエピソードを覚えていなかった。
　同日、催眠療法について説明し、患者の同意を得るとともに、過去のどの部分の記憶がないか、何か症状に関係するようなエピソードで覚えているものがあったら、経時的に記録（この記録は年齢退行法を実施するうえで非常に重要）

してくるように指示。また催眠中の状況はビデオに記録するとの承諾を受けたうえで，1週間後から催眠療法を開始するように予約した。

### ●催眠面接第1回

指示どおり，かなり詳しく過去の記憶に残っていたエピソードおよび記憶の欠損した部分を経時的に記録し持参してきたため，下記のことが判明した。

母親は3回の結婚歴があり，幼少時，母親から「本当はお前を産みたくなかったのに，おろす金がなかったからしかたなく産んだ」と聞かされたりした。また祖母からも足の裏に蚊取り線香の火を押しつけられたり，「お前のお母さんはお前をお金でよその家に売ろうとした」などと言われたり，心身ともに虐待を受けていた。さらに2番目の義父からもかくれんぼをしていて布団にもぐっているとき，わざと顔を踏んづけられたり，風呂の中に窒息しそうになるまで顔をつっこまれたり，公園に1人で置き去りにされたり，さまざまな虐待を受けている。

小学校に入学後も家庭内での虐待は続き，さらには性的ないたずらをしようとする者が増えてきた。学校でも教師やクラスメートからいじめられるような存在だったが，誰も助けてくれなかったので，子どもの頃は周囲にいる人はすべて敵にみえ，いつかは仕返しをしてやりたいと思っていた。しかし，母親にだけは捨てられたくないと一生懸命に勉強した。ところが，一方では嘘をつくようになったり，万引きをするようになったり，さらには首吊り自殺を企てるようにもなった。その後，母親は再々婚した。

3番目の義父は最初はかわいがってくれたが，弟が生まれると自分に対する態度は急に冷たくなり，自分も義父のことが嫌いになっていった。中学時代にも万引きをしたり，友達とトラブルを起こし，不登校になったりしている。

高校時代，母親は男性関係が原因で家出。本人も家出をしたり，友達とトラブルを起こして，停学処分を受けている。その後，付き合っていた男友達から「お前は毎晩，出歩いて遊んでいる」と言われ，言い争いになったが，自分としては夜，出歩いた覚えはまったくなかった。また，知らない男子生徒や女子生徒から呼び出されたり，やった覚えのないことに文句を言われるようなエピ

ソードがみられるようになってきた（このあたりから他の人格の存在が疑われる）。

高校卒業後の生活の経緯は，夫の話とほぼ一致している。

本人はこのエピソードを書いているうちに気が遠くなりそうだったと述べている。

第1回催眠療法：凝視法で導入。年齢退行を起こさせるべく時計の幻視暗示を行ったが，時計の幻視は現れず，下記のような状態を呈した。「紫色の丸いものが…。目玉…。お母さんの…。怖い，いつも自分を見ている」と話し出す。そのうちに急に激しい口調になり，「何でも押しつけやがって…」「俺はアシュラだ」などと口走る。6歳の子どもに退行させたところ，子どもっぽい口調になり「白いものが見える…。お風呂から煙が…。おばあちゃんのお家のお風呂の釜が壊れて火事になった。自分はそんなに怖くない」と言う。覚醒後は完全な健忘を残していた。また，「過去に紫色に関係のありそうなもので覚えているものは何かないか」と尋ねたところ，「子どもの頃，母親から『言うことをきかないと捨てるからね』と言われたとき，何か紫色の光が見えたような気がする」との答えだった。

次回の催眠療法は2週間後に予約（以後2週間に1回のペースで治療）。

●催眠面接第2回

催眠療法実施前に，前回の催眠中のビデオを本人に供覧。本人はまったく覚えてないという。

第2回催眠療法：今回も年齢退行を実施するため時計の幻視暗示を与えたが，時計は現れず紫色をした老人が出現。自分は5歳の子どもで紫色の老人は祖父の友人で一緒に住んでいる人だが，一緒に風呂に入ってきたり，身体に触ったりするのでいやだと幼児言葉で話し，夜も布団の中に入ってきてパンツの中に手を入れてくる，と身をもだえる。そのことを祖母に訴えても，祖母に「そんなことは人には言ってはだめ」と口止めをされてしまった。今回も覚醒後，完全健忘を残していた。

次回はゴールデンウィークがあることもあり，4週間後に予約。

## ●催眠面接第3回

　催眠前に夫を交えて面接。夫によると基本的に変わっていないが，症状が出てきても以前ほどひどくなくなり，他の人格が出てきてもそれほど長続きはしなくなったとのこと。本人は，どこかに行ったはずなのに，どこに行ったかまったく覚えていないことが2度ほどあったと言う。

　**第3回催眠療法**：今回は年齢退行法からテレビによるイメージ法に変え，テレビの幻視が見えてくるとの暗示を与えたが，やはりテレビは現れず，紫色の光と白い光が出現。その光はしだいに人の目に変化し，「お母さんの目に似ている」と脅える。「お母さんは『風邪ばかり引いていると捨てちゃう』と言っている」と幼児語で話しだす。さらに紫と白の光は祖母の目になり，「おばあちゃんが足の裏にお線香の火を押しつけてくるので熱い」と身をよじって苦しがる。筆者は催眠状態から覚醒させる際に必ず，「この催眠状態から覚めると，疲れがとれてスッキリして覚める」との暗示を与えて覚醒させているが，今回は覚めたあとも何となくスッキリしないという。

## ●催眠面接第4回

　2週間後，夫を伴って受診。夫の話では，まだ人格が変わるが，以前ほど症状は激しくなくなり，持続時間も短くなってきたという。本人は「夫は外面はいいが，家では自分のことをあまり考えてくれない」と夫に対する不満を述べ，2回ほどどこに行ったか覚えていないことがあったという。

　**第4回催眠療法**：再びテレビによるイメージ法を試みたが，テレビの幻視は現れず，今回も紫色のものが出現。「丸いものが見える。そこに穴があいていて，そこから紫色のものがたくさん出てくる。それが集まって，また何か別のものになっていく。その中心のあたりから血のようなものが出てくる」と言う。「その正体は」と問いかけると，激しく脅える。覚醒後，丸いもの，紫色のもので何か覚えているものがないかと尋ねたところ，なんとなく祖母の家の近くにあった防空壕のような気がするという。

●催眠面接第5回

　夫に伴われて受診。この2週間はなんとなくしっくりしない気分だったという。それまでは自分が死にたかったのに，最近は人をやたらに傷つけたくなってきた，1週間ほど前，子どもにのしかかってしまったことを覚えていると。また，自分の中に他の人がいるような感じがして，その人の声が頭の中で聞こえるという。

　第5回催眠療法：凝視法で導入。自分の中にいる人物と会話をするように暗示したところ，次のような内容がみられた。「自分はハルエ（主人格：仮名）」「外に出るのが怖いの」「おばあちゃんにいじめられる」「いろんな人にいじめられる」「アシュラが『出るな』って言っている」など。そこで直接暗示的に「身体の中にいる本人が出てきても大丈夫」と暗示。

●催眠面接第6回

　夫同伴で受診。前回受診後，自分が自分でないような，ほかにも自分がいるような感じがし，なんとなく寂しい感じに襲われたと。一方では，子どもを見ると「こいつ殺してやろうか」と思うことがあったが，夫がいるのでやらずにすんだという。しかし，末子は患者にはかなりなついている様子がうかがえる。夫の観察では，子どもにガミガミ言うような傾向はみられたが，比較的落ち着いており，ころころ人格が変わることはなくなったと。

　第6回催眠療法：今回も催眠状態に導入すると紫色の玉が出現。それがしだいに大きくなり，大勢の黒い人に変化していく。その中に実父の2番目の妻，祖父の友達などがいて怖いと脅える。今回も直接暗示的に「自分自身に力がついてきて，その人たちに対抗できる」と暗示。

●催眠面接第7回

　夫同伴で受診。今回はかなり饒舌に，自分の過去，現在の悩みを話す（プライバシーへの配慮から詳しい記述を控える）。母親に関係ある人物がいつ侵入してくるか，子どもを誘拐されてしまうのではないか絶えず不安で，なんとなく落ち着かない。夫が仕事で不在のときは心配で眠れない。「殺られる前に殺

ってしまえ」という声が聞こえる。自分では殺ってはいけないと思っているが，自分の中にもう一人の人格がいて，「殺ってしまえ」といっており，包丁やナイフを見るとその人格は喜んでしまう。また，子どもの声も聞こえるが，内容はよくわからない。子どもの頭が玄関に転がっているのが見えたこともある。彼が何かたくらんでいるのではないかと不安。この間，左腕を何カ所も傷つけてしまったが，自分では覚えていない。しかし，腕を切るのは死ぬためではなく，血を見るとなんとなくスッキリするような気がするからだろうと言う。夫から「子どもが何もしていないのに，子どもの腕に噛みついたり，ライターの火を押しつけたりしていた」と言われたが，これも覚えていないという。

第7回催眠療法：催眠トランスに導入後，患者の中にいる人格に話しかけたところ，「私はアカネ（副人格：仮名），自分のことを邪魔する奴は許さない」と口走る。その後，主人格に話しかけ，「アカネをコントロールできるようになる」「子どもを虐待しない」「自分を傷つけない」などと直接暗示的に暗示を与え，また今後催眠に導入するときは，「あるサインを与えると，ただちに今と同じような深い催眠状態になる」との後催眠暗示を与え，覚醒させる。

●催眠面接第8回

夫とともに受診。最近，眠れなくなってきた。眠ってもすぐ覚め，疲れがとれず，頭痛もすると訴えたため，夫が薬を管理するという条件で睡眠導入剤（ゾルピデム：マイスリー）を処方。夫によると，また気が荒くなってきて，包丁で夫の背中を刺そうとしたようなことがあったが，以前ほどひどくはなく，自傷もなくなったと。しかし，本人は紐が「使って」と言っているみたいに感じ，自分の首を絞めてしまったことがあるという。

第8回催眠療法：後催眠で与えておいたサインを与え，ただちにトランスに導入。副人格に話しかけたところ「自分はアカネ。ハルエ（主人格）に瓜二つといわれて間違われたことがある」と答えたため，「ハルエはしだいにアカネをコントロールできるようになる」と暗示。

●催眠面接第9回

　睡眠導入剤を飲んだら眠れるようになり，頭痛もとれたが，まだ2時間おきに目が覚める。また，子どもが約束を破ったときに家具を足で蹴ったらしいが，自分では覚えていない。脚にあざができているので，どうもそれは事実らしいと思う，と。しかし，夫によると，子どもたちはいずれも患者になついており，日常生活には支障がなくなってきたとのこと。

　第9回催眠療法：後催眠で与えたサインでトランスに導入。今回も紫色の煙みたいなものが流れていて，一カ所に集まってまぶしい光を放っているというが，その正体ははっきりしない。直接暗示的に「子どもに暴力を振わなくなる」「夫のグチを聞けるようになる」と暗示。

●催眠面接第10回

　このところ，子どもに対する暴力はなくなってきた。しかし，携帯電話の掲示板に「お付き合い」のメッセージを送り始めた。それをやっているときの記憶ははっきりしないが，携帯電話のメールに送った記録が残っていたので，こんなことをやっていたかなと思うと。以前も同じようなことをやっており，そのときある男性に誘われて遠方まで行ってしまったことがあるが，自分ではどうしてそこに行ったのか，何日間いたのかも覚えていない。そのとき所持金は一銭もなく，夫に迎えにきてもらったが，それをきっかけに離婚になったのを思い出したと。

　第10回催眠療法：サインを与えてトランスに導入。「携帯電話の仕事をしているのは誰」と尋ねると，「フーさん（仮名）がやっていて，ハルエ（主人格）はそばで見ている」と言う。フーさんは主人格より強いというので，「主人格が強くなって副人格をコントロールできるようになる」と暗示。

　その次に受診したときは，子どもに対する虐待もなくなり，苦手な人と会うと過呼吸発作を起こすが，近所の人たちとも話ができるようになったというので，催眠療法は実施せず，外来で経過をみることにした。その後，約4週間間隔で経過をみているが，日常生活には大きな支障がない状態を維持できている。

### 解　説

　「アプローチのポイント」（p.134〜136）の項でも述べたが，解離性障害の場合，治療目標をどこにおくのかは非常に難しい。本症例の場合，催眠療法終了後の外来での経過観察では，時々，記憶をなくすようなエピソードが出没しているが，子どもに対する虐待がなくなり，近所付き合いができるようになり，一応，日常生活に支障がなくなったので，催眠療法は終了した。

　催眠療法の経過をみていただければわかると思うが，このケースでは，5回目頃からかなり直接暗示的に症状を除去するような暗示を行っている。精神分析学的に考えると，症状には「疾病利得」や「疾病への逃避」というメカニズムがあるので，直接暗示的に症状を除去するのは好ましくないということになるが，筆者の経験では，直接暗示的に症状を除去しても一向に問題ない症例のほうがむしろ多いような印象を受ける。以前，日本催眠医学心理学会（1996年，筑波大学）で「トランスの治療的意義」というテーマでシンポジウムがもたれ，催眠の何が治療効果に結びつくのか論議になったことがあるが，結局は結論は出ずじまいだった。本症例の場合も，カタルシスを起こさせたのがよかったのか，直接暗示が功を奏したのか，その他の要因が有効だったのかは不明である。1つだけいえるのは，患者の過去にかなり性的に逸脱した行為があったことがわかってきたにもかかわらず，夫が治療に協力的であったことである。本症例のような場合は催眠は治療のきっかけをつけることが目的で，環境調整のほうが重要なケースである。

　催眠療法は適応ケースを選び，さらに催眠導入前，催眠療法中，覚醒後に常に十分な治療的配慮をしつつ行うならば，一部に思われているような危険な治療法ではない。治療者が与えた暗示によって引き起こした現象は，必ず治療者の暗示でコントロールできるという信念をもって催眠療法に望むべきであり，もう一度，催眠のもつ直接暗示の効果も含めて見直すべきではなかろうか。

〈プライバシー保全のため，対応の事実性を損なわない限りで，事例の事実関係を変更している〉

> **コメント**
>
> 　催眠が治療の流れの中でどういう位置を占め，どのように利用できるかについて，とても重要な示唆がなされている。決して催眠の中だけで完結せず，患者を取り巻く環境を重視するその姿勢には，学ぶべきところが多い。そして，治療家のきちんとした配慮の中では，臨床催眠は安全なものであり危険ではないことが首肯できるところである（ある解離性遁走のケースに，きちんと健忘暗示も加えておられる報告があったが，これも納得の思いである）。催眠を，患者や患者にとっての重要人物（家族の場合も治療者の場合もある）がどのような枠組みでとらえて，日常生活とどのように関係づけるのかによって，その影響は大きく異なってくる。時として，催眠をして依存関係を生じさせやすい，抑制を解きやすい治療法である，などの考えが流布されるが，それは上記要因を無視した憶説といえるであろう。
>
> 　また直接暗示については，そのもつ意味や，患者のどのような理解のもとでどのようなタイミング，状況で用いるべきかなど，今後再検討すべき課題であろうと思う。
>
> 　　　　　　　　　　　　　　　　　　　　　　　　　　　　　　（中野　善行）

> コラム
> ## 医療現場の中で思うこと

●患者が期待しているものと催眠療法で実現できる効果の落差

　医療現場で催眠を用いる場合，問題になるのは患者が催眠療法に期待しているものと実際の催眠療法で実現できる効果の落差であろう。臨床に催眠療法を取り入れている精神科医が少ないので，筆者は催眠に関するマスコミの取材を受ける機会がある。筆者は臨床で催眠療法の対象にしているのは転換性障害と解離性障害に限っているが，マスコミの報道をみて，全国各地から催眠療法に対してさまざまな期待を込めて患者や家族が受診してくる。催眠療法を求めてくる患者の中には催眠に対して過大な期待というよりは何か魔術的な効果を期待している人が少なくない。例えば「統合失調症で何年も薬をのんでいるのに少しもよくならない。催眠でどうにかならないか」「誰かが催眠で自分の行動を操作してくる。先生の催眠で対抗できないか」「ギャンブル好きの息子を催眠でどうにかならないか」「性格を催眠で変えてほしい」などなどさまざまである。また最近の傾向として，自称多重人格の患者が「催眠で自分探しをしてほしい」と受診してくるのは時代を反映しているといえるかもしれない。これらに対応するために，治療者は催眠の効用と限界をわきまえ，これらの患者に対して，十分説得できるだけの催眠に関する知識をもっていなければならない。

●精神科医の催眠に対する無理解

　患者の中には催眠に対して神秘的な力や過大な効果を期待しているものもみられるが，精神科医の中にも，催眠に対して治療経験のなさから偏見をもっているものがいる（一例として，「精神医学レビュー No.22」[2]で「解離性障害」という特集が組まれ，その巻末で「解離性障害をめぐって」というround table discussionがもたれているが，その中にも解離性障害への催眠療法の適用をめぐって，精神科医の認識不足による偏見が顕著に現れている）。筆者は，催眠トランスに誘導できるかどうか，治療効果が得られるかどうか，

催眠で再現されたものが真実かどうかという問題はあるとしても，催眠暗示で出現したものは，治療者の暗示によって必ずコントロールでき，その他の精神療法以上の危険はないと考えている（解離性障害に対する筆者の具体的なかかわり方は先の事例（p.208）をご参考にしていただきたい）。

また，催眠に対する誤解と偏見の1つに治療者－患者間の抵抗と転移という問題があり，これがフロイトが催眠を捨てた大きな理由とされている[1]。催眠療法を行う際に，患者は治療者に対して性的感情転移，幼児的依存性を，治療者は患者に対して支配的感情転移を抱くといわれているが，筆者の経験では催眠が他の精神療法以上にこれらの弊害をもっているとは思えない。今までの催眠学は独自の理論をもっていなかったため，催眠のメカニズムを説明するために精神分析学の理論をしばしば援用してきたが，この抵抗，転移の問題などは精神分析学の悪しき影響ではなかろうか。

以上のような催眠に対する否定的な態度ではないにしても，多くの精神科医は催眠に対する知識を欠いている。また多くの精神科医は主体性を欠いており，患者にいわれるままに，とても催眠療法の対象になりそうにもないケースを「患者さんが催眠療法を希望しておりますので」という紹介状をつけて送ってくるのも問題である。さらにひどい場合は，訴えの多い患者が「催眠療法でもしてもらったら」と追い払われるように紹介されてくることもある。催眠をやっていると，時にはこのように催眠療法以前の問題で煩わされることもあるのは残念なところである。精神療法の本質をたくさん含む催眠療法に対して，多くの精神科医がもっとしっかりした認識をもってほしいものと願わずにはいられない。

（精神科医　中島　節夫）

◆引用文献
1) Jones, E.：The life and work of Sigmund Freud. Basic Books Publishing Co., Inc., Tokyo, 1961.（竹友安彦，藤井治彦訳：フロイトの生涯. 紀伊国屋書店，東京，1990.）
2) 中谷陽二（司会），大原貢，林直樹，市橋秀夫：解離性障害をめぐって. 精神医学レビュー，No.22；102-118, 1997.

●事例⑧

# PTSD（外傷後ストレス障害）

精神科医　白川　美也子

　本稿においては，PTSD（post traumatic stress disorder：外傷後ストレス障害）の中でも，いじめ，虐待，性暴力などによる慢性複雑性のPTSDケースに対する催眠(的)アプローチについて触れたい。

　PTSDの諸症状を「外傷性記憶traumatic memories」（過去の心的外傷となった体験のイメージ，身体感覚，情動，認知などがそのときのまま凍りついて，通常の記憶からは解離され疎隔化されている状態）と想定すると，この解離された外傷性記憶にいかに安全にアクセスし脱感作するかが，PTSDの治療の骨子となる。そのために筆者は通常EMDR（eye movement desensitization and reprocessing：眼球運動による脱感作と再処理法）[7,8]を用いているが，さらに解離の程度が著明で，PTSDとともにDDNOS（disorders of extreme stress not otherwise specified：特定不能の解離性障害），DID（dissociative identity disorder：解離性同一性障害）の病態を呈していれば，解離のテーブル技法[10]などの催眠技法を使う。ところが慢性複雑性PTSDのクライアントの中には，表面的にはPTSDレベルの症状しか呈していないにもかかわらず，症状の中に解離のひだをたくさん隠しもっていることがあり，問題のありかがみえにくく，触れにくいときがある。このようなときには，EMDRも定型的な催眠も使いにくい。

　筆者は慢性複雑性のPTSDに対してEMDRを施行し，そこで生じたトランスを有効利用し，症状に速やかな変化をもたらした症例報告をした[5]。このような虐待などの慢性複雑性のサバイバーの示す「解離能力」をドラン（Dolan, E.）は内的資源として利用することを提唱している[2]。クライアントの示す解離能力は催眠感受性と相関するように思われる。症状と考えられているトラン

スを，クライアント自身のトランスに入る能力ととらえ直し，治療に生かしていくことは豊かな実りをもたらす。

### ●ホログラフィー・トークとインナーチャイルドワーク

　今回は，ホログラフィー・トークという技法を紹介する。これはセラピスト／ヒーラーである嶺輝子により考案された軽トランス下での誘導イメージ技法である。この名称は「すべての部分が全体の情報をもつ」ホログラフィーのイメージから，嶺・白川により採用された。この手法は現代的な臨床催眠技法の1ヴァリエーションと考えてよいと思われる。手順を以下に記す。

① まず問題となる身体症状や情動を意識し，リラクセーションを行いながら，それを視覚化する（「心の目で見る」という教示）。

② その視覚化されたものに身体感覚的にアクセスする（「心の手で触れる」という教示）。

③ その「もの」もしくは「部分」（情動や身体感覚の視覚化されたもの）に問いかけ，返事を待つ（1つの自我状態として扱う）。たとえていうならば，クライアントは「もの」とセラピストをつなぐ通訳者となる。

④ 「もの」に「理想像」あるいは「奇跡的な解決像」を尋ね（「あなたは本当はどんな姿になりたいのですか」「この問題が解決したらどんな姿になりますか」という教示），そうなるための条件や課題を探る。「ものの姿」の理想という間接性のために，抵抗が少ない。そして言われたことに対して「…なんですね」と繰り返し，イエス・セット[1]を構築することでトランスは深まっていく。

⑤ さらに，その「もの」が生じた最初の時点までという年齢退行をする（「あなたがいちばん最初に身体に入った，そのときまで，『私たち』を連れていってください」と「もの」に頼む）。ここで，「時計」「階段」など，さまざまな年齢退行技法が試みられてよい。「私たち」という教示は，被害体験によって安全感が得られにくいクライアントに，セラピストの同伴というイメージを間接的に与えるため安全感を強める。

⑥ そこで，自然にインナーチャイルドおよびインナーアダルトが視覚化さ

れているため,「もの」に行ったのと同様に, インナーチャイルドおよびインナーアダルトの解決像を探り, 必要性や願望を満たしていく。
⑦ 必要があれば, インナーチャイルドおよびインナーアダルトやその周辺の人の中の「もの」にも問いかけ, 同じ操作を繰り返す。ここにおいては, 個人や世代を越えたイメージの癒しが可能となることもある。
⑧ 願望充足が行われたり解決が見出されたりしたら, 起点となった「もの」や人の変化を, 会話をしたり「もの」の姿が変化している様子を通して確認し,「現在」にまで, 跡をたどって戻ってくる。

本稿においては, 小児の虐待といじめ被害の症例, 成人女性の性虐待と強姦, 暴力被害の症例を提示する。以下,「 」内は患者の言葉。なお, 斜体は, 異なる自我状態で発語された言葉を示す。

### 症例 1　　A君, 10歳, 男児

【成育歴・現病歴】幼い頃より, 母からの身体的・精神的虐待を受ける。ののしられる, ものを投げつけられるなど。低学年の頃は, 学校では「ひょうきんな子」として通っていた。小学校3年生でいじめられるようになり, X君という友人にひどく殴られたことで, 怒りが抑えられなくなって精神科を初診となる。自分をいじめた子への異常な憎しみと復讐願望があり, 一方で「X君に殴られた場面が繰り返し浮かぶ」などの再体験症状,「再びいじめられるのではないか」という恐怖で学校に行けないなどの回避症状, 不眠, いらいらなどの過覚醒, ちょっとしたことで壁が壊れるほど暴れるなどのPTSD症状があり, 入院治療に導入した。

【入院後経過】まず薬物で鎮静を開始した。入院1カ月後に「自分の中で悪魔と天使が戦っている声」があるということを言語化した。入院2カ月後から, いじめ体験や, 母親からの暴力・暴言などの場面を標的にしてEMDRを行った。この頃から「天使の声」が増え, しだいに「いじめた子」に対する理不尽なほどの怒りや, 外泊時の家での暴れが減少してきた。そのうち「悪魔の声が消え, 天使の声だけになった」と述べた。入院4カ月後から, 自分で「暴れ」を抑えることができるようになった。しかし入院当初からの抑制的な様子, 過

度の礼儀正しさ，不自然なまでの丁寧な言葉づかいは続いていた。頻尿があり，10分おきにトイレに出ていく状態が続いていた。その後，再び，いらいらや怒りが抑えられなくなったため，セッションに導入した。

### ●セッション

今いちばん困ることは？「わかんない」 どんな気持ちがするのかな？「いやな感じ」 身体にいやな感じはありますか？「我慢できない感じが，胸からおなかにかけてあります」 胸とおなかに手をあてて，ゆっくり深呼吸をしましょう。息を吐くたびにリラックスしていきます。…心の手を優しく胸に入れていって，その感じに触れてみてください。それはどんな色，どんな形をしているでしょう？「胸とお腹の間に黄色いサイコロみたいな形」 それでは，そのものに聞いてみましょう。…どうしたんですか。今どんな気分ですか？「…いやっていう感じ」 いやっていう感じなんですね？（このように毎回確認するが，以下略）「そうです」いやな感じがして，つらいんですか？「そうです」何がいやなんですか？「X君とけんかするのが，いやなんです」あなた（黄色いサイコロ）はどんな姿になりたいの？「立派になりたいんです」 あなた（サイコロ）が身体に入った最初のときにまで，つれていってください。目の前に時計をおいて，その時計の針が左にぐるぐる回って…（年齢退行を誘導）。「…3年前…」 いじめられているんですね。そこにそのときのあなたは見えますか？「うん」 それでは，そのときのA君に聞いてみましょう。どうしたんですか，今どんな気分ですか？「…いやな気分です」 誰に？「みんなにいじめられている」 どうして？「知らねえよ！」 どうでもいい気分？「いやな気分。立派になりたい」 相手にどうしたいですか？「仕返しをしたい」 仕返しをすれば，気がすみますか？「すまない。自分で努力して病気を治すしかない」 そのとき，悔しい気持ち，相手に伝えられた？「伝えられなかった。『ばかやろー』とか，言いたい。『あほ』とか『ぼけ』とか（笑）」 そうしたら気持ち伝わるかな？「…苦しかった。辛かった…たいへんだったよ。…努力しないと治らないのかな？ 殴られたり，カード埋められたり，悪口言われたり…」 あなたは，本当はどうしたいですか？「…仕返ししたい」（イメージの

中で）今思いっきり仕返しをしてみてください。「やっぱり殴りたい」　あなたのつらさが本当にわかるまで，ぼこぼこにしてみましょう。「…殴ったりした。あんまりいい気持ちがしません」　どうしたいですか？「悪口を言ったりしたい」　言ってごらん。「あほ，馬鹿，死ね！　殺すぞ！　…昔よりトイレ近くなったなあ」　どうでしたか？「すかっとした」よかったですね。「よくないね。見返してやる…」　？「いじめられた奴より勉強をうまくできるようになりたい」　ほかにしたいことはありますか？「まだ，あやまってもらったことがない」　それでは，X君に，あやまってもらいましょう。「…あいつ，あやまってた。泣いてあやまってる」　心の中のあなたは？「いい気分ではないけど，少し気が晴れた顔」　その子に聞きましょう，今，どんな気分ですか？「いい気分。もっと殴ったりしたいです。でも，殴ってもいい気分ではない」　それでは，ほかにどんなことが必要ですか？「『仕返し』ではなく『見返す』ことが必要です」　見返すためにはどんなことが必要ですか？「勉強をしないといけない」　勉強を？　どんなふうに？「ちゃんとやらないといけない」　くわしくいうと？「毎日1時間とか目標を作るといい。今いちばん苦手な算数」　どうやって？「参考本を1日1回勉強すればいい」　それでは，それをしますね，と約束してあげてください。「はい」　ほかに，よりよく見返すためには？「スポーツをすればいい。万能になりたい。いろいろなことに挑戦する」　勉強とかスポーツとかを「仕返し」ではなく「見返す」ためにしていくことが大切なんですね？「そうです」　それでは，A君とX君に今のあなたから「がんばれよ」という気持ちを送りながら過去に返してあげて，今に戻ってきたら目をあけてください。

　セッション後に，＜今どんなことを学んだ？＞と尋ねると「人に暴力をふるうんではなく，他のことで見返すことを学んだ」と述べた。

## ●セッション後の経過

　その後，急速に「過度の礼儀正しさ」がとれ，いわゆる「ふざけ」の時期となる。入院6カ月目には，ラジオ番組のまね，うんこ・おしっこの話続出，それが落ち着くと共に，頻尿も落ち着いた。7カ月目には「母親が恋しい」「家

が恋しい」と号泣するような時期を経て，とまどいながらも，それを受け入れていった母親との新しい関係が再構築され，入院8カ月目に退院となった。

その後，不登校もなく家族関係も良好である。

### 症例 2　　Bさん，28歳，女性

【成育歴・現病歴】幼い頃に同居の叔父に性虐待を受けたが，なんとか自分を保っていた。20代に恋人から暴力を受けたことがありひっかかっていたが，曖昧な関係を続けていた。強姦被害にあったことによって，PTSD症状が顕在化したため，入院となる。

【入院後経過】入院後，むしろ過適応といってよい状態が続いていた。EMDRにて幼児の身体的虐待の記憶を脱感作し，否定的認知「私はノーと言えない」→肯定的認知「私はノーと言える」をもてるようになる。叔父からの性虐待の記憶を扱い，否定的認知「私はおもちゃだ」→肯定的認知「私は人間だ」に変化する。

ところが，その後，激しいフラッシュバックが頻発するようになり，心理教育グループに参加時のほかのクライアントのちょっとした話をトリガーにして，「叩かないで，叩かないで！」と叫ぶフラッシュバックを起こし，次いで過呼吸となるが，その後健忘を残すため体験内容がわからなかった。「叩かれる」ことは，虐待の記憶でもあり，恋人からの暴力でもあり，強姦のときの殴打でもある。体験の強度からも，その時点での耐性のなさからもEMDRにもち込むことが困難であり，危険でもあると思われたため，ホログラフィー・トークのセッションに導入した。

●セッション

今いちばん気になる身体の感覚を教えてください。「呼吸の苦しい感じがみぞおちにあります」　それは，どんな色，どんな形をしていますか？「ぐちゃぐちゃしています」　大きさは？「大きい。深い茶色」　材質は？「毛糸みたいな細い繊維のかたまりです」　それでは，そのものに聞いてみましょう。どうしたんですか，今どんな気分ですか？「…」　黙っているんですね。「…」　反

応したくないんですか。できないんですか？「反応したくなくて，どきどきしているみたいです」

　あなたの存在をとても大切にしたいので，起源を教えてください。「はい」あなたがいちばん最初にBさんの身体に入ったのはいつですか？（時計の教示）「…映像は見えないけれど，焦げ臭い匂いがします。夕暮れに一人で料理をしています。小学校3年生」　そのときのあなたが見えますか？「はい。お父さんとお母さんにほめられたくて料理をしています」　小学校3年生のBちゃんに聞いてみましょう。どうしたんですか。今どんな気分ですか？「…後ろからどつかれた，お母さんに火を使っちゃだめ，って…」　呼吸の苦しさと関係していますか？「それでそうなってきたわけではなくって，怒鳴り声とかも含めて，後ろからされることが…それで…（混乱している），20歳くらいの自分も出てきました」　その人にも聞いてみましょう。（20歳のBさんに聞く）　どうしたんですか。今どんな気分ですか？「人と比べられたんです」　あなたはどんなふうになりたいの？「別れたくない」　あとでお話をしましょうね。

　（3年生のBちゃんに聞く）あなたは本当はどうしたいの？「反抗したいけど，反抗できない」　今のBさんが助けてあげてください。「ただいま，と声をかけてあげて，子どもに何をしているか知らせて，後ろからいきなりどつくんではなくて，ちゃんと声をかけて教えてあげる」（Bちゃんに聞く）今どんな気分ですか？「すっきりしています」　今ほかにやりたいことは？「料理の続きをしたい」　料理を続けて，ほんとうに心から満足したら，過去に返してあげましょう。

　それでは20歳のBさんにも聞いてみましょう。どうしたんですか。今どんな気分ですか？「他の女性と比較されて，死にたいけど，好きならば許さなければいけないと思って我慢している」　本当はどんなふうになりたいの？「どうして付き合ってから，そんなことを言われなければいけないの？と思っている」　その怒りをどうしたいですか？「どうすることもできません」　今のBさんだったら？「思ったら口に出して伝えます」　どちらのあなたが，そのときのボーイフレンドに伝えますか？「20歳のほう」　思いきって，全身全霊をこめて，自分の気持ちを伝えて，本当に相手に納得してもらったら，うなずいて

教えてください。「最初は怖がりながら，言葉をつまらせながら，ゆっくりしゃんとして，相手の目をみて言えました」（20歳のBさんに）今はどんな気分ですか？「まだすっきりしなくて，もやもやが残っているけど，比べられたことに関してはすっきりしました」 ほかに何か気づくことはありますか？「20歳の私の手の上に，槍とか銃とかの凶器が現れました」 そのものたちに聞いてみましょう。どうしたんですか。どんな気分ですか？「20歳のBが，何も言えなくて，友人にも流されっぱなしで，真面目すぎるので，いらいらして現れた」 あなたたち（武器）は，Bさんにどうなってほしいですか？「しゃんとしてもらいたい。このままでは，がたがただ」 しゃんとするためには，どのようなことが必要ですか？「大げさでもいいから，自分のことを信じて，愛して，かわいがってもらう必要がある」 ほかに何かありますか？「振り回されっぱなしだ」 振り回されないためには，どんなことを心がければよいですか？「自分で決断をして，『この先，結婚するのしないの？』って答えを出すって聞いてみればいい」 思いっきり聞いてみましょう。「怖い顔をした彼が出てきました」（20歳のときの恋人に聞く）どうしたんですか。今どんな気分ですか？「Bがうじうじしているから，むかつく」 Bさんとの関係をどうしたい？「どっちでもいい」 投げやりなんですね。「…」（20歳のBさんから当時の彼に文句を言う）「話し合いになって，納得できなかったら，『降りろ！』と怒鳴られて，殴られた」 本当はどんな関係性をもちたい？「最初の頃のように，楽しくなりたいです」 最初の頃の2人のいい関係をみつめてみましょう。「いっぱい飲みに行ったり，入院したとき毎日お見舞いに行ったり，いろいろな場所につれて行ってくれたりした」 20歳のBさんの思うことは？「いくらでもいい人生があるんだな」 そのときの彼の気持ちは？「いらいらする。ぐちゃぐちゃうるさい。自分の中でぐちゃぐちゃしているのが，わからない」 ぐちゃぐちゃした部分に聞いてみましょう，あなたはどうなりたいの？「もっと優しくなりたい」 もっと優しくなるために，今のBさんから愛情のエネルギーを送ってあげて（ぐちゃぐちゃの部分は，満足した反応で応える）

20歳のBさんにその当時の彼から言いたいことは？「細かいことに気をつかいすぎている。まわりをみていろいろな人を知ることが大切」 ほかに何かあ

りますか？「いっぱいあるけど，自分のほうが悪いから」 まず自分を改めることが大切なんですか？「そうです」（Bさんの愛情のエネルギーを当時の2人に送って，2人がそれに包まれたら過去に戻す）

最初のぐちゃぐちゃは，今どうなっていますか？「すごくやわらかい。薄いピンクの固まり」（ピンクの固まりに聞く）今どんな気分ですか？「晴れやかで，すっきりした気分です」（ピンクの固まりが）もっと晴れやかな気分になるためには，Bさんはどのようなことを心がければいいですか？「もっと自分に芯をもって，いろいろなところに目をやること。お年寄りや子どもへのいたわりなど，小さな優しさを大切にする。自分を傷つけないことが大切」

---

殴られた記憶と結びつく身体症状は，子ども時代の虐待と，今大切であるが過去にトラブルがあった恋人との関係に強く関連していた。このセッションのあとに，はじめて「強姦体験」そのものをEMDRで扱う勇気をもつことができた。強姦そのものの記憶を脱感作し，否定的認知「ついていった私が悪い」は肯定的認知「私は悪くない」に変化した。入院経過は全3カ月であった。

この後，フラッシュバックは完全に制御されるようになった。今までのつらさを話し受け入れられることによって，恋人との関係も良好である。PTSD症状の再発はない。

### 解　説

この方法によって，身体症状，情動などを1つの人格状態（ego state）ととらえて取り扱うことで[10]，さまざまな催眠的なアプローチが可能になる。慢性複雑性のPTSDのクライアントが示す身体症状，コントロールできない情動などを手がかりに，過去にアクセスできるのである

ヒルガード（Hilgard, E. R.）は，催眠状態の特徴に選択的注意集中とイメージ作用の活性化などをあげている[4]。ホログラフィー・トークのセッションにおいて，クライアントはセラピストからの質問を，視覚化された「部分」やインナーチャイルドに問いかけ，そこからの返答を待ち，それをセラピストに問うという手順をとるが，それはまさに「選択的注意集中とイメージ作用の活性

化」のプロセスそのものである。実際の臨床場面においては，手順に従い単純な「対話」(talk-question and answer) を繰り返すだけで，クライアントは自然に閉眼し，頭をたれ，しだいに深いトランスに入っていく。定型的な催眠誘導を行わなくても，良質なトランスが得られる。そして良質なトランス下で，クライアントの内的資源が有効利用されることで，クライアント自身が内なる問題の解決の能力を発揮していく。セッションのあとは，クライアントは「すっきりした」「リラックスした」という浅催眠レベルの体験から，年齢退行，幻覚，忘却されていた記憶の詳細な想起，時間・空間歪曲など深催眠レベルの体験までを報告する。

　本方法は，嶺による独創であるが，情動記憶を視覚化し，その情動記憶の細部を解消し，認知変容が起きるという意味合いにおいて，田中によるPOMRと類似している[11,12]。一方，ホログラフィー・トークの最も特徴的なところは，現れる「もの」も「ひと」も一種の自我状態として，その自我状態そのものに語らせ，通常自我とは分離されたまま取り扱うその間接性にあると思う。この一種の分離による外在化と間接性から，除反応が観察自我のものとして体験されないという特徴によって，PTSDの治療の大前提となる「安全」が構造的にも守られている。また，問いかけは解決志向的に構築されており，クライアントは「もし奇跡が起きて状況が解決したら」「○○になるために必要・重要・大切なものは」「○○をより○○な状態にするためには」「具体的には」などと問われることで，いわゆる心的外傷に固着していた状況では得られなかった新しい解決を自分の中から見つけてくることになる。多くのクライアントは「答えの意外性」や「自分の創造性」に驚くという体験をする。そのような体験を通して，心的外傷における文脈でいえば，「外傷性記憶」(traumatic memories)[9]を，現代臨床催眠の文脈でいえば症状の原因となる心的外傷に固着した「状態依存記憶」(state-dependent memory)[6]を再書き換えすることが可能になる。

　慢性複雑性PTSDにおける「解離」は，催眠的な見方でいえば心的外傷による産物の症状トランスであった。症状トランスから治療的トランスへ——本方法は，苛酷な状況から逃れるために生まれた力であったにもかかわらず，クライアントの桎梏となってしまった「解離能力」を利用し，簡単な手順を用いな

がら良質なトランスを発展させ，クライアントの内的資源を利用し，より自由度の高い柔軟な変化を導くという意味で，真の意味でのエンパワメントとなる。もちろん，本方法は，PTSDや外傷性精神障害のみならず，通常の神経症や心身症にも，十分応用できることも付記する。

〈プライバシー保全のため，対応の事実性を損なわない限りで，事例の事実関係を変更している〉

## ◆引用文献

1) Dolan, Y. M.：A Path With A Heart − Ericksonian Utilization with Resistance Chronic Clients −. Brunner-Mazel, 1995.
2) Dolan, Y. M.：Resolving Sexual Abuse. W.W.Norton, 1991.
3) Fraser, G. A.：The dissociative table technique: A strategy working with ego states in dissociative disorders and ego state therapy. Dissociation, IV; 205-213, 1991.
4) Hilgard, E. R.：The Experience of Hypnosis. Harcourt, Brace and World, 1968.
5) 稲川（白川）美也子：性的被害に対するEMDRの適用．こころの臨床アラカルト，18; 49-55, 1999.
6) Rossi, E. L.：Psychobiology of Mind-Body Healing: New Concepts of Therapeutic Hypnosis. W.W.Norton, 1993.
7) Shapiro, F.：Eye Movement Desensitization and Reprocessing: Basic Principles, protocols, and procedures. Guilford Press, 1995.
8) Shapiro, F.：EMDR: The Breaking Through Therapy for Overcoming Anxiety, Stress and Trauma. Basic Books, 1997.
9) Van der Kolk, B, et al.：Traumatic Stress. The Guilford Press, 1996.（西澤哲訳：トラウマティック・ストレス．誠信書房，2001.）
10) Watkins, J. G. and Watkins, H. H.：Ego States Theory and Therapy. W.W.Norton, 1997.
11) 吉村哲明，田中万里子：Process Oriented Memory Resolutionの効果と可能性−3症例を通じての検討−．日本トランスパーソナル心理学/精神医学会誌，2(1), 2001.
12) 田中万里子：POMRの理論と実践−トラウマの解消と自己実現のプロセス−．春秋社，2003.

○謝辞

現代臨床催眠の観点からご示唆をいただいた吉本雄史先生，POMRとの類似に関するご示唆をいただいた静岡県立こども病院小林繁一先生と静岡県中央児童相談所平岡正威先生，常に深く支えてくださったアース・シー・ヒーリングセラピーの嶺輝子先生に深謝します。

---

**コメント**

　治療者は，PTSDの治療においては必須となるクライアントの安全保障感にとても気を配りながら，クライアントの解離を内的資源ととらえて，うまく活用し催眠トランスを誘導して，解決志向的に語りかけ，クライアントの驚き，創造性をたくみに引き出し，外傷性記憶の再書き換えを行い，エンパワメントを行っている。またスタッフがチームとして当たることが必要となるが，スタッフの連携もとてもうまく図られている。

　治療者のこのような治療の背後には，きっと多大なる研鑽が隠されているにちがいない。なお，こうした場合，クライアントがトランス状態から生活状況へどのように戻れるかが１つの大きな課題となる。クライアントは解離への親和性ゆえ，トランス状態から出ることに何がしかの困難を抱えているからである。紙数の制約から描かれていないが，トランス状態と日常生活をつなぐ（切り離す）うえで，さまざまな配慮（ご苦労）がなされていたと思われる。このあたりは読者が各自想像して補ってほしい。

（中野　善行）

# 第Ⅲ部

## 心理臨床の統合をめざして
―トランス・アプローチと隣接心理療法の接点―

> はじめに

# 各種の心理療法とトランス・アプローチとのつながり

## 1）催眠療法はすべての心理療法と重なっている

　催眠療法は，今までは心理療法の中では特殊なものとみなされてきて，従来ともすれば孤立した位置で行われてきたが，エリクソン（Erickson, M. H.）や成瀬悟策，さらには多くの内外の先達のすぐれた業績によって，新たな深化と広がりをみるようになっている。そして，この地平から臨床催眠を顧みると，その見かけの特殊性に惑わされなければ，他の心理療法とほとんどすべてのものをその本質において深く共有していることに改めて気づかされる。

　催眠の本質がコミュニケーションであることをみたのはエリクソンであったが，心理臨床の本質が臨床家とクライアント（患者）の関係性に深く根ざすものであることはいうまでもない。共感過程および共体験過程もそこに含まれる。これに関しては，実はさかのぼればすでに18世紀以来，援助者と被援助者間の交流や交感の重要性が＜ラポール＞として強調されてきたことであって，その後の心理臨床の中にも課題として受け継がれてきたことでもある。

　また，成瀬・鶴[1]によれば，催眠状態とは「現実性志向」から「非現実性志向」への移行であり，「非現実性志向」の拡大と考えられた様態である。催眠療法とは「非現実性志向」を活性化することであり，「現実性志向」への固着と，それからくる自己制限から解放されることで，心的回復をもたらすものと考えられるが，これはイメージやファンタジーを重んじる心理臨床全般に共通するものでもある。

　さらにまた，心理臨床は，人の心がもつメタフォリカルな本質と，それに裏打ちされて織りだされる一人ひとりの物語に沿いながら進められるものであり，決して自然科学的な文脈にのみ還元し得ないものであるが，イメージやメ

## はじめに　各種の心理療法とトランス・アプローチとのつながり

タファーを最大限活用する催眠療法こそは，とりわけその本質を生かせるものであり，またそうすることでその有効性をどれほど拡大するものであるかは，例えば，エピソードやストーリーを多用したエリクソンの業績が雄弁にそれを物語っている。さらにすべての心理療法が構成主義的本質を有するとみるならば，催眠療法もその本質においてきわめて著しいものがある。

トランス＝意識変性過程も，臨床の実際において考えるならば，実は決して催眠療法のみが有しているものではなく，虚心にみれば，すべての効果的な心理療法の中に内在し，生起しているとみるべきであろう（自然で安定した変化は，意識的な努力のみでは決して達成されるものではないこと，むしろそうした努力がより強迫的に働くことで自然な変化を遠ざけること，変化のためには意識レベルの低下が有効であること，を現場ではもう十分に経験してきたと思われる）。

こうしたことからも，これからの催眠療法を考えるうえでは，まず狭い催眠の定義の枠からいったん離れ，他の心理療法の知見から学ぶことで，催眠療法の新たな構築につながる可能性が浮かび上がってくる。そして同時に，このことは，心理臨床全体に臨床催眠の得てきた新たな知見を加えていける可能性が多くあること，それによって心理臨床の現状の質をさらに深く広く押し広げうることも意味している。

### 2）心理療法の統合が今求められている

今，心理臨床は，昨今のカウンセリングの普及によって，急速にその現場が拡大しているが，同時にそのことが，あるジレンマを広く臨床家に感じさせてもいる。それは，心理臨床の諸技法が本来心理療法各派の理論モデルや文脈の中で形成されたものであり，その派の理論モデルにのみ忠実に添いながら臨床を進めると対応できないケースにぶつかることが多くなり，一方，各技法を上位の理論モデルと切り離して折衷的に使うときには，それはそれで全体的な整合性を欠いた対応に陥りやすいという矛盾である。このことは，各派が十分な相互疎通性をもたないままに自己完結してきた今までの心理臨床の世界の限界

がそのまま臨床家のジレンマとして映しだされているともいえる。そして今，心理臨床の世界で，新たな統合の課題と機運が浮上しているのは，こうした現状が大きな一背景となっている。そうした動向にもまた，催眠療法は圏外にとどまることはできない。そして，催眠療法がこの課題に果たす役割には，小さからぬものがあるのではないだろうか。

　催眠療法は，その歴史的過程の中で，その中から派生して出現してきたもの，例えば精神分析や行動療法などによって逆に影響を受けて変化してきた。そしてそのことによって，かえって自らのアイデンティティのゆらぎを催眠は被ってきたのであるが，これはまた逆にいえば，心理臨床の生成発展の中に，催眠はその本質を深部で，まさに「無意識のうちに」，多くのものを伝達してきたところがある。そして今，改めて効果的な心理臨床の実践過程の中に共通する本質を探り出す試みが臨床家自身によって図られ始めているが，その作業を深めるうえで，臨床催眠のもつこうした本質は，改めて中心的なものの1つとして認識されていくこととなろう。

## 3）治療モデルの統合にトランス・アプローチの果たす意義

　ここまでは，催眠療法と他の心理療法とのつながりを考えてきたが，もう1つの視点は，他の各種の治療的アプローチとの接点に関してである。

　臨床催眠の特質を考えるとき，心理的領域と身体・生理的領域の両方にその働きは重なっていて，その分，他の心理療法との接点とともに，さらに各種の身体的治療との接点も有している。医療をはじめ，各種の代替療法との治療対象の重なりと共に，その治療的プロセスにおいては，ホメオスタシスを活性することにおいて，我々が意識している以上に，臨床催眠とそれらには共有するものが少なからずあろう（図3）。

　臨床催眠の本質は，心として現象する領域と，身体で表徴される実在領域の両方（ないしはその間）にかかわるものとみることができる。そして他の治療的アプローチがおおむね前者のメタフォリカルな領域を主にしたり，後者の実在領域を主とする中で，臨床催眠がもつこの働きかけの両面性は際立った特徴

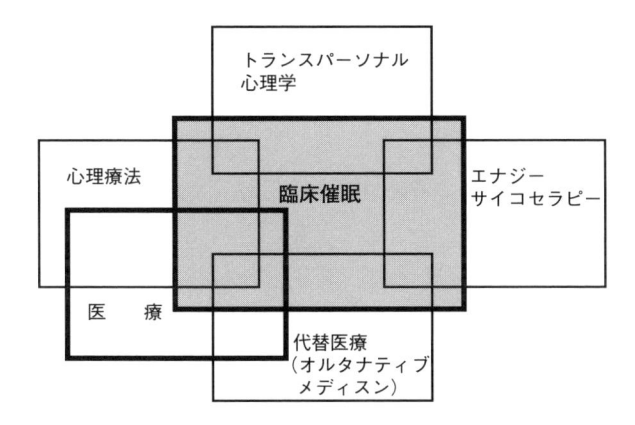

はじめに　各種の心理療法とトランス・アプローチとのつながり　235

**図3　臨床催眠と各種の援助領域の重なり**

といえる。心と身体という2つの領域はいうまでもなく本来が1つのものであることを考えるとき、臨床催眠自体がすでにその全体的かかわりを通して、きわめて統合的な治療的有用性をもつ1モデルであり、ここでまた、臨床催眠が＜治療＞全体の質と効果をいっそう深める触媒としての意義を発揮することもできると思われる。

　さて、この章では、このような視点から、以下、4つの心理療法／援助モデルを取り上げて、臨床催眠との接点を確かめることにする。
　1つは、エリクソニアン・アプローチと多くの近似性をもつブリーフセラピーとの接点である。エリクソンのセラピーは、対象者一人ひとりの内的文脈と反応特性（リソース）を個々に踏まえた柔軟性に富んでいて、＜この人に今何ができるか＞という現実性重視が特徴的である。また、症状を家族の中の個人というライフ・サイクルの中でとらえること、症状の本質がコミュニケーションとしての意味を有すること、新たな行動に導く適切な指示のしかたなど、みるべき多くの視点を我々に教えてくれるが、こうしたエリクソンのセラピーは彼の死後も積極的に受け継がれ、今日では、直接的、間接的にブリーフセラピ

一諸派の中に定着している。

　ただ，既存のブリーフセラピーは，クライアントの無意識的な心的領域の意識化を重視し，そのプログラムも，おおむね臨床家とクライアント両者間の意識的なレベルに沿って進められるが，エリクソンの場合は，特に催眠療法という形をとらずとも，その治療過程では意識化を経由しないで，もっと直接的にクライアントの無意識レベルにかかわり，無意識過程で暗示的に進めていくことが多い。その意味では，あらためて，意識化⇄無意識過程／明示⇄暗示と，ブリーフセラピーのベクトルを積極的に双方向にすることで，いっそうその有効性を発揮する可能性があり，このあたりの着目も，新たな統合的課題の1つのヒントになるかもしれない。

　心と身体のつながりについては，臨床動作法と，FAPメソッドを取り上げる。前者はすでに評価が定着している例であり，後者はこれからの新しい心理療法創出の1モデルであって，この2つは，全く異質のものであるが，身体から心の変容をめざすプロセスへの着目や，臨床家とクライアント間の共体験過程の深さと，そこに生起する両者の無意識の交流の確かさなどにおいて，それぞれが，催眠療法とその本質を底部で共有するものであり，今後の心理療法の統合という課題にも，そこからいくつかの新しい示唆を見出せるものとなっている。

（吉本　雄史／中野　善行）

◆引用文献
1) 成瀬悟策，鶴光代：催眠療法．小此木啓吾，成瀬悟策，福島章編：心理療法1，臨床心理学大系．金子書房，東京，1990．

◆参考文献
　下山晴彦：心理臨床の発想と実践．心理臨床の基礎1．岩波書店，東京，2000．

# 概説 ― 各種の治療的領域と催眠療法の特質

　現在，さまざまな心理療法が行われている。少々大胆に治療者側の視点を分類してみたい。そしてそれらに「催眠」がとどうかかわっているのかをあきらかにして，催眠，そして各心理療法のこれからの可能性を探ってみたい。

## 1）治療者側の視点

　(A) 問題－解決群（問題を構成しているさまざまな要因を分析し，個々の要因，あるいは各要因間の関係を変容させることによる問題の解消も含む：精神分析，交流分析，ユング派心理療法，ゲシュタルト療法，行動療法，認知行動療法，サイコドラマ，古典的家族療法など）
　(B) 解決の創出群（問題自体を詮索せず，クライアントのもっているリソースを活用することによる問題の解消を狙う：森田療法，内観療法，ある種の東洋医学，各種の健康増進法，ソリューション・フォーカスト・アプローチなど）
　(C) 上記の折衷派（細かく分ければ (A) の考え方をベースにして (B) の要素を補助的に取り入れる人たち (C1) と，(B) の考え方をベースに (A) の要素を補助的に取り入れる人たち (C2) がいる。治療者自身に十分には認識されていなくて，クライアントによって両者を使い分けているものも多い：クライアント中心療法，ナラティブ・アプローチ，EMDRなど）
　(D) その他（シャーマニズム，占い，祈祷などは，治療者が，自分たちの教義体系を信じて行っていれば (A) に，実は信じていなくて行っていれば (B) に入れることが可能，というように，この分類には微妙なところが残っ

ている）

## 2) 治療におけるコンテントとコンテクスト

さて，上記のどの群にも共通する要因があるのではないか。そしてそれはどれもクライアントの問題への見方に何らかの影響を与え，クライアント自身は気がついていないが，クライアントのもっている何らかの力を引き出そうとすることにあるとは考えられないだろうか。それぞれの治療法がそれぞれに特有の状況を作って，その中でクライアントに何かを振り返らせたり考えさせたり行わせたりしているのであり，そのような状況の中で具体的に何を行うかは各治療法によって異なり，それぞれの特色が出てくる。そしてこれら多くの治療法は，クライアントにどんな影響を与えるのがよいかを考えて，それを実現するために，さまざまな技法体系をもつに至っていると考えられる。

これを治療のコンテント重視の考え方であるとすると，やや異なる視点をもつ考え方がある。それは，クライアントをある特有な状況におくことそのものに大きな意味があるのではないか，という，治療のコンテクスト重視の考え方である。それは，別なコンテクストに入ったクライアントが（その中で受ける刺激によってどのようなものを発展させるかは異なるが），普段とは違った状態になり，それまでとは異なる視点からものごとをみたり感じたりでき，またみずから自己治癒能力を発揮しやすくなることで解決していく，という考え方である。

## 3) 催眠はコンテクスト＝意識のあり方の流れを重視する

催眠学は，そもそもクライアントの意識変容（トランス状態），つまり意識のあり方の変化に注目し，そのことにどういう意味があるのかを研究してきた学問である。意識のあり方の変化は，どのようなときに，どのような要因があるか，どのような程度で起こるのか，普段できないどのようなことが可能となったりならなかったりするのか，そのことは当の本人にどういう影響があるの

か，そしてその影響は普段の意識のあり方に戻ったときどのようになるのか，最も負担が少なくかつ利益を大きくするためにはどういうことが重要になるのか，などを，多くの催眠療法家が探求してきた。

その結果，成瀬は「動作」に着目して「動作」的コミュニケーションにおけるクライアントの課題達成努力を重視するようになり，エリクソンはクライアントにスコーピークという山に登らせたり植物園に行かせるなど，課題を課すことを通してクライアントにパースペクティブ（展望）と，行動の変化を引き起こしたりもした。

これらは，伝統的には催眠とはいわれないが，催眠とは意識のあり方の変化を重視する見方であり，立場であるということが成り立つならば，やはり立派な催眠ともいえよう。

## 4）コンテントとコンテクストの良好な関係とは？

今後催眠を考えていく場合は，意識のあり方の変化を起こし，その中で有効な暗示が行われれば事足れりと考えるのでは不十分であるといわざるを得ない。とりわけ催眠においてこそ，さまざまなコンテントを生かすには，どのようなコンテクストがあったほうがよいかを考慮していくのは当然のことと思われる。またそれぞれの心理療法家は，自分のなしうることがクライアントのどのような意識の流れの中でどのような好影響をもたらしうるのか，という視点から，つまり治療者の手持ちの各種介入方法や技法がクライアントにとって真に有効になりうるのはどのような状況なのかという視点から，振り返ってみることが必要になってくると思われる。その際に催眠を学ぶことは，治療の有効性のためにも，安全のためにも，きわめて有用ではないだろうか。

（精神科医　中野　善行）

## 1 BFTCモデル/ソリューション-フォーカスト・アプローチが伝えるもの

臨床心理士　白木　孝二

## はじめに

### a　ソリューション-フォーカスト・アプローチ

　BFTCモデル，あるいはソリューション-フォーカスト・アプローチ（以下，SFA）は，1980年代半ばにアメリカはウィスコンシン州，ミルウォーキー市にある，BFTC（Brief Family Therapy Center）で発展してきた。その名の示すとおりに「解決に焦点を合わせる/合わせた」ことを大きな特徴とし，それを強調点とする治療モデルである。それと同時に，Simple & Obvious（シンプルで明快，明白）であるということが，効果的，効率的な治療，あるいは教育モデルとして重要な要素であることを主張してきた。

　発展過程によって多少の変遷はあるにしても，ディ・シェイザー（de Shazer, S.）やバーグ（Berg, I. K.）らSFAの治療モデル提唱者たちは，一貫して面接の流れや進め方，治療のステップ，各段階でのセラピストの課題，技法やスキルをできるだけ具体的で明確に提示しようとしてきた。そこには，治療モデルは実践を第一に考え，「具体的なhow toや know how とそのためのスキル」を重視し，それを明解に示した，現実的で使いやすいものであるべきだとのプラグマティックな哲学が基本にある。そんな意味でもSFAの治療モデルは，すべて明確/明解に呈示され，「何も隠されず」に紹介されているといっていいだろう。

### b　トランス・アプローチとの関連

　（BFTCを中心に出されてきた）SFA関連の著作や教育／研修メソッドの中には，トランス・アプローチやそれに関する技法，その関連性に触れたものは見当たらないし，ワークショップなどでもそういった話題やテーマが扱われたことはない（と私は思う）。現代のトランス・アプローチの基礎を作ったエリクソンや彼の治療，技法についても，（研究をしていたことを認めはすれ）直接的な影響や関係性については言及していない。

　催眠やトランス状態，暗示を使ってのイメージ誘導や示唆，間接的な指示，メタファーの使用，象徴的な課題といったトランス・アプローチ，あるいはエリクソン派が用いるような技法は，SFAの面接技法（として紹介されたもの）には含まれていない。また，クライアントの無意識に働きかけ，無意識の力やリソースを「解決の構築」に利用／活用しようという考え方や発想もないはずだ（少なくとも私は，そういったものを見聞きしたことはない）。

### c　両者の接点

　上記の2点を踏まえたうえで，改めて「トランス・アプローチとBFTCモデル／ソリューション-フォーカスト・アプローチの接点」について，私の考えたことを紹介してみようと思う。

　編者の意図されたものとは観点や切り口が少し異なっているかもしれないが，そのことが結果的にでも「差異を生じさせる差異」として機能してくれれば，と願っている。

### d　補　足

① かつてディ・シェイザーがミラクル・クエスチョンを紹介するときに，エリクソンのクリスタル・ボール・テクニックを引き合いに出したことはある。ただそれは，単に両者の類似性を述べただけであって，それがエリクソンに由来していると言ったわけではない。

② 80年代後半のBFTCでは，時に象徴的な課題を用いることもあった。当時はまだ，クライアントに課題を出すことが面接の主たる目的とされてい

たのだが，治療に進展がみられないような場合にDo something different タイプの課題の1つとして，象徴的，儀式的な行動が選ばれ，処方される ことはあった。

③　オハンロン（O'Hanlon, B.）やドラン（Dolan, I.）は，トランス技法や エリクソニアン的な課題を用いたりもしている。ただ，筆者にとっては彼 らのアプローチはあくまでもSFAのバリエーション，応用編であり，ソ リューションとエリクソンの技法を併用しようとする試みに思える。

④　現在用いられているSFAでも，象徴的な課題，儀式的な行動が援助活動 に含まれることはある。ただし，それらは基本的にクライアントから提出， 提案されたものに限られるし，クライアントの力や知恵，成功体験や工夫， 彼らのリソースに由来するものとして扱われる。それらを「すでにある解 決」の1つとして，あるいは今後期待できる「これから起こる解決」の一 部として利用する場合がそれである。

## 1） SFAの面接の主たる課題：ソリューション・トークの展開

### a　ソリューション・トーク

SFAの面接を大きく特徴づけ，その主な課題だとされるのはソリューショ ン・トークの展開である。ソリューション・トーク／解決，あるいは解決にま つわる話をいかに具体的に，幅広く，さまざまな領域にわたってクライアント に語ってもらうか，クライアントとセラピストの対話，会話として続けるかを， 面接の主な課題としているのだ。

ここでいう「ソリューション・トーク／解決にまつわる話」には，2つの種 類がある。「すでにある解決」と「これから起こる解決」である。

### b　すでにある解決

「すでにある解決」とは，第1には，クライアントたちがいろいろと問題や 困難を抱えながらも，それに対して何とか対処できていたり，問題がさほど問 題ではなかったときのことである。そして第2には，問題や困難を抱えながら

も，（それらとは直接関連しない）その他の生活領域などで何とかうまくやれている，あるいはうまくやれていた部分，時期のことである。

「すでにある解決」の会話においては，過去の成功やうまくやれた体験を詳細に振り返ってもらい，そのプロセス，行動や対処の工夫を明確にし，自分たちのリソースや力を再確認してもらうことをねらいにしている。そういう質問や会話を繰り返すことで，問題を抱えながらもうまくやれている部分，何とかやれていた時期を際立たせるようにする。またそういった経験や成功の体験を，クライアントが自らの力や意思，努力，リソースに帰属させられるように援助することもきわめて重要である。

問題を抱えながらも，それはそれなりに対処しているし，何とかうまくやれている領域がある，ということを認識することによって，現状を受け止め，それに直面し，問題に対処し，解決の構築に向かって行動／努力しようという気持ちが高まる。また，自分たちにはそんな力や能力，資格（competency, capability）があるという，生活の主体／エージェントとしての感覚を強めることにもつながると考えるのだ。

### c これから起こる解決

「これから起こる解決」とは，まだ実現していないが，クライアントたちが未来，将来に期待している，これからそうなったらいいなと望むような，彼らにとってのより好ましい状況のことである。問題が解決し，状態が改善したあとのクライアントたちの（彼らなりの普通の，それなりに満足のいく）生活についての具体的な記述といってもいいだろう。

「これから起こる解決」の会話では，その記述やイメージをできるだけ具体的，現実的で，詳細，細部にわたり，かつクライアントのさまざまな生活領域をカバーするように語ってもらうことが重要である。森，黒沢らのいう「未来完了の形」で表現された，あたかも未来の時点ではすでに起こっているような「必然的未来のイメージ」を参考にしてもらってもよい。

「これから起こる解決」について具体的に語ってもらうことで，未来，将来への期待が強まり，その道筋が明らかになってくる。また，鮮明で生き生きと

したイメージをもつことでその達成可能感が強まり，それらを手に入れるための意欲が高まったりする。そんな流れの中で，クライアントが自らの意思によって，その力とリソースを活用して，自分たちが望む状態を手に入れるべく行動し，努力を続けてくれることを期待しているのだ。

## 2)"Hypnotherapy without trance"（トランスを用いない催眠療法）

### a　トランスを用いない催眠療法

ワツラウィック（Watzlawick, P.）が"Hypnotherapy without trance"という論文を書いている。そこで彼は心理療法におけるある種の言語の使用法，つまり，何らのトランス誘導の手続きを経なくとも，実際上催眠的な効果をもたらすような言語学的な構造（ウィトゲンシュタイン（Wittgenstein, L.）がlanguage-games言語ゲームと呼んだもの），あるいはエリクソンが彼のキャリアの後半において頻繁に用いたようなタイプの言語の使い方，あるいは会話，対話のしかたについて述べている。

トランスを用いない催眠療法とは，もともとは催眠に起源をもちながらも，一般的な心理療法という，より大きなコンテクストに引き継がれ，適用されているような言語ゲームを包含しているといっていいだろう。

ワツラウィックは，彼の時代背景や「洞察よりも行動変化を」というパラダイムシフトとの関連からか，ブラウン（Brown, G.S.）の「形式の法則」を引き合いに出して，言語のもつ"indicative"な（指し示す）性質よりも，"injunctive"な（命令する）効果を重視し，強調している。そして彼は，クライアントが具体的な行動変化を起こせるよう，より効果的に援助するために，言語（あるいは言語ゲーム）のもつ"injunctive"（命令的）な側面を利用することを提唱したのだ。

### b　Injunctiveな効果

ここで，"injunctive"ということについて，少し説明を加えておいたほうがいいだろう。言語の命令的側面といっても，例えば「～しなさい」というよう

な，命令形の文の"injunctive"な効果について述べているわけではない。そうではなくて，一見"indicative"，指し示し的な言語がもつ命令的な力について言及しているのだ。

「～があります」という指し示しの形の文も（特定の文脈や関係においては），その言及された「～」を見るようにと命令，要求する効果をもっている。「～ですね」と述べるだけでも，「～と考えなさい」「～に同意しなさい」という圧力を加えることになったりもする。エリクソン派が得意とするpermissive（許容的）な言い方においても，「～かもしれませんね」とゆるやかに状況を指し示すような言い方をしながら，「そんなふうに考えてもいいですよ」と許可を与え，（それと違うように考えるのを制限しながら）「～の可能性を受け入れなさい」「～の行動をとるように」と暗に命令しているともいえるのだ。

### c 文脈と関係

もちろんこれらの言語の効果や影響力は，特定の文脈の中での特定の対人関係のあり方において成立しており，その文脈や関係のあり方によって，その効果や影響力が大きく異なってくる。催眠療法家が文脈や関係のあり方を操作（利用／活用）して催眠的言語の効果を発揮させようとするのと同じように，トランスを用いないセラピストも言語を意図的に使用して（操って），通常の（催眠的ではない）言語のもつ命令的／催眠的な効果を活用していると考えてもいいのだろう。

## 3）SFAの質問のもつ，"injunctive"あるいは催眠的な特徴と効果

### a SFAの質問

SFAでももちろん，言語あるいは言語ゲームを単に指し示しや記述の機能をもつものとしてだけでなく，それ自体が治療的な効果をもち，クライアントにさまざまな影響を与える媒体だと考えている。また，そういった言語の力を重視し，効果を十分に発揮させるべく，（特定の様式／形式の）言語に注目し，

それらを厳密かつセンシティブに使用するという姿勢をもっている。特にSFAでは「質問」を治療的援助のための主たる（言語的）ツールとしているところに，他のアプローチとの「差異たるべき差異」があるように思う。

クライアントとのソリューション・トークへの導入となるいくつかの代表的な質問と，それに続けての話ができるだけ具体的で詳細に，かつ幅広く展開し，活き活きとした対話を続けられるようにするためのフォローアップの質問（群）が，SFAの技法やスキルの大部分を占めているといっても過言ではない（SFAの質問についてはここでは詳しく紹介するスペースがないので，文献を参照されたい）。

### b 質問のinjunctiveな効果

まずここで，質問という形式の言語，文を（治療的な文脈と関係の中での）"injunctive"な効果という観点からみてみよう。ここでいう質問とは「〜の質問に答えなさい」という命令文を含まない，「〜ですか」と尋ねる（だけの）形式の文章のことである。

質問という形式の文は，相手に対していくつかのことを命令し，要求，依頼している。例えば，次のようなことがあげられる。

① とにかく，その質問に何らかの形で答える（答えるべく努力する）こと。
② 質問の内容を理解しその意図を汲みとろうとすること。
③ その質問がもっている前提や仮定を（疑わずに，あるいはとりあえずは）受け入れること。
④ 質問の内容に関していろいろと考え，そのラインに沿って情報を検索すること。
⑤ 適切な回答を想定し，考えやアイデアを取捨選択すること。
⑥ それらをとりあえず言語化して表現する（しようと努力する）こと。
⑦ 回答したことが質問者の期待や要求に合致しているかどうかの判断を相手にゆだね（適切な答えかどうかを決める権利は質問者にあると認め），もしそれが不適切とされたら，さらに引き続き探し求める（努力する）こと。

c　SFAの質問のタイプ

　SFAの質問について，私が考えるいくつかの言語／形式的な特徴をあげてみよう。

　SFAで多用される質問にはいくつかのタイプがあるが，その中でも特に私が有効だと感じているもの（私が頻繁に使うもの）を紹介する。

◇　　　◇　　　◇

1. 否定的な言い方でなく，肯定的な表現を求める質問

　「〜がない，〜がなくなる」といった否定形表現ではなく，「〜がある，〜が出現する」という肯定的な形式の表現を求めるタイプの質問である。

　あるいはクライアントがそのような否定的な形式の表現をしたときには，「じゃあ，その代わりにどんなことが現れてくるのでしょうか」「それがなくなったら，その後にはどんなことが始まっているのでしょうか」「それが少なくなったら，その代わりにはどんなことが増えてくると思いますか」などと質問したりすることである。

　これには，「問題の〜がない」という形式で考えることが，必然的にもとの「問題〜」についてイメージを浮かばせ，連想させてしまうことを避けるねらいがある。そして，その代わりの代替的な「好ましい行動，状況」を肯定的，積極的な形で表現を求め，それらを顕在化させるのである。「問題がなくなった状況」ではなく「好ましいことが存在している状態」を質問することで，「問題イメージ」を「解決イメージ」に描き直し，塗りかえ，「問題のファイル」を「好ましい状況のファイル」で上書きできるようにするのである。

2. （暗黙の）前提を含んだ質問

　前提を含んだ質問は，SFAでは最も多く使われる形式のものだといっていいだろう。以下に代表的な前提と，それを（暗黙のうちに）含んだ質問の例をあげてみる。

　多くのクライアントはこういった形で前提が含まれていることには気づかず，その枠組みの中に入って答えを探そうとしてくれる。ただ，使い方（特にペースと頻度）によっては，クライアントに漠とした違和感を生じさせることがある。また，解決の話を強制，強要された感覚を与えてしまうこともあるので注意が必要である。

　もちろんこれらがすべてを網羅しているわけではない。また実際の治療場面ではこういった質問を，文脈やタイミング，治療関係のあり方に十分配慮し，微細な言葉の表現に注意して使用しなければならないのはいうまでもない。

> 前提A
- クライアントたちは自分たちの問題，解決，解決への方法，方策についていちばんよく知っていて，解決の構築のために必要な，力，強さ，さまざまなリソース（資源）をもっている。
- 自分たちが望むこと，自分たちにとっての好ましい状態について，具体的に考え，現実に即して検討することができる。

> 質問例
○「問題が解決して，好ましい状態になったら，あなたの生活はどんなふうになっているのでしょうか？
○具体的にどんな状態になったら，事態が好転してきたと思えるのでしょうか？
○状態を改善するためには，あなたのどんな力や経験が活かせると思いますか？
○状況が改善しているということは，どんなことから確認できるでしょうか？

> 前提B
- 確かに今は問題を抱え困難な状況にはいるが，彼らなりに精一杯やっているし，解決を手に入れるためにいろいろと考え，工夫や努力をしている。
- 自分では気がついていないにしても，必ず，すでにうまくやれていることや，うまくやれた成功経験をもっている。

> 質問例
○状況の改善のために，これまでどんな努力や工夫をされてきましたか？
○これまでにほんの少しでもうまくいった対応策やアイデアには，どんなものがありますか？　どんなことが役立ったと思いますか？
○以前にうまくやれたときには，どんなふうにしていたのですか？
○例えば，最近少しでもいい状態だった，好ましい状況だったのはいつのことですか？
○いったいどうやって，そんなにうまく対処できたのですか？
○それがうまくいったのは，どんな工夫をされたからなのでしょうか？

> 前提C
- 彼らは真摯に解決や好ましい状態を手に入れることを望み，求めている。治療や援助活動に取り組み，それに必要な努力をする用意も十分にあるし，セラピストと協力しようともしている。

> 質問例
○ここでどんなことを取り上げるのが，皆さんの問題解決に役立ちそうですか？
○どんなペースで話し合いを進めるのが，いちばんよさそうですか？

○私がどんなふうにお手伝いをするのが，あなたにはぴったりきそうですか？

前提D
● 遅かれ早かれ，彼らは自分たちの力やリソースを利用し，さまざまな工夫やアイデアを活かし，努力を重ねて，彼ら自身が望む解決状態を手に入れる。

質問例
○状態の改善がはっきりしてくるのは，いつ頃になると思いますか？
○皆さんにとっての解決のプロセスは，どんな感じで進んでいくのでしょうか？
○あなたの予想では，問題解決のために，例えばどんな努力をしていると思いますか？
○今後の状態の改善過程では，どんなことが役立ち，支えになっていると想像しますか？
○問題が解決し，好ましい状態になったら，あなたは今と違ってどんなことをしているのでしょうか？

　こういった前提を暗黙の形で組み込みながら，それに対してクライアントはきっと，苦労しながらも，いろいろと考えをめぐらせ答えてくれるはずだという期待と信頼をもって質問を続けるのである。

## 3. 仮定の形式の質問

　また，上の前提を仮定の形にして，（暗黙ではなく）はっきりと述べたうえで質問につなげていくやり方もある。仮定として表現する内容は，上記の前提と重なるものが多い。
　前提を暗黙のままにして質問するのではなく，はっきりと「～としたら」という表現形式で明確に述べ，仮定をクライアントと共有したうえで質問を続け，それに答えてもらおうとするのである。私はこの形の質問を好み，多くのバリエーションにして頻繁に使っている。いくつか例をあげてみよう。

○解決後の状態といってもなかなか思いつかないものですよね。でも，何か少しは想像できるとか，イメージが沸いてくるとしたら，それはどんなものになりそうですか？
○例えばこの１週間で，少しは調子が良かったときがあったとしたら，それは何曜日のいつ頃だったと思いますか？
○何か，あなたがそれをやることのきっかけになったことがあるとしたら，それはどんなことだったのでしょうか？
○あなたが知らず知らずのうちにでもやっていたことが，うまくいくのに役立っていたとしたら，それはどんなことだったのでしょうか？
○ほかの人があなたの変化に気がつくとしたら，最初は誰になると思いますか？
○あなたがしばらくして，何らかの状況の好転に気づくとしたら，まずそれは，どんなこ

とになるのでしょうか？
- すみません，今のはちょっと難しい質問でしたね。でも，あなたがそれに答えられるとしたら，どのあたりからでしょうか？
- もしあなたが何か行動を始めるとしたら，どんなことになりそうですか？
- あなたがそんなことを始めたとして，その後にはどんな好ましいことが続いてくるでしょうか？
- それがうまくいったとして，そのことがさらにどんな効果をもたらしてくれそうですか？
- そんなことができたとして，あなたはそんな（ことをできた）自分に対してどんな印象をもつのでしょうか？

　以上のような感じで，セラピストとしてクライアントに考えてもらいたい状況，状態を仮定の文として述べて，それを踏まえたうえで質問を続けていくのである。この場合は 2. と違ってクライアントが仮定の部分を明確に聞いているので，仮定の不自然さを感じとったり，それを不適切で，回答が無理な質問だと訴えたりしやすいことが重要だろう。
　クライアントとセラピストとの（できるだけ対等な）協力関係を重視し，共働作業という側面を強調する立場からは，この形の質問のほうが好ましいのかもしれない。

## 4) 　結びにかえて

　ここまで書いてきて，改めてエリクソン催眠，あるいは彼のトランス誘導への"自然なアプローチ"（naturalistic approach）とSFAの形式的，構造上の類似点が浮かび上がってきたような気がする。
　つまり，（クライアントの現状や訴えをそのまま受け止めたうえで），①トランス（これから起こる解決）について話し合うことで，そのイメージを具体化し，それへの期待感を高める。②クライアントが以前にトランス（すでにある解決）を経験したことがある，あるいは現在すでにトランス（すでにある解決）を経験し（始めて）いる部分を探し出す。③クライアントがすでにトランスに入っていること（すでにある解決を経験していること）や，トランスに入る（解決を実現する）力やリソースをもっていることを確認したうえで，④そのトランス（すでにある解決）の体験やプロセスを利用，活用して，さらなるトランスやクライアントの望む状態変化の実現に結びつけていく，といった双方

の手続きのパラレルな関係である。

　以上，筆者なりに考えた「トランス・アプローチ，特にエリクソン催眠とBFTC／ソリューション-フォーカスト・アプローチの接点」について述べてみた。十分な考察ができているとは思わないが，少しでも皆さんの思考を刺激し，今後のさらなる議論や論議の材料となれば幸いである。

◆参考文献
1. Berg, I. K., Miller, S. D.：Working with the Problem Drinker: A Solution-focused Approach. W. W. Norton, 1992.（斉藤学監訳：飲酒問題とその解決. 金剛出版, 1995.）
2. de Jong, P., Kim Berg, I.：Interviewing for Solutions. Brooks/Cole, 1996.（玉眞慎子，住谷裕子監訳：解決のための面接技法. 金剛出版, 1998.）
3. de Shazer, S.：Key to Solution in Brief Therapy. W. W. Norton, 1985.
4. de Shazer, S.：Clues: Investigating Solutions in Brief Therapy. W.W.Norton,1988.
5. Dolan, Y.：Resolving Sexual Abuse: Solution-focused Therapy and Ericksonian Hypnosis for Adult Survivors. W. W. Norton, 1991.
6. Erickson, M. H., Rossi, E. L.：Hypnotherapy: An exploratory casebook. Irvington, 10970, 1979.
7. 黒沢幸子，森俊夫：タイムマシン・クエスチョン（未来志向アプローチ）. 第2回環太平洋ブリーフサイコセラピー会議, 2001.
8. Miller, S. D., Berg, I. K.：The Miracle Method: A Radically New Approach to Problem Drinking. W. W. Norton, 1995.（白木孝二監訳：ソリューション-フォーカスト・アプローチ：アルコール問題のためのミラクル・メソッド. 金剛出版, 2000.）
9. 宮田敬一編：ブリーフセラピー入門. 金剛出版, 1994.
10. O'Hanlon, W. H., Martin, M.：Solutin-oriented Hypnosis: An Ericksonian Approach. W. W. Norton, 1992.
11. Watzlawick, P.：Hypnotherapy without Trance. In:(ed.), L. K. Zeig, Ericksonian Psychotherapy, Vol.1. Brunner & Mazel, 1985.
12. Walter, J. L., Peller, J. E.：Recreating Brief Therapy: Preferences and Possibilities. W. W. Norton, 2000.

## 2 ストラテジック（ヘイリー・マダネス）・モデルが伝えるもの

臨床心理士　生田　かおる

### はじめに

　ヘイリー（Haley, J.）は，「エリクソン（Erickson, M.）から学んだことを使わない日は一日もない」と，その著[3]，講演，ワークショップで述べている。それまで謎とされてきたエリクソンのやり方を世に知らしめた"Uncommon Therapy"でさえ，エリクソンが人を変えるために使った方法，考え方の一部の理解にしかすぎないと，ヘイリーは語っていた。
　エリクソンがもっていた他者とコミュニケートする並外れた能力と，相手がそれと気づかないところで相手に影響を与える力を，ストラテジック派は，誰にでも使える形に直してわかりやすく提示したといえよう。

### 1）エリクソン催眠から取り入れたこと

　それまでの催眠は，催眠のかかりやすさ，トランスの深さなど被催眠者にのみ焦点が当てられていた。エリクソンは焦点の範囲を広げ，催眠者と被催眠者との間に起こる交互のやりとりに焦点をあてた。時には，社会的文脈さえも視野に入れた催眠を行っていた。
　催眠者が被催眠者に「手が軽く感じられるようになります」と言い，被催眠者が「重く感じられます」と応えた場合，催眠者はそれに何と続けるのがよいのだろう。被催眠者が感じていることを否定せずに「そうです。だんだん重くなります」と言うことで，被催眠者の抵抗が協力に定義し直される，とヘイリ

ーは言っている。

　「私をトランスに入れることはできないでしょう」と挑戦してくる人を演壇に招き，「もっとしっかり目を覚ましていなさい。もっとはっきり。もっとはっきり」と言ったら，被催眠者はどんな反応を示すのか。演壇に上がることは，「ここに上がってトランスに入りなさい」というメッセージである。その演壇で，「もっと目を覚ましていなさい」という逆のメッセージを得る。催眠者の指示に従うまいと思って演壇に上がってきた人は混乱してしまう。「もっとよく目を覚ましていなさい」という指示に従わなければ，トランスに入ってしまうからだ。どちらのメッセージに従っても，催眠者の指示に従うことになり，被催眠者は抵抗できない状況におかれたことになる。

　エリクソン自身は何もしないで，女性に演壇に上がるよう指示しただけで，女性がトランスに入ってしまった例がある。これは，社会的文脈を視野に入れた催眠である。女性はトランスに入るために演壇に上がってきた。しかし，エリクソンが何もしないので，誰かが何かをしなければならない状況ができあがった。そこで，その女性が自らトランスに入ることになったわけである。

　以上の例からもわかるように，ヘイリーがエリクソン催眠から取り入れたことは，抵抗の扱い方であろう。まず相手に合わせ，次に相手を混乱させることで，抵抗できないようにし，最後に何か違った行動を取らざるを得ないような状況を作りだすという手順が，その後の彼らのアプローチの基本モデルになっていると思われる。ストラテジック派は，治療場面で催眠を使わない。しかし，アプローチはエリクソン催眠の延長線上にあるといえる。

　エリクソンが催眠を使った治療で伝えたかったのは，「すべてのことは，変えられる」という考えであろう，とヘイリーは理解し，治療場面を人を変えるためにデザインされる文脈[1]と定義づけている。

## 2) エリクソンの考え方から取り入れたことと，そこから発展させた考え方

### a 症状の考え方

　エリクソンは，症状を個人の問題としてとらえず，対人関係の産物としてと

らえていた。症状からその人の生活のすべてがわかる，と述べていたともいう。症状を，現在クライアントがおかれている社会的な状況に適応するために必要なものであるととらえた。症状の原因を過去に求めることはしない。過去に原因を求めたところで，クライアントには何の変化ももたらされないからである。変化をもたらすためには，クライアントが現在おかれている社会的状況を機能するように変える必要があると考えていた。

　こうしたエリクソンの考え方は，彼自身のポリオによる全身麻痺からの回復経験に拠るところが大きい。リハビリのためにカヌー旅行に出かけたときのエピソードはおもしろい。釣り船のそばでカヌーをこいでいると，漁師が話しかけてくる。そこで，旅行の目的を伝える。漁師は魚を分けてくれる。体力がなく，カヌーを抱えて川のせきを越えられないときは，近くにあるポールによじ登ってそこで本を読んだ。そうすると，人が集まってくる。彼らは，「そこで何をしているんだ」とエリクソンに聞き，自ら援助の手を差しだしてくれた。このように，周りの人の自発的な手助けを得るための工夫は，まさに社会的状況の作り方，変え方に通ずる。

　ヘイリーらも，症状を，クライアントがおかれている状況を理解する手がかりになりうるものととらえている。違いは，クライアントがおかれている状況を家族システムに限定して考えたことであろう。機能している家族では，世代別境界線がはっきりしており，その夫婦関係は強固なものである。両親が協力して子どもの面倒をみる責任をもち，子どもも，年長の子が年下の子の面倒をみる。このようなヒエラルキーが崩れると，家族の誰かに症状が顕れると考えている。症状を顕している人は，ヒエラルキーの混乱を顕している人という意味でidentified patient (I. P.) と呼ばれる。夫は仕事が忙しく，家庭のことにはまったく関与していない家族があったとしよう。毎日，母子で食事をし，出かけ，話をするという行動パターンが家庭で繰り返されている。その繰り返されているパターンは，母子関係を緊密なものにする。本来は強固なものであるべき夫婦関係は希薄なものになる。子どもは不登校という症状で，ヒエラルキーの混乱を顕すかもしれない。

　このような家族に対して，ヘイリーらがとる方法は以下に述べるとおりであ

る。これまで繰り返されているパターンとは違うパターンを家族にとらせ，本来あるべきヒエラルキーを作りだしていく。変えるべきは，人ではなく家族の中で繰り返されているパターンであると考える。違うパターンをとると，考え方，感じ方が変わり，自ずと家族に変化が生まれる。

　家族志向のアプローチは，それまで，研究を共にしてきたベイトソン（Bateson, G.），ジャクソン（Jackson, D.）の影響が特に大きいと思われる。ベイトソンのプロジェクトでは，精神病理をコミュニケーションの観点から説明した。そこで問題とされるのは，個人ではなく二者，あるいはそれ以上の関係であった。統合失調症治療の権威であり，ベイトソン・プロジェクトのコンサルタントであったジャクソンは，当時としては珍しく家族全員を巻き込んでの面接を行っていた。家族面接で，I. P.の子どもがその場を独占して話しているのをジャクソンが制止し，両親へ話す時間を提供した場面を目の当たりにしたときのことをヘイリーは驚きをもって語っていた。家族のヒエラルキーを重視したヘイリーの理論展開の基礎がこのあたりにうかがえる。患者の症状が改善されると，家族の他の誰かが症状を顕すケースを多くみて，ジャクソンは，家族のホミオスタシスという考え方を提示した。患者の症状が，家族のバランスをとる機能をもっているというジャクソンの考え方は，ヘイリーの理論展開に欠かせないものであったと思われる。

　マダネス（Madanese, C.）は，症状とは家族の相互作用の隠喩であるととらえている[4]。家族内では，その構成員が意識しないところで，行動を通してのコミュニケーションが行われている。その相互作用が症状として顕れるという女史の考えは，エリクソンが大切な視点としていた話された言葉と行動の不一致の考え方[2]から説明できる。マダネスの考えによると，子どもが症状を顕すことで，夫婦は自分たちの関係の悪さ（真の問題）に目を向けずにすむわけである。

### b　ライフ・サイクルという視点

　ベイトソン・プロジェクトが多くの成果をあげていた1950年代の後半，思春期の精神障害者をもつ家族に対して，ヘイリーらは，親密な家族関係を築く

ことを目的として治療を行っていた。そのことをエリクソンに報告すると，「思春期とは家族から自立していく時期だ。君たちのアプローチは間違っている」と指摘された。エリクソンのコメントを，最初，家族を巻き込んでのアプローチに馴染んでいない人の見解と受けとったが，しばらくしてから，エリクソンの指摘が正しいことをヘイリーは理解したという。

このことを契機に，ヘイリーは，エリクソンの治療を家族のライフ・サイクルからとらえ直した。そのことで，わかりにくかったエリクソンの治療が理解しやすいものとなった。ライフ・サイクルの移行（第一子の誕生，子どもが学齢に達する，子どもの巣立ち，配偶者の死など）にともなって起こる危機に適応できない，新たなライフ・ステージへ移る準備が整っていないときに，症状が顕れるとヘイリーは考えた。第一子を出産したばかりの母親が不安発作を起こすのと，老人夫婦の妻が不安発作を起こすのを，エリクソンは同じように扱わない。治療の目標は，新たなライフ・ステージへの適応である。

### 3) セラピーの実際

#### a 面接の構成員，治療の場所，時間，料金

エリクソンはクライアントに合わせて治療を行っていた。夫婦一緒に会うとき，どちらか一方に会うとき。子どもの問題で，両親に同席を求めるときもあれば，両親の関与を認めないときもあった。治療場所に関しても，一様ではなかった。オフィスを離れ，クライアント宅に行くとき，クライアントの職場に出かけるとき，空港の待合室でクライアントに会うこともあった。治療時間も，数分で終わることもあれば，数時間を費やすこともあった。面接の間隔も，毎日，毎週，不定期とさまざまであった。短期に終える面接もあれば，長期間かけての面接もあった。面接料金は設定されているものの，クライアントに決めさせることもあったし，治療結果によって決めることもあった。

クライアントの問題解決のために，場所，時間，料金をも利用していたのがエリクソンのスタイルであった。症状を家族のヒエラルキーの混乱ととらえているヘイリーらは，初回面接では家族全員の来所を求め，ヒエラルキーのチェ

ックを行う。家族全員の来所を促すために，面接料金は母子のみの来所より，家族全員が来所するほうを安く設定してあった(注)。

面接場所，面接時間についても，エリクソンのやり方を支持していた。しかし，トレイニーをスーパーバイズしながら面接を進めていくという設定で，エリクソンのような自由度の高い利用のしかたは可能ではなかった。

マダネスは，クライアントとオフィスで会う考えを支持している。オフィスを離れることで，クライアントとの距離が近くなりすぎることを心配しているからだ。セラピスト自身がクライアントを外に連れ出すよりも，クライアントがもっている社会的ネットワークの利用を女史は勧めている。女史がネットワークを利用した例にこんな事例がある。24時間体制で自殺企図の青年を見守るため，家族だけでなく，親戚，近所の人をも巻き込んで見張りのローテーションが組まれた。そのプランの詳細を決めるセッションには，面接室に入りきらないほどの人が集められた。

## b 観察者としてのセラピスト

不倫をしている女性は初回面接での椅子の座り方でわかると，エリクソンは述べていたという。この例からもわかるように，エリクソンの観察力は鋭いことで有名である。エリクソンが特に注意を払ったのは，話された言葉と行動が一致していないときであった。口を手で覆いながら話す，「はい」と言いながら頭を振る，すべての情報を提示していると言いながら財布をスカーフで包む，という行動に注目した。こうした場面で，エリクソンはクライアントの言葉よりも行動を重視してそのコミュニケーションを進めていったという。

待合室の様子，面接室への入り方，座る場所の決め方を観察すれば，その家族がどのように子どもをしつけているかがわかる，とヘイリーは述べている。彼らの研究所では，トレイニーの誰かが必ず待合室に行き，家族を観察し，その情報をワン・ウェイ・ミラーの後ろにいる人たちに伝えるのが常であった。面接中はもちろん，面接外の行動観察により，家族のヒエラルキーがチェック

注）筆者がワシントン家族療法研究所でトレーニングを受けていた1980年代半ば，母子のみ来所の場合80ドル，父母子来所の場合は70ドルと料金を設定していた。

できるからである。

## c 指　示

### i 指示の役割

　ストラテジック派では，変化は反省によってではなく，これまでとは違った行動をとることでもたらされると考える。行動を変えれば感じ方も変わり，変化が起きる。自ら違った行動をとることは難しい。指示が必要である。セラピストの役割は，クライアントに上手に指示を与えることである。指示について話すことで，現在の行動が引き起こされる。この考え方は，禅の考え方に似ているとヘイリーは述べている。禅の師は，弟子の過去や気持ちについて話すよりも課題を与える。課題を通して彼らは話をし，そのことで弟子は悟りを開いていく。

　指示は変化をもたらすためだけでなく，クライアントとの関係を作るためにも有効である。セラピストが指示を与えるとき，クライアントがその指示に従う場合とそうでない場合がある。いずれにしても，次回面接までの間，クライアントは指示を通してセラピストを忘れることができなくなる。

### ii 指示の実際

　多くの場合，常識的な助言は有効ではない。喧嘩が絶えない夫婦に対して，「お互いの言い分をよく聞いて妥協点を見出しなさい」という助言はまったく役に立たない。これまでとは違ったかかわり合いができるような新しい行動を指示することで，変化はもたらされる。

　人は変わりたいと言いながら，急激な変化を嫌う傾向がある。症状があってもそれなりに安定しているからである。こうしたクライアントの抵抗を巧みに扱うのがストラテジック派の指示であり，エリクソン催眠にその源がある。

### iii エリクソンの実践をそのまま利用しているアプローチ

■逆説的アプローチ

　これまでの行動パターンをチェックし，それを故意に続けるよう指示するのがこのアプローチのポイントである。

　例えば，放火のいたずらが絶えない少年に，親の監督のもとで，1日に5回

放火をしなさいと言い渡す。隠れてする放火にスリルを感じていた少年にとって，宿題になってしまった放火はおもしろくない。少年は「もっと生産的なことがしたい」と言いだし，症状は自然に消える。

面接中の失敗を恐れるあまり，緊張している若いトレイニーに対して，1回の面接中3回ミスを犯すよう指示する。トレイニーはミスを犯すことを許され，リラックスして面接に臨めるようになる。その結果，ミスのない面接ができるようになる。

■再発の勧め

セラピストに協力的でありすぎるクライアントに再発を勧める。クライアントがこの指示に抵抗すれば恒久的な変化がもたらされる。再発したとしても，セラピストの指示に従った結果と説明され，クライアントは責められない。

例えば，人前でマスターベーションをするという症状で連れてこられた少年が早い時期にその症状を消失した場合に，以下のように言う。「早くよくなりすぎて心配である。1日に1回はお母さんの前でマスターベーションをしなさい」

■アナロジー，メタファーによるアプローチ

抵抗の少ない話題を選び，それに効果がある解決法を提示する，あるいは示唆するのがこのアプローチである。

例えば，子どもの話をすることで，親の結婚生活についてを話すことができる。結婚生活を話すことに抵抗がある人も，子どものことを話すことには抵抗を感じないことが多い。このアプローチでは，子どもの話が自分たちの結婚生活に結びついているとクライアントが気づかないように進めていく必要がある。最後は，子どもたちの関係がどうあるべきかについてセラピストが提示する。子ども，親の行動パターンをよく観察していなければ，適切な解決策は提示できない。

iv エリクソンの実践に影響を受けながらもストラテジック派らしさが表れている指示

■行動パターンを変えるために夫婦の一方の肩をもつアプローチ

お互いが仕事で忙しく，関係を良くするために協力できない夫婦に対して，ヘイリーはセラピストが一方の肩をもつというアプローチをスーパーバイズし

た。セラピストが男性であったため，男性を攻撃するほうがやりやすいという理由で「夫がすべて悪い」という流れを作りだした。妻は，それに対して「夫がすべて悪いわけではない。私にも責任がある」と言いだした。そのことをきっかけに，2人で協力して結婚生活をやり直すことになった。

■「ふり」の指示

この指示はマダネスにより開発された。問題をもつ家族の1人に問題がある「ふり」をさせ，一種のゲーム的状況を作りだす。すべてが「ふり」であると皆が思えば，その「ふり」が実際の症状であったことを思い出すのは難しくなり[4]，症状は必要なくなる。

例えば，喘息の発作を通して，両親の愛情を受けている少年に，毎日，決まった時間に喘息の発作のふりをさせる。両親は，その子を抱き，いかに愛しているか，大切であるかを伝えるようセラピストは指示する。毎日，ふりの世界で両親の愛情を確認することで，その子は喘息という症状を必要としなくなる。

## おわりに

エリクソン催眠との接点という視点で，ストラテジック派の理論と実践を振り返ってきた。エリクソンの実践を症状，ライフ・サイクル，抵抗の扱い方，指示という視点からわかりやすく，我々に提示したヘイリーらの功績は大きい。

ストラテジック派では，仮説を立ててから指示を考える。例えば，1人で外出できない妻がいたとしよう。妻は1人で外出できないことで夫を助けている，夫は自分の問題に目を向けずにすんでいるという仮説を立てる。その仮説は真実である必要はない。何らかの仮定を立て，これまでの行動パターンを崩すような行動がとれれば，変化は生ずると考えているからだ。ストラテジック派の症状のとらえ方と，指示の出し方を学べば，クライアントの問題を解決する自信がわいてくるはずである。

ヘイリーは観察眼に優れ，マダネスは短時間でクライアントの気持ちに合わ

せ，それに深く入っていく能力をもっていると思われる。こうした能力は，良き師との出会いにより育まれていく。催眠のトレーニングを受けることで，伸びていく能力ともいえるであろう。今後，わが国でも，催眠のトレーニングが根づいていくことを願っている。

　本稿の多くは，筆者が1986～88年にトレーニングを受けたワシントン家族療法研究所でのヘイリー，マダネスの話を参考に構成した。

◆引用文献
1) Haley, J.: Learning & Teaching Therapy. The Guilford Press, New York, 1996
2) Haley, J.: Jay Haley on Milton H. Erickson. Brunner/Mazel Publishers, New York, 1993.
3) Haley, J.: Uncommon Therapy. W.W.Norton & Co., New York, 1973.（高石昇，宮田敬一監訳：アンコモンセラピー. 二瓶社, 大阪, 2001）.
4) Madanese, C.: Strategic Family Therapy. Jossey-Bass, San Francisco, 1981.

◆参考文献
1. Haley, J.: Problem-solving Therapy. Jossey-Bass, San Francisco, 1976.（佐藤悦子訳：家族療法. 川島書店, 東京, 1985）.
2. Haley, J.: Reflections on Therapy and Other Essays. The Family Therapy Institute of Washington, D. C., Maryland, 1982.
3. Haley, J.: Strategies of Psychotherapy. Grune & Stratton, Inc., Orlando, 1963.（高石昇訳：戦略的心理療法. 黎明書房, 名古屋, 1986）.
4. 生田かおる：ストラテジック（ヘイリー・マダネス）モデル. ブリーフセラピー入門, 金剛出版, 東京, 1994.

# 3　臨床動作法が伝えるもの

臨床心理士　吉川　吉美

## 1）臨床動作法の起源と発展

　臨床動作法は，成瀬悟策を中心とする研究グループによる脳性マヒ児の肢体不自由の改善を目指して催眠法を用いた研究に端を発する。その後，動作訓練法として体系化され，全国の肢体不自由児養護学校に広く取り入れられた。そしてその方法と手続きで自閉症や多動児の指導に対しても有効であることがわかり，さらに心身症，うつ状態，統合失調症，神経症，不登校，チック，脱毛，アトピーなどにも心理治療として適用が可能であり，しかも有効性を発揮することがわかってきた。そして最近では，スポーツにも取り入れられ，スポーツ動作法として，また広く一般人の，あるいは高齢者の健康法としても発展してきている。
　従来から今日までの催眠法も含め，多くの心理療法は言葉を主たる道具としてアプローチしていく方法をとっている。こうした心理療法に対して，臨床動作法は生きている人間の「動作」を主たる道具としてクライアントに働きかけ，そこで体験する動作体験を通してクライアントの日頃の生活体験がより望ましい方向に変化を図ることを目的とする心理療法である。そして現在は，臨床領域において有効性・有用性の高さから注目されつつある療法である。

## 2）臨床動作法の方法論

　成瀬は，動作を，人がある動きをしようと「意図」して，それを実現しようと「努力」し，その結果「身体運動」が生起するこの全過程を動作と定義

した。

$$\boxed{意図} \longrightarrow \boxed{努力} \longrightarrow \boxed{身体運動}$$

臨床動作法はこの一連の過程で，クライアントの「意図」と「努力」のしかたのところにセラピストが援助的にあるいは治療的に介入していく方法である。それはクライアントの緊張の処理や能動的な動作ができるように働きかけることにより，クライアントの主体活動のしかたが変わること，あるいは感じ方，体験のしかたが変わること，あるいは努力のしかたが変わることを目的としたアプローチ法である。

また臨床動作法では，体験治療論の立場に立ち，「体験」を主体活動を行っている状況時の「感覚」とか「感じ」ととらえ，心理臨床上，クライアントの日常生活における体験の様式，「感覚」，「感じ」が，より望ましい方向に変わっていくようにセラピストは援助的にかかわる。

また成瀬は，心理臨床の展開上でのクライアントの活動プロセスを，課題努力法の見地からとらえている。それは，セラピーの過程でクライアントは自己課題をはっきりさせたうえで，その課題の達成化，あるいは解決化しようと努力することで，その結果として変容が生じるというもので，セラピストはクライアントの努力過程に介入し，治療的に有効な体験をしていくことに援助しているのだとしている。

臨床動作法においても，この方法論の立場でアプローチしていく。その展開では，セラピストはクライアントの主訴内容やその時の動作状況からクライアントのこれまでの生活体験としての動作活動を推測し，どのような動作的援助が治療的に有効な体験を導きうるであろうかと考え見立てる。そしてクライアントに動作課題として提示する。さらにその動作課題をクライアント自らが解決，達成化できるよう，クライアントの努力過程に援助的に働きかけていく立場で展開する。

## 3）臨床催眠法との接点

　課題努力法の見地からすれば，催眠における暗示も催眠者が被催眠者に対して提示する課題ということになる[1]。そして被催眠者はその課題の実現・達成化方向に注意を向け，そして努力し，課題暗示が実現化する。催眠法では，催眠者と被催眠者との間にラポールが形成されていることを前提にして，催眠者が被催眠者に対し達成可能な課題としての暗示を提示する。そしてその課題暗示内容が，被催眠者にとって自分のこととして受けとられる。その課題暗示内容の達成を志向し，注意を向ける。そしてその「感じ」〈体験〉が自分のこととして受け入れられる。そうすることにより課題暗示内容の達成に向かう「感じ」〈体験〉が増幅される（努力活動）。そして課題暗示が実感をともなって達成・実現化される。さらに催眠者は被催眠者に他の暗示を選定し，同じようなプロセスで誘導し，被催眠者の被暗示性を高進させていき，深化させて催眠状態に至らせる。

　後倒暗示，合掌暗示などの運動暗示誘導やイメージ暗示誘導にしても，課題努力法の観点から考えれば，催眠者に「暗示をかけられる」とか「させられる」とかの受け身的なものではなく，もっと能動的なものであって，被催眠者が自ら「していった」「なっていった」ととらえる立場をとる。臨床動作法は催眠研究から生まれてきていることもあり，方法論の違いはあっても課題努力法という基本原理は同じと考える。

　この原理に沿って，以下しばらく，セラピストとクライアントのかかわりをみてみよう。

　セラピストの援助過程からみると，臨床動作法の展開の中では，治療室あるいは相談室にクライアントが入室した時点よりセラピストはクライアントの表情や身体の動作に筋緊張としての緊張をみている。しかもこの緊張は，クライアント自身を表している場合もある。それは，例えば，特定の身体部位を無意識的に，威嚇的に緊張させている場合もあれば，自己防衛的に緊張している場合もある。またセラピストがクライアントに語りかけたときに，生じる微緊張が表情にみられたり，クライアントが話し始めたときの音声のトーンに，息づ

かいにもみられる。そしてこの緊張には，部位とか方向，強弱がある。また主訴として訴える相談事内容がクライアントの動作に符合している場合もある。このようなクライアントの生き様を動作の視点からみている（治療的方略を視座にしている）。

そして動作面接に入り，観察された動作の特徴を規定していると考えられる緊張部位と方向，強さの度合いなどを確かめ，クライアントの動作特徴を把握する。そして無意識的に営んでいた，これまでの生活体験の様式に変容をもたらすことが期待できる動作課題を選定する。そして，セラピストは選定した動作課題からクライアントが達成・解決可能であろう動作課題を１つ選びクライアントに呈示する。呈示のしかたは，例えばセラピストが「ここに力を入れてみてください」と言い，クライアントは指示された身体部位に力を入れようと努力する。するとセラピストはすかさず「そうそう，そうそう，そうです」とクライアントの行う動作努力を肯定的にクライアントに伝える。またゆるめる場合もセラピストが「ここに力をゆるめてみてください」と言い，クライアントは指示された身体部位に力をゆるめようと努力する。するとセラピストはすかさず「そうそう，そうそう，そうです」とクライアントの行う動作感覚を肯定的にクライアントに伝える。するとクライアントは特定部位に対する動作感覚が鋭敏になり，入力ができたりゆるめることができるようになってくるが，ここでみられるプロセスは催眠法での注意の集中と同じようなものとみることができる（動作法の場合は，より能動的な注意集中であるが，そこからもたらされる意識変性の過程は共通していると思われる。また，セラピストからの適切な肯定的承認も安心感にともなう意識変性を促しうるであろう）。また，セラピストがこのようなコミュニケーションを援助的に行うことによって，クライアントが自分の身体部位の動作に注意の集中化を行い，ますます動作課題の達成・解決化に向けて主体的に取り組むようになるこの時点では，ゆるめを動作課題として取り組んでいると一種のトランス状態様になっている場合もあって，こういったあたりにも，臨床動作法と催眠法の接点を見出すことができる。さらに，なによりも，セラピストとの心身両面での共体験的コミュニケーションがクライアントにもたらす意識の変性は疑い得ないところであって，ここに

も催眠法との自ずからなる重なりを認めることも可能である（以下の稿でも，セラピストの話しかけやクライアントの反応の随所にそれをみることもできよう）。

### 4）臨床動作法の展開

筆者の場合，よく遭遇するクライアントに，育児疲れ，発熱，チック，吃音，夜尿，遺尿，不登校，解離性身体症状（ヒステリー），脱毛，過呼吸，不定愁訴，不安神経症状，うつ状態，心因性疼痛，慢性的疲労感，肩こり，腰痛，対人緊張，不眠などと精神的な要因による身体の不調・不全感を主訴として心理的援助を求めてやってくる人々が多くある。このような症状の背景には，ストレス状況が持続することにより，当然のこととして，不当緊張が身体の特定部位に生起していたり，あるいは全身に持続し慢性化していることがある。そうしたことにより，身体の硬さ，こわばり，あるいは姿勢の歪みとなって，生活体としての身体の「動作」上に現れていると考えられる。このようなクライアントに対して臨床動作法を適用する場合，筆者はshema of body dynamics（図4）の1（首部位），2（肩胛骨部位），3（胸部位），4（背部位），5（腰部位）に

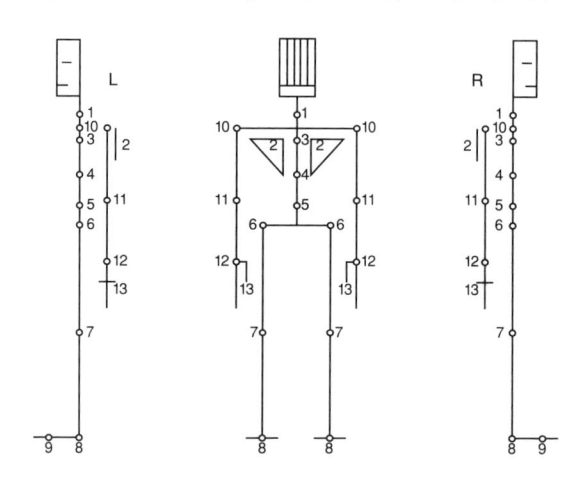

図4　shema of body dynamics

注目して見立てに入る（shema of body dynamicsはクライアントの姿勢の特徴をとらえたり，慢性緊張のある部位を把握するときに用いられたりする。1～13と部位の名称がつけられているが，これは慢性緊張が出現しやすい部位と考えてもよい）。

そして初回動作面接時に下記のa～eの手順で臨床動作法を展開していく。また2回目以降も基本的には同様に進める。

**a 見立て**

セラピストはインテーク時にクライアントが主訴として訴える内容，あるいは症状をききながら，クライアントのこれまでの生活体験の有り様を推測し，また眼前にいるクライアントの身体の使い方，または動き（動作）との関連から観察的にクライアントに不当緊張感あるいは身体の歪みの原因と考えられる慢性緊張を推測する。そして援助方針，ないしは治療計画を企てる。

**b クライアントが自分の身体に注意を向ける（今の体験）**

セラピストはクライアントに「今あなたの身体はどんな感じですか」などと，今の自分の身体の状況に注意を向けさせる。そして今の身体の感覚と，動作法を行ってからと，どのように違うかを照合するのでよく覚えておくように伝える。

そして見立てで推測した不当緊張感，慢性緊張の所在を確かめる目的から臨床動作法の技法を提示し，クライアントの身体に対する認知度や制御度を知る意味も含め，とりあえず動作をしてみるように誘導する。そしてその結果より援助方針，ないしは治療計画を決定する。

**c 動作課題の提示**

次に，セラピストは援助方針，ないしは治療計画の中から，解決・達成可能なリラクセーションなどの動作課題を選定し，クライアントに提示する。クライアントの能力や，身体の状況によって，提示のしかたの工夫を要する。

#### d　動作課題の解決・達成化へ向けての努力とその実現

次に，セラピストとクライアントは動作課題の解決化，達成化に向けてお互いに共同作業を通し取り組む。このとき，セラピストはクライアントの行っているクライアント独自の動作（ある身体部位の緊張のしかたとゆるめのしかたなど）に細心の注意を向け，たとえ微動作に対しても対応する必要がある。

#### e　動作課題の解決化・達成化の実感（変化の体験）

次に，クライアントが動作課題の達成化，解決化ができたら，数分前の動作法を行う前に自身の身体に注意を向けさせたときの身体の感覚と，今の身体の感覚を比較させる。そしてその変化を実感する。

このような手順で行うが，実際の治療では，見立てから動作課題を選定し，それを提示する場合，臨床動作法では，shema of body dynamics（図4）の1〜13の部位に対する基本的技法がある。そしてクライアントの臨床像に合わせて，いくつか組み合わせる場合がある。

### 5）臨床動作法の実際

筆者が臨床場面で臨床動作法の数ある技法の中から応用的によく使う方法を記載する。

日常の生活体験がストレスフルで心身症などに症状化しているクライアントが来所し，インテーク時の見立てで，shema of body dynamics（図4）の2, 3, 4, 5あたりに慢性緊張があり，そのクライアントには心身のリラクセーションがとても必要だとセラピストが判断したとしよう。リラクセーション効果を主な狙いとする場合は，その手段として筆者の場合は，軀幹系と顔系への臨床動作法をセットにして提示する。その展開を順に解説する。

まずクライアントを立位にさせ，今の体験を「今どんな感じですか」と尋ねる。これは身体に注意を向けさせることでセッション終了時の体験と照合させ，臨床動作法を行う前と後の違いを実感させるために行う。

### a 軀幹系への臨床動作法

　そしてその後，クライアントを腹臥位にさせ，まずセラピストは（セラピスト自身が緊張しながら）クライアントの腰部位に両手を当て少しずつ力を真下に入れる。つまり圧迫感を加えることにより圧迫感を加えた部位を中心に緊張を生起させる。そして数秒の間をおいて，圧迫を加えている部位を「ここの力を抜いてください」とリラクセーション課題を提示する。そしてクライアントに「腰の力を抜く」という努力がみられたら（手に伝わってくるゆるむ感触），すかさず「そうです」とフィードバックする。そしてゆるみが出た分だけまた圧迫を加える（セラピストがさらに緊張する）。そしてさらに「もう一度，ゆるめてください」と伝え，ゆるめる努力をさせる。次にゆるめることができたのを確認し，こんどはセラピスト自身が入れている腕の力を肩から肩，肘，手首，指先へと順に抜いていく（セラピスト自身がリラクセーションを行う。そのリラクセーションに伴い，よりリラクセーションが増強される）。このことを数回繰り返す。これはクライアントにとっては圧迫された状況すなわち，緊張した状況に注意を向け，その状況を弛緩化して行くという課題達成努力を行っているのである。そしてこ

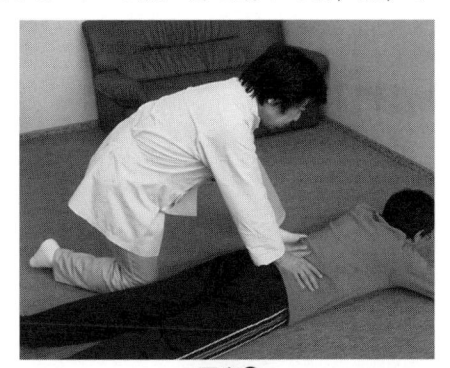

写真❶

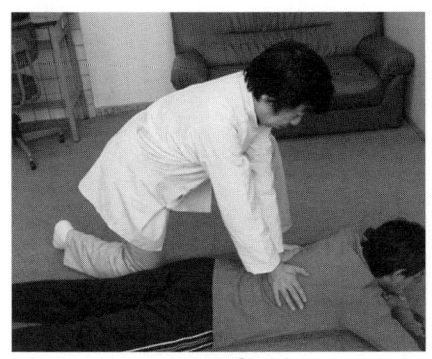

写真❷ 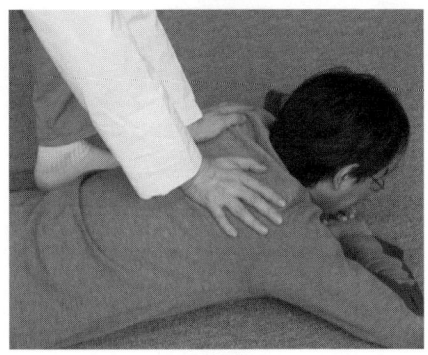　　　　　　　写真❸

のことを数回繰り返すことにより注意を特定部位に集中化させていき，特定部位の弛緩が可能になる。このときセラピストは，クライアントが課題達成努力をしやすい状況を作り，援助的にかかわっているのである。この一連の過程をshema of body dynamics（図4）の2，3，4，5部位の5から始めて，4，3，2と順に進めていく。2まで行ったら2，3，4，5と逆順に5まで戻る（写真❶～❸）。ここまで進むと覚醒水準が落ちてくる。

### b 顔系への臨床動作法

次に写真❹のようにクライアントを仰臥位にさせ，閉眼させる。セラピストはクライアントの頭の後ろに座る。

① 眼球のまわりのゆるめを行う。そして両目の横に手を当てる。そして「まぶたを横に引っ張って緊張します」と言いながら，こめかみに向かって左右にゆっくりと緊張させる方向で引っ張っていく（セラピストが緊張する）。そしていったん止め，「今度はゆるめます」と伝え，ゆっくりとセラピストが肩から肘，手首，指先に向かってリラクセーションしていく，これを2回繰り返す（写真❺）。

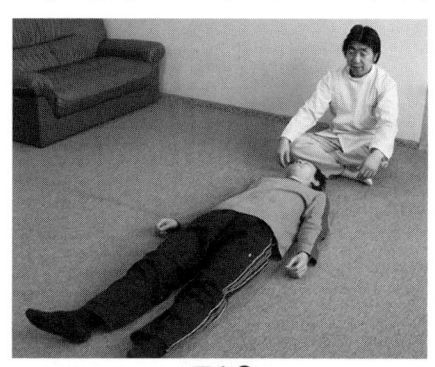

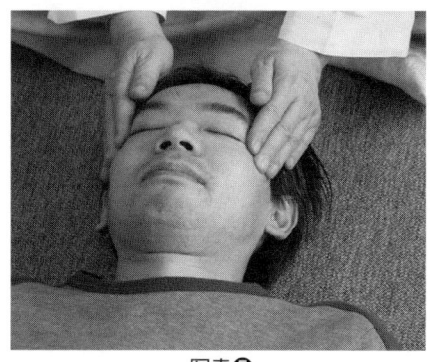

② そして次に額のゆるめを行う。額の眉間のところに両中指を当て，左右のこめかみまで「額を緊張します」と言いながらゆっくりと引っ張る方向に緊張させて，また前と同じように「ではゆるめます」と伝え，ゆっくりとセラピストが肩から肘，手首，指先に向かってリラクセーションしていく，これを2回繰り返す（写真❻）。

写真❹

写真❺

③　次に眼球のまわりを再度①とは異なる方法でゆるめる。セラピストの左手をクライアントの額に平行に当て，もう一方の右手はクライアントの左頬骨の下あたりに当て，上下に「目のまわりを緊張します」と言いながら，上下にゆっくりと引っ張りながら緊張させる。また前と同じように少し待って「はい，ではゆるめます」と伝え，ゆっくりとセラピストが肩から肘，手首，指先に向かってリラクセーションしていく，これを 2 回繰り返す（写真❼）。

④　そして次に口まわりのゆるめを行う。セラピストはクライアントの唇の両横に手を当て，「口を緊張します」と言いながら，左右にゆっくりと引っ張るように緊張させる。また前と同じように少し待って，「はい，ではゆるめます」と伝え，ゆっくりとセラピストが肩から肘，手首，指先に向かってリラクセーションしていく。これを 2 回繰り返す（写真❽）。

⑤　次に顔全体をゆるめる。セラピストはクライアントの顔の両側に手を当て，「緊張します」と言い，左右にゆっくりと引っ張るように緊張させる。また前と同じように少し待って，「はい，ではゆるめます」と伝え，ゆっくりとセラピ

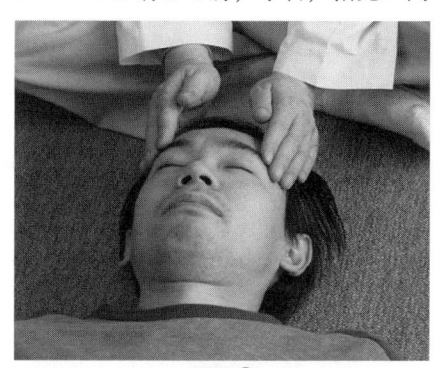

写真❻

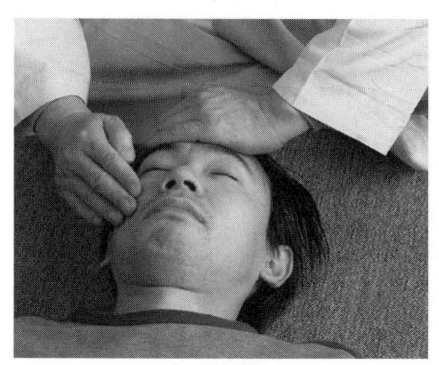

写真❼ 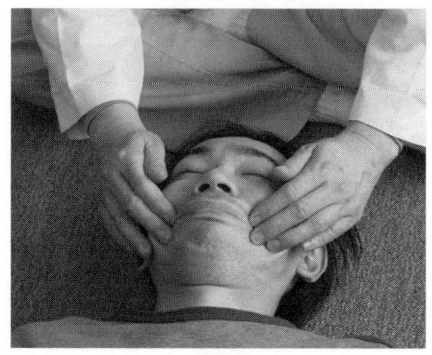　　　　　　　　　　　写真❽

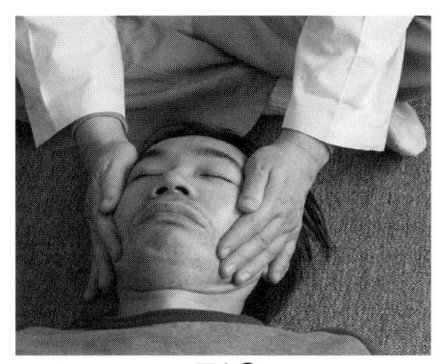

ストが肩から肘，手首，指先に向かってリラクセーションしていく，これを2回繰り返す(写真❾)。

この①〜⑤までを一連の流れとして，「では今行ってきたことをもう一度最初から行います」と伝え，もう一度最初から行う。2回目を施行し始める頃には，リラクセーションすることに注意が向き，トランス状態になっていることが多い。2回目終了時点で「はい，目を開けて，ゆっくりと起き上がります」と伝え，そして座位にさせる。そして，「今，いかがですか」と今の状況を尋ねる。ほとんどの人が，「気持ちいいです」「明るく感じます」「眠かったです」「寝ていたかもしれません」などの感想とか，体験の報告がある。リラクセーション効果のみを狙ったものであれば，この時点でセッションを終了してもよいが，クライアントのより能動的なリラクセーションあるいはセルフコントロール能力を高めることを狙うならば，次のステップを導入する。

写真❾

### c 自己動作法への導入

次に，またクライアントを仰臥位にさせ，閉眼するように伝える（写真❿）。そして「今度は，私はあなたに触れないで，言葉で指示していきますので，私の指示したところをゆるめてください」と伝える。軀幹系と顔系で行ったことを言葉で伝え誘導していくのである。「まず腰のあたりに注意を向けてください。そしてそこをゆるめてください。先ほどあなたと私でゆるめたあたりです。…よろしいですか。次は腰の少し上の背といわれるあたりをゆるめます。…さあ，どうぞ。…よろしい

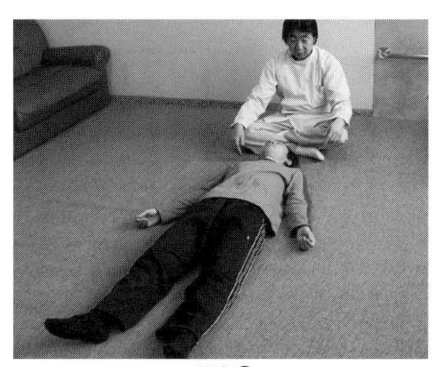

写真❿

ですか。次は，肩胛骨と肩胛骨の間の少し下のあたりで胸といわれているあたりをゆるめます。さあ，どうぞ。…よろしいですか。次は両肩のあたりをゆるめます。さあ，どうぞ。…よろしいですか。…このようにして腰をゆるめて，そして背をゆるめて，そして胸をゆるめて，そして肩をゆるめます。…次は顔をゆるめます。まず両目のあたりの力を抜き，ゆるめます。…そして，次は額の力を抜きます。…よろしいですか。次は両頬の力を抜きます。…よろしいですか。次は口のまわりの力を抜きます。…よろしいですか。次は顔全体の力を抜きます。…目，額，頬，口…，そして顔全体の力を抜くわけです。…そして自分でリラックスを深めていきます。…今から私は黙っていますので，今まで私が言ったあたりを，今度はあなた自身で行ってください。…」。このように言葉で誘導する。これは先に行った臨床動作法でのリラックス体験がまだ残っているので，言葉で指示し，そこに注意を向けるように促し，意識的レベルでゆるめるという努力をさせているのである。数分間あるいはそれ以上でもよいが，クライアント自身に行わせて，その後開眼させ，座位にさせる。そして少し間をおいてから立位にさせて，「セッションに入ったときと臨床動作法を行ったあとの今の感じと比べてどうですか」と感想や体験を尋ねる。そして終了する。

　いかがだろうか。こうした臨床動作法の具体的なプロセスの中に，セラピストとの共体験コミュニケーションを通して，クライアントのリラクセーションの程度を増幅させ，意識変性を促しながら，さらに身体的な変化と意識の変化を統合的にサポートしていく臨床動作法の本質の1つをみてくだされば幸いである。

　筆者の場合，心身症や，神経症あるいはうつ状態の人などに上記のような臨床動作法の技法を組み合わせて治療に用いている。
　臨床動作法をセラピー場面での運用を考えるならば，動作を観察する力と具体的援助技法（動作センス）を身につけておくことは必要なことである。そのためには，研修会などで動作センスを研鑽することをお勧めする。

◆引用文献
1) 成瀬悟策:催眠の科学.講談社,1997.

◆参考文献
1. 成瀬悟作:リラクセーション.講談社,2001.
2. 日本臨床動作学会:編臨床動作法の基礎と展開.コレール社,2000.

# 4 FAPモデルが伝えるもの

精神科医　米沢　宏
カウンセラー　大嶋　信頼

## 1) FAPとは

　近年，EMDR[1,4]やTFT[3,4]など，エナジー・サイコセラピーと呼ばれる新しい心理療法が注目を集めており，FAP（Free from Anxiety Program）[2,5]もそのような治療法の1つである。FAPは1999年大嶋らにより発見され，2001年に治療体系ができあがった新しい心理療法であり，PTSDの諸症状の改善や恐怖症の克服，パニック障害や強迫性障害，依存症的欲求などの幅広い問題に対して大きな効果を示すことがわかってきた。本論ではFAPの治療技法および診断技法を紹介し，さらに現代催眠の文脈でFAPの検討を行いたい。

### a　FAPによる治療手順－DFP（De-fixation Program）
　まず，FAPの基本的な手順を紹介する。
#### i　SUDの聴取
　最初に治療したい症状や問題を簡単に想起してもらい，その苦痛の程度を0点から10点の範囲で点数化（SUD：Subjective unit of distress 主観的苦痛の程度。0点：まったく大丈夫，10点：この上なくつらい，とする）してもらう。
#### ii　DFPの実施
　その問題について考えながら，写真❶に示した爪の付け根の治療ポイントを写真❷のようにもう一方の手の指を使って，親指外側→薬指両側→中指両側→小指両側の順に数秒間ずつ押す。
　次に視線を正面に向け，まっすぐに保ちながら意識を左右に移動する。右，

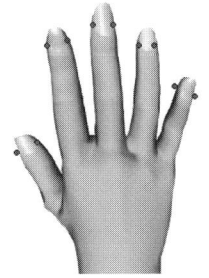

写真❶　治療ポイント　　　　　写真❷　指の圧迫のしかた

　左，右，左，というようにそれぞれの側に数秒ずつ意識を向ける。これを5往復繰り返す。

　そして，再び親指外側→薬指両側→中指両側→小指両側の順に爪の付け根を押す。

　以上の指の圧迫→意識の左右移動→指の圧迫の繰り返しがFAPの基本手順であり，これをDFP（De-fixation Program 固着解除プログラム）と名づけている。

　指の圧迫の順番は問題の種類によって異なる。代表的な問題別の指の圧迫パターンを表2に示す。前記の順番は心的外傷に対する標準的な手順である。

表2　問題別の固着解除パターン

| クライアントの問題 | 解除パターン |
| --- | --- |
| 不安・ストレス | 薬指 |
| 恐怖・特定の恐怖症 | 小指外→薬指 |
| 強迫感 | 薬指→親指外→薬指→親指外 |
| 見捨てられ不安 | 中指 |
| 怒り | 小指 |
| 心的外傷 | 中指→薬指→小指 |
| 複雑な心的外傷・パニック | 薬指→中指→小指 |
| 外傷がクリアな複雑な心的外傷 | 親指外→薬指→中指→小指 |
| 予期不安 | 薬指→親指内→薬指→親指内 |
| 激怒 | 親指外→薬指 |
| 憎しみ・恨みなどの深い感情 | 親指内→人差指 |
| 身体的苦痛 | 人差指→親指内 |

この手順を2,3度繰り返しても効果が上がらない場合は,治療を阻害する状態にあると考えられるので,治療抵抗の修正法として写真❸に示す臍周囲のポイントのいずれか

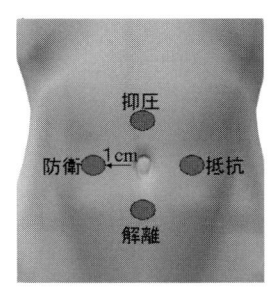

■抵抗　　臍左側1cm
■防衛　　臍右側1cm
■抑圧　　臍上1cm
■解離　　臍下1cm
このポイントを2本の指(人差指と中指)で押さえ,普通に呼吸し,呼吸に注目を向ける。

写真❸　治療抵抗の修正ポイント

(多くは臍の左)を人差指,中指で押さえ,10〜20秒間呼吸に意識を向ける。その後,再度DFPを実施する。これでたいていは効果が現れる。以上をSUDが3に下がるまで繰り返す。

### iii　効果の定着

SUDが3以下になったら,意識を左から右にゆっくりと身体の中を通り抜けるように移動させ,終了とする。

## b　FAPの実際

では,実際の治療例を紹介する。

### 事例1　30歳代,女性

**主訴**:爆発事故の場面のフラッシュバック,悪夢

**現病歴**:X年1月,夫と公園を散歩していたところ,爆発事故に遭遇した。爆発の場面は目撃しなかったが,爆発音のしたほうへ行ってみると人だかりができていた。夫から「見るな!」と言われたが,思わずのぞき込むと,片手,片足を吹き飛ばされた男性が血の海の中に倒れていた。長崎の原爆の地獄絵のようだったという。家に戻るとニュースでやっていたので思い出し,恐怖感がよみがえった。夜中に目が覚めると,血の海の場面を思い出してしまう。知り合いから「大変だったね」と声をかけられても余計に思い出してしまって,つらいとのこと。忘れようと思うがどうしても思い出してしまうため,相談に来た。事故から7日経っていたが,上記の話を始めると恐怖感がよみがえり,身

体が震え，涙が止まらなくなるのだった。そこでFAPを導入した。

**DFPの実施**：事故の場面の恐怖感をターゲットに治療を行った。SUDで8点とのことだった。

そのことを考えてもらいながら，前記の心的外傷の標準的な手順でDFPを1回実施したところ，SUDは6か7点。SUDの下がり方が今ひとつと思われたので，臍の左のポイントで治療抵抗の修正を行い，その後もう一度同じ手順を繰り返すとSUDは5点になり，恐怖感が薄れてきた。さらに同じ手順を2回繰り返したことでSUDは3点まで下がり，血の海の色がかなり薄れたとのことだった。そこで仕上げとして，効果の定着を行い終了した。本人は身体が軽くなった，少しボーッとするとのことだった。

その後はテレビで事故の報道を見ても，一瞬「ん？」という感じはするものの，場面のフラッシュバックも恐怖感も出なくなった。以後FAPを一度も使うことなく，事故から1年を経た現在も元気に過ごしている。

### c　FAPの特徴

以上は，トラウマに対するFAP治療の典型例といえる。治療時間は問診も含めて約30分，DFPのみだと15分ほどで終了している。このように短時間で効果があがるのがFAPの第1の特徴である。しかもその効果は，症状が完全に消えるか，あるいはほとんど気にならない状態になるほど大きなものである。

FAPの利点は手順の簡単さにもある。指の圧迫と意識の左右移動という単純な動作は覚えやすく，電話で指示しても行えるほど簡単である。また治療中に苦痛を味わうことがほとんどないのもFAPの利点である。

このような大きな効果をあげる治療法だと有害作用はないのかという質問が必ず出る。これまでの我々の経験では，有害と思われる現象は観察されていない。1つだけ比較的よく起こる現象としては，事例1で記したように治療後に意識が少しボーッとすることである。心身のリラクセーションのためと考えられ，じきにもとにもどるが，それまでは車の運転など危険を伴う作業は控えたほうがいいだろう。なおFAPでは記憶過誤（false memory）の問題は起こらないようである。

このケースでは，トラウマの治療に対する注意を喚起してくれる。人から「大変だったね」と言われ，状況を思い出すとかえってつらかったと答えているが，FAPはトラウマの再暴露がきわめて少ない治療法であり，指導が簡単で集団でも実施できるので，テロや凶悪犯罪，災害後のCISM（Critical Incident Stress Management）において，ASDやPTSDの発症を大幅に減らす重要な治療技法になりうると考えている。

以上のように，FAPは効果的で，かつ短時間で治療可能，方法が簡単で副作用もなく，幅広い問題・状況に適応できる治療法といえる。

## 2）FAP診断

### a FAP診断とは

指の圧迫の順番が問題の種類によって異なることはすでに述べたが，DFPで用いる圧迫の順番（解除パターン）はFAP診断によって導き出されたものである。

その方法は，写真❹のような姿勢で立ち，左右どちらかの手をはばたくようにぶらぶら振る。振る速さは1秒間に3～5回程度で，いずれかの指に何か反応が出れば，クライアントが実際に症状をもっていると判断する。指の反応とは，指が曲がる，指が突っ張る，指が痛いなどの治療者側の身体感覚である。クライアントが症状のことを考えていると指に反応が出るが，別のことを考えると指の反応が消えてしまうことが多い。そういった経験から，クライアントに症状が存在するとき，あるいは症状のことを考えたときには，クライアントの身体（主に脳内）で症状のないときとは異なった生化学的，生理学的，内分泌学的，免疫学的など

1. 手首の力を抜いて，手のひらをはばたくように腕を動かす。
2. 指が曲がるパターンを感じとる。

写真❹ 精神生理固着の検出方法

表3 問題別の指の反応パターン

| クライアントの問題 | 指の反応パターン |
|---|---|
| 不安感 | 薬指が1回だけ反応 |
| 恐怖感 | 薬指が曲がったまま |
| 見捨てられ不安 | 中指が反応 |
| 強迫感 | 薬指が曲がったり伸びたりを繰り返す |
| 特定できる心的外傷 | 中指→薬指→小指の順に反応 |
| 複雑な心的外傷 | 薬指→中指→小指に順に反応 |
| 怒り | 小指が反応 |
| 激怒 | 薬指，小指が反応（小指曲がったまま） |
| 身体的苦痛 | 親指が反応 |
| 予期不安 | 薬指→中指→薬指→中指の反応を繰り返す |

さまざまな身体レベルでの生体活動が起こっていると推測され，その状態を精神生理固着と呼ぶことにした。FAPでは「症状があること＝精神生理固着がある」と考える。

症状に関連した固着が検出できたら，次に「パターンの検出」とクライアントに発声してもらう。すると指が何かに取り憑かれたかのように，ある順番で曲がったり伸びたりを繰り返すことを経験する。反応する指の順番は問題の種類によって異なってくる。その反応パターンを表3に示す。そして問題の種類に対応する表2の解除パターンを使って，DFPを行うわけである。

SUDがなかなか下がらない場合，治療抵抗の修正を行うことはすでに述べたが，治療者が手を振りながらクライアントに「抑圧，抵抗，防衛，解離」と言ってもらい，いずれかを発声したときに中指が反応したら，そこが4つのうちの適切なポイントである。

以上が現時点におけるFAP診断による治療の形態である。我々は手を振って指の反応を拾うことで診断し，指のポイントの圧迫と意識の左右移動を中心に治療していく方法をFAPと呼ぶことにした。

### b FAP診断を用いた治療例

では，このFAP診断を用いて治療を行った例を紹介する。

> 事例2　40歳代，男性

　**主訴**：吃音
　**現病歴**：6年前に交通事故で入院し，それ以来，対人緊張がひどく，吃音で悩むようになった。面接では確かに何を話しているのか聞き取るのが困難な状態であった。そこで交通事故時の心的外傷の可能性を考え，FAPを実施した。
　**FAP診断を用いた治療**：クライアントに「交通事故のトラウマ」と発声してもらい治療者が手を振ると，最初に検出されたのは複雑な心的外傷のパターンであった。薬指→中指→小指のDFPによって治療を行い，再度「交通事故のトラウマ」と発声してもらうと，悔しさの反応が出た。これは我々が悔しさ，憎しみなどの「深い感情」と呼んでいるもので，人差指に反応が出る。親指内側→人差指という解除パターンでDFPを行い，再度「交通事故のトラウマ」と発声してもらうと，今度は怒りの反応が出た。そこで小指の治療を行い，再度「交通事故のトラウマ」と発声してもらったところ，反応がなくなった。精神生理固着が完全に解除されたと考えられる。そこで効果の定着を行って終了とした。
　後日，クライアントは「楽に話せるようになった」と報告してきた。実際，クライアントの声はよく聞き取れるようになっていた。事故で入院したとき，医師に自分のつらい状況をいくら説明しても理解してもらえず，病院の中で悔しい思いをしているうちに吃音がひどくなったことを思い出したということだった。

### c　FAP診断の特徴

　事例2で示したように，FAP診断を使って精神生理固着を同定しながら，問題に合ったパターンを使って治療していくと，ほとんどの例で問題の解消・軽減に導くことが可能である。事例1のように問題の特徴から解除パターンを推定して治療を行うことも可能だが，FAP診断を用いるほうが成功率が高い。
　この事例の治療過程からわかるように，「交通事故のトラウマ」について診断・治療を開始して，最初に出たのは心的外傷のパターンだったが，2度目には悔しさが，3度目には怒りのパターンが検出されている。そしてそれぞれが

このクライアントの経験と重なっているといえよう。一言で心的外傷といっても，複雑な感情や身体反応が絡んでおり，その治療過程はタマネギの皮を1枚ずつ剥いでいくかのごとくである。このような治療経験から，症状とはいくつかの固着が層構造を成してできあがっているということを実感としてとらえられるようになったのである。また指の反応をクライアントにフィードバックすることで，クライアントは単に症状がとれて楽になるだけでなく，自分の経験が何であったのかを認知的にもとらえ直すことができる。これもFAP診断の利点といえる。

それにしても本当に指の反応など起こるのだろうか。治療者の思い込みではないのか…。これまで数十人に指導した範囲では，まったく指が反応しなかった人はいなかった。しかし非常によく反応する人から一部の指しか反応しない人までさまざまであり，個人差はあるといえる。そのあたりは今後の検討課題である。

このような現象が信じられない方には，以下のような話をするにとどめておく。指の反応はクライアントからのある情報を受けとっていると考えることができる。この「情報」という言葉は森鷗外の造語らしいが，それ以前日本人はこの情報に相当するものを「気」と呼んでいたらしい。「気」は科学的に十分証明されているとはいえないが，我々がまだ検知する方法を発見していない情報伝達方法が存在する可能性も否定してはならないだろうと考えている。

### 3）FAPとトランス・アプローチ

FAPと現代催眠の関連について，大嶋や吉本[2]は以前から関心をもっていた。米沢はある事例を通して，FAPと現代催眠との関連を考えるようになった。それはアルコール依存症の女性例で，入院治療によって断酒に成功したが，徐々によくなるにつれ，今まで献身的に仕えていた義母との葛藤に悩むようになった。そこでその問題をFAP診断を用いて治療したところ，この女性は心地よいトランス状態になったのである。FAPによって深いリラクセーションが起こったと考えられる。

第Ⅱ部に詳しく紹介されているように，トランスとは古典的には意識の内的集中を指しているが，現代催眠では意識の外的集中，意識の放散，意識と無意識の分離（解離）などもトランスと考えている。この文脈でFAPをみていくと，すでに述べたように治療の結果，意識のボーッとした状態，つまり意識の放散が起こることは間違いない。また症状に意識を向けることで意識の内的集中も起こる。一方，問題に意識を集中しながら指を押す行為は意識と無意識の分離を起こしているといえる。意識の左右移動もこの分離の一種と考えられる。さらにFAP診断で手を振ることと指の反応に意識を向けることによって，治療者の意識も分離する。つまりトランス状態になるわけである。また治療者が固着を検出できるのは，手を振ることによって身体レベルでのチューニングを行うことになるからではないだろうか。現代催眠においては，治療者もまたクライアントとトランスを共有する過程において，両者の深層交流がいっそう活性化されるため，治療者はクライアントの情報を共体験的に受けとりやすい。したがってクライアントから無意識レベルで受けとった情報を治療者が指の反応で感受するプロセスには，明らかに観念運動応答法の内的メカニズムに通底するものが存在するのである。
　さらに，FAPでいう精神生理固着は催眠療法でいう状態依存記憶と同義であって，そこにトランスの中で再接近するメカニズムにも同質のものがあると考えられる。
　しかしFAPが暗示による治療かと聞かれれば，経験上，直接暗示やプラセボ効果ではないと答えることができる。クライアントが症状をまったくしゃべらなくても，問題のことを考えていてくれれば診断・治療ができるからである。
　では，FAPは現代催眠の一種だろうか。もしトランスのみで治療効果があがるとすると，指ではなく他の部位の刺激でもよさそうである。しかしそういったことはなかなか起こらない。やはり指の圧迫にも意味があるようである。我々は鍼灸のツボを治療ポイントとして選んだわけではないが，結果的に指のポイントは鍼灸のツボと同じ部位らしい。もし鍼灸の見方に立てば，ツボの圧迫によってエネルギーの流れの活性化などが起こっていると考えることができ

よう。つまり意識の内的集中と分離によるトランス状態において，経絡の刺激によって変化を起こしやすくするのがFAPと考えることもできる。いずれにせよ，FAPは発見されて間がなく，まだまだわからない部分が多い。しかしこの治療で得られるものの確かさは疑い得ない。そして，その過程で学んだいちばん大きなことは，変化する力はクライアントの中にこそあり，さらに援助する人の存在によってその力が強化されるということである。あたりまえのことと思われるかもしれないが，まったく言語を介さず，指を動かしたり意識を動かしたりというきわめて簡単な作業だけで，我々は自分の心の傷を癒せる大きな力をもっているという事実に直面しているのである。

また，「話を聞いてもらいだけで楽になる」というカウンセリングの基本は誰でも知っているが，その効果というのは，実は話ができたからだけではなく，向き合う2人が相手を深く志向することによって起こる，もっと根元的な，我々がまだ十分検知できないレベルの交流によって，他者の存在が自分の力を増幅するということを，FAPを通して実体的なものとして感じとれるのである（そして，これこそが心理療法全体に通底する本質でもあると考える）。

この治療法が多くの治療者の関心を呼び，広く叡知を集め，発展していくことを願うものである。

◆引用文献

1) Callahan, R.：Tapping the healer within; using thought field therapy to instantly conquer your fears, anxieties, and emotional distress. Contemporary Books, Illinois, 2001.
2) 大嶋信頼, 米沢宏, 松浦真澄, 中村俊規, 久藤文雄, 吉本雄史, 斎藤学：FAP（Free from Anxiety Program）；新しいトラウマ治療. アディクションと家族, 18(4); 529-536, 2001.
3) Shapiro, F.：Eye Movement Desensitization and Reprocessing; Basic Principles, Protocol, and Procedures. Guilford Press, New York, 1995.
4) 高崎吉徳：EMDRとTFT；PTSDの新しい治療. 精神科治療学, 13(7); 833-838, 1998.
5) 米沢宏, 大嶋信頼：FAP(Free from Anxiety Program)；トラウマに対する新しい治療. ブリーフサイコセラピー研究, 11; 114-119, 2002.

> コラム
## 私にとっての無意識論

　最近，現代催眠を集中的に勉強する機会に恵まれた。その結果，言の葉の入れ子を錯綜しながら，そこでは，無意識という言葉，あるいは催眠という言葉でさえ，援助的メタファーとして展開していく，そのやりとりの機微の多くを学ぶことができてきたようだ。

　ところで，フロイトによる無意識の発見以来，近代という時代の功罪として，20世紀一般の精神医学・心理学には意識的論理のみを尊重する由々しき機械論的視点がはびこってしまっていた。そこでいう「無意識」は常に個人への脅威であって，ネガティブなニュアンスに満ち満ちている。そうした風潮が実際，これまでの心理臨床の支障になっていたこと，と同時にそもそもクライアントの苦悩の一角をなしていたということさえ，私には否定し得ない。しかし，これに反して，現代催眠の文脈の中で私の出会った「無意識」は，優しく明るくおしゃべりで社交的な無意識であった。我々を包み込んで，癒してやまない。そんな無意識に支えられながら，安心して幸せな「夢」を旅すること。そんなニュアンスがどうやら現代催眠のコンセプトと受け止めた。

　ちなみに，私自身はTFT療法やFAP療法の臨床実践の延長として，現代催眠と出会った。それらTFTやFAPの療法には，愛／憎であれば憎のほうを除反応するような二項関係的ポリシーがある一方で，そこにとどまらず，なんというか達磨に目を入れたいという気持ちが強まっていた。すなわち，その治療効果をさらに暖かく包み込むような臨床のニュアンスを求めていた。そしてそれが現代催眠には確実にあった。共に共体験をベースに展開する治療技法でありながら，TFT，FAPと現代催眠とがそれぞれ，きっと療法の横糸と縦糸になって，治療の物語を紡いでいく，あるいは編み直していく作業そのものになりそうな，そんな予感に胸震わせている。

　さて，そんなことを思いめぐらせていると，ふと，私の目に恩師牧豊先生の姿が思い浮かぶ。院生時分に高齢者国際研究でハワイにご一緒した際，サ

ングラスでやに下がっておられた照れくさそうな笑顔。そして，陽の燦燦と照るワイキキビーチで，青二才の院生が知ったかぶりをして，砂に描くラカンの講義をうれしそうにきいてくださった姿と，サンオイルを塗ってさしあげたしみだらけの背中と…。そんな光に満ちた思い出である。医大生時分から「脳外科に来ない？」と声をかけていただきながら精神科医になってしまったが，それでも，私事でも臨床の場面でも困難にぶつかると，先生だったらどうおっしゃるだろう…と，いつも思うのである。

もともと精神科医だった先生は脳外科教授を退官後も，痴呆の「こころ」を大切に精神医療を展開しておられたが，在職中も退官後も，そして今も，なんだかいつも見守ってくださっていた…いる気がする。実際にふと気がつくと，先生が目の前におられる。「痴呆の患者はね。ものの意味はわからなくなっても，こころは燃えてるんだ」と教えてくださった先生が。そして，私の苦しいときや，「何か」を求めているときには必ず，目の前にいらした。院生時代にはなぜか退官後名誉教授の先生が精神保健学研究室の研究生として私の目前にいた。

先生はまた，よく「ヒトのこころには三身一体が大切なの」とおっしゃっていたのを思い出した。先生はよくこんな脳と心と身体の三身一体の話をされて学生と酒を酌み交わしながら，私たちの危なっかしい生き方を「OK！」と，そっと支えておられた。血気盛んな学生が恋の病におちたときにも，学問と人生と優しさを大切にされた先生の言葉のひとつひとつが，ひとりひとりの「こころ」を支えていた。

「こころとは，いったい何なのだろう」きっとそれは，本当は形もない，意味もないものに違いない，意味はヒトが与えるものだから，時にそれは「無意識」という枠組みを借りて，何かの意味を指しだすこともできるのかもしれない。そんな無意識の力に触れ，だからこそ確かな意味を受けとりながら，きっと必ず，ヒトとヒトとの出会いの中で，そして臨床の場面で，優しい「物語」をつむいでいく，そんな予感を我々に与えてくれる。それがたとえ臨床の場面であったとすれば，その時間，その場所で，確かにクライアントと共体験しながら，何かを営んでいくそんな足どりをたどることができれば，あるいはそんな手がかりをつかめる予感に出会えれば，それはそれで，人生

の中で何かの「幸せに出会う」ということと等しい何かなのかもしれない。そして，そんな幸せな「夢」とは，ひょっとすると光であったり，色であったり，感触であったり，やがて何かある身体の感覚にも近似されるような，そして私たちを夢幻の広がりの中に導いて，包み込んで，やがて支えてくれる何かであったりしてくれる，そんなものなのかもしれないな，とふと思うのである。

　ところで，最近，理論物理学がこころのなぞに挑戦し始めているということも，また私には心強い。その関心が未だ「意識」にあるというのが21世紀初頭の限界のようだが，私見では，こころというもののアフォーダンスを考えるとき，心がみるこころのアフォーダンスとは，それこそ「無意識」にほかならない。つまり，物性物理が，心のみるもののアフォーダンスを，もののアフォーダンスで測定しつつ立証していった事態について，さらに無意識とはあるのかないのか，そしてないのかあるのか，わからないようなものであるからには，その観測力点をどこにおくのかという問題を越えて，やはり，「無意識」というアフォーダンスを，心がこころをみるこころの尺度にする方法論がさらに一般的となろう。

　そして，このような臨床の実践が，やがては真に，こころの量子（入れ子）的な姿をあらわにするとき，その深い時，深い場所の中で，我々は，かのディラックやホーキング，ペンローズなどとも何かを共有しているのかもしれない。はたまた，ホーキングのいうように時間は手で触れられないから虚時間であるというのならば，またFAPがとらえるその虚の入れ子のようなこころの「感触」の中にも，いま，我々の「無意識」が何か構造化されながら，そこにまたふと何かを眼差すとき，やがて眼差される「こころ」と「無意識」とが時を越えたあらたな光の中で出会う，そんな予感を受けとることができるのかもしれない。

　少なくとも，そんな〈光〉を，ちょっとだけ，できたらクライアントと共有したい。ひょっとするとそれが私の「無意識」の願いなのかしら…と，いま，ふと思ったような気がしたのも，私の「こころ」の仕業なのかなと，夏の青空を眺めながら思うのである。

（精神科医　中村　俊規）

## 5 認知脳科学にみる意識変性のメカニズム
### ―心理臨床統合の手がかりとして―

カウンセラー　加藤　薫

　催眠療法は最も古い心理療法といわれている。フロイト（Freud, S.）が精神分析を確立していく過程の初期に催眠を用いていたのは周知の事実である。その後100年以上の間に，心理療法は多数の流派に分かれていった。1999年に執筆されたアメリカの臨床心理学者でアドラー派の心理療法家であるコルシーニ（Corsini, R. J.）の『心理学辞典』によれば，400種類を超える流派がある。

　催眠療法は催眠状態という意識の状態変化を基盤とした心理療法であるが，他の多くの心理療法の技法でも意識変性が誘発されている可能性がある。ここでは変性意識について最近の認知脳科学に基づく新しいパラダイムを提案するとともに，心理療法一般における意識変性についても論じる。

### 1）意識変性と脳

　意識変性について考えるとき，そもそも意識とは何かという問いかけに答える必要がある。意識の成立に脳神経がかかわっているのは当然であるが，従来は生きたままの人間の脳の内部現象をモニターする手段は，脳波測定など限られたものしかなかった。精神現象を客観的，科学的に研究するためには，脳内で起こっていることをブラックボックスの中で起こっていることとして扱い，入力刺激と，その結果出力されてくる反応や行動のみを分析の対象とする行動主義のような立場もあった。

　しかし，近年脳内活動を非侵襲的に画像的に解析する技術が開発されてきた。それらは，PET（陽電子励起断層撮影法），SPECT（光子励起断層撮影法），f-

MRI（機能的磁気共鳴画像法），MEG（脳磁場計測法）などである。これらの装置を使えば，意識の状態変化に応じて，脳のどの部分が活性化したり休止しているかを分析することができる。

もう1つ最近の意識研究に貢献しているのは，情報科学の分野で提唱されているニューラルネットワーク（神経細胞のネットワーク）の数学的解析による脳の高次機能のモデル化である。これらの最近の研究を踏まえつつ，意識状態の変化に伴い，脳内で起こっている現象を考察する。

意識という言葉が使われるとき，3つの意味を含んでいる。その1つは，睡眠と覚醒にかかわる意識である。次に，外界の様子や出来事に気づくことのできる状態を指す用語で，認知機能としての意識である。認知機能としての意識は一定の対象に関係する働きであるから，対象意識と呼ばれることもある。3つ目は自意識と呼ばれるものであり，自分自身に対する意識である。自意識は自我意識と自己意識に分けられることもある。自我意識とは，自分自身が行為の主体であると認識したり，自分は心身共にまとまりのある人間であることや，他人とは区別される存在であることを認識する意識である。自己意識は，自分を対象として見た場合の意識である。自意識は，情報処理的には自らの行っている情報処理を認識するためのメタ情報処理ということになる。これを，リカーシブ（再帰的）な意識と呼ぶ研究者もいる。

神経生理学者で睡眠と夢とのかかわりを長年研究してきたホブソン（Hobson, J. A.）は，意識状態を規定するものとして，3つの要素を仮定している。この3つの要素と上記の3つの意味の意識はある程度の関係があると思われるので，関連づけて説明する。

3つの要素の第1は活動レベル（要素A）で，脳神経システムの活性化の程度であり，脳全体の情報処理量を示している。これは睡眠と覚醒にかかわる意識とつながりが深い。第2は情報源（要素I）で，情報の入力が脳の外部から来るか，脳の内部から来るかを示している。覚醒と夢見の状態では，要素Aは両者とも活性化しており区別ができないが，要素Iは覚醒では外部，夢見では内部となっている。この要素Iは認知機能としての意識とつながりが深い。第3は神経調整作用（要素M）である。

神経調整とは，神経伝達と対比して使われる言葉である。神経伝達は，2つのニューロン（神経細胞）の間のシナプス（連絡部位）において，神経伝達物質が受け渡しされることにより行われる。一方，神経調整は中枢神経の情報処理過程に直接的に携わるニューロンではなく，少数のニューロンによって行われる。そのようなニューロンは脳の全ニューロンの総数の1％にも満たないが，ノルアドレナリン，ドーパミン，セロトニン（以上はアミン系物質），アセチルコリン（コリン系物質）といったものを脳の広い範囲に散布する形で放出する。こうして放出された物質は別のニューロンの受容体に結合することによって，細胞内部で生化学的反応を引き起こす。この種のニューロンは脳内の情報処理の主役を果たしているのではない。迅速に進行する神経伝達を側面から調整する形で影響を与える。

要素Mはコリン作動性調整に対するアミン作動性調整の割合として表される。睡眠時には要素Mは大幅に低下し，アミン作動性神経調整がきわめて減少している。夢見の状態ではコリン作動性神経修飾が活性化してくるために，要素Mはさらに低下する。

この要素は自意識と関係が深いと考えられる。自意識は左前頭前野の一部，ブロードマンの脳地図における46野が中心となっている脳内システムによって形成されているのではないかと考えられている。これはさらに認知心理学でいうワーキングメモリー（作業記憶）と密接な関係があるといわれる。ワーキングメモリーは，情報の短時間の保存と，それを行動や反応に反映させるという役割をもつ特殊な記憶の様式であるが，要素Mの低下によりその機能が減少すると推定される。

従来，催眠状態を含む変性意識状態は要素Aを中心として論じられることが多かった。催眠については，深い催眠状態と浅い催眠状態というように一次元的に分類されることが一般的であった。

意識状態のAIMモデルは意識変性の各種の様相を三次元的に表現することができ，催眠についても従来より多様にとらえることができるモデルといえる。催眠状態は要素Aが低下し，要素Iは時間経過とともに外部から内部に向かう。要素Mも低下すると推定されるが，この要素については今まであまり検討され

ていない。しかし，重要な意味をもつと考えられ，それについては後に述べる。

## 2）意識変性と心理療法

　意識状態の変化のためには，選択的意識集中が一定の役割を果たしうると考えられる。選択的意識集中により，要素Aは一旦上昇するが，その後の弛緩により反動的に低下する。またそのとき，注意集中の対象以外から入ってくる情報が抑制されるため，要素Iは外部から内部へ向かいやすくなっている。要素Mは注意集中が安定した気分で行われているとき低下すると推定される。

　注意集中の意識変性における役割については，エリクソン（Erickson, M.H.）と親交のあったローゼン（Rosen, S.）も指摘している。彼によれば，安定した気分で30秒ほどの間1つのことに集中することによって，60〜75％のクライアント（患者）が軽い変性意識状態に入ったという。すべての心理療法で何らかの集中のプロセスが含まれていることから，変性意識状態はすべての心理療法のバックグラウンドを構成しているとも考えられる。

　精神力動的な心理療法では，この状態は特定の話題に焦点を合わせたときにもたらされる。特に，感情や記憶に対して集中したときである。言葉を変えれば，焦点化されるものは一時に1つの精神内界現象である。ある質問がなされてそのような焦点化が達成される。例えば，「何が浮かんできましたか」「どんな気分ですか」などという質問である。また，クライアントがある記憶場面の詳細について述べるとき，例えば，色彩であるとか，形であるとか，手触りであるとか，あるものの位置関係であるとかについて述べるとき，変性意識状態は深まっていく。

　認知療法においては，変性意識状態は認知過程に注意の焦点を絞ることにより誘発される。認知過程とは，例えば，心の中で行うつぶやきや対話などである。このような集中によってもたらされた変性意識状態の中で，不適切な認知に変えて適切な認知をもつということが効果的に実現される。

　行動療法においては，変性意識状態はセラピストとクライアントがいろいろ

な行動課題について話し合っているときに，その行動課題に注意が集中することにより訪れる。また，行動課題を実行したときの様子について話し合うときも，それに焦点化することにより変性意識状態が訪れる。系統的脱感作療法などのようにイメージを使う技法においては，当然イメージへの集中により変性意識状態が訪れる。

　ユング派の治療技法であるアクティブ・イマジネーションやサイコシンセスの技法も，イメージを使っているという点で，変性意識状態を触発する。

　アドラー派の早期回想法も，人生の最も初期の思い出に注意を集中することにより，変性意識状態を招く。

　解決志向療法では，問題解決したあとの状態を詳細に述べる中で集中が起こり，変性意識状態が実現されると考えられる。

　ゲシュタルトセラピーでは，無意識的に行っていた身体動作に気づいたり，クライアントの中の認知や感情の一部になりきる役割演技をする過程で集中が起こり，変性意識状態が起こりうる。

　各種のボディワークでは，身体感覚や動作に注意を集中することによって，やはり変性意識状態が実現されるといえる。

　家族療法においては，セラピストの前での家族メンバー間のコミュニケーションの形式に注意を集中することを促すことにより，変性意識状態が起こりうる。

　最近勃興してきたトランスパーソナル心理療法においては，はっきり自覚的に変性意識状態を活用することを標榜している技法もある。それらは，例えば，ホロトロピック・ブリージングやプロセス指向心理学の技法，ハコミセラピーの技法などである。

　日本ではまだ認知度が低いエナジーサイコセラピーと呼ばれる心理療法においても，変性意識状態が起こっていると考えられる。これは，心身を包括しているエネルギーや情報のシステムを変化させるために，身体のポイントに圧迫や叩打を加える技法で，本書に紹介されたFAPをはじめ，TFT，EFTなどの技法が知られている。これらの技法においては，問題に注意を集中しながら身体のポイントを刺激することが変性意識を招いていると考えられる。

PTSDの治療法として開発され，今では広く各種の問題に適用されているEMDRも，変性意識が治療過程に関与していると思われる。EMDRは眼球運動による脱感作と再処理法という名前が示すように，眼球運動を用いている。感情や身体感覚や認知を心の中に保持しつつ，すばやく眼球運動を行うというプロセスは，かなりの集中力を要し，変性意識状態を招いていると考えられる。最近の研究では，眼球運動の代わりに視線を一点に固定するという技法でも同種の効果が上がると報告されているが，これは，伝統的な催眠導入において使われてきた凝視法を彷彿とさせる。後述するが，変性意識状態では，日常意識状態よりもイメージや認知の連鎖が起こりやすくなる。EMDRの適用過程において，クライアントのイメージや認知は活発に変化していくが，これは変性意識状態の特徴を示しているといえる。

### 3）変性意識状態の効能

このような変性意識状態の中で自己治癒力が活性化されるという考え方がある。自律訓練法の創始者の1人であるルーテ（Luthe, W.）は，自律訓練法によって実現できる変性意識状態はトロフォトロービック（向栄養的）な状態であると述べ，そのとき心身の自律的治癒過程が十分に進行すると考えた。

現代の認知脳科学でも変性意識状態が心理的な治癒プロセスを促進することが推察される。

要素Mの神経調整に関係するアミン系物質であるドーパミンやノルアドレナリンといった物質は，神経伝達における強い信号は増強し，弱い信号は弱めるという働きをもつ。つまり，コントラストを強めるように作用するのである。情報処理の観点からみれば，強い信号を増強し，弱い信号を弱めるということは，そのシステムの背景の非特異的活動，すなわち雑音に対する信号の比率を増大させることにほかならない。ドーパミンとノルアドレナリンは，ニューラルネットワークの信号・雑音比（シグナル・ノイズ比，SN比）を変化させるのである。

脳内では，各種の認知や感情はネットワークとして保持されているといわれ

ており，これを意味ネットワークという。SN比の増大は，意味ネットワークの構成要素の各々の独立性を高める一方，SN比の減少は意味ネットワークの各要素のつながりを促進することがわかっている。つまり，SN比の減少は，心的レベルでは連想の能力を高める結果になる。

SN比の減少はアミン系物質の分泌の減少によって引き起こされることから，変性意識状態の特徴の1つとして，アミン系物質の分泌減少すなわち要素Mの減少に注目すれば，変性意識状態においては連想能力が高まっていることになる。

前述のように，催眠療法以外の心理療法においても，注意集中という過程の中に変性意識状態を誘発する側面があるが，そのようなときには，脳内の意味ネットワークの各要素のつながりが日常よりも高進している。したがって，新しいものの見方が形成されたり，新しい反応や行動のしかたが獲得されやすくなっている。

アミン系物質の分泌減少は，気分のレベルでは，安心や落ち着きといったものとして自覚される。したがって，従来から経験的にいわれていたように，どのような心理療法の技法を使うにせよ，セラピストとクライアントの間の良好な関係が心理療法の効果を上げるために大切であるということは，脳内の情報処理の観点からも推定される。

## 4）セラピストとクライアントの関係性

変性意識の実現のために，クライアント側の要因のみならず，セラピストとクライアントの関係性の要因も重要であることは，やはり脳内の情報処理過程の観点からも推察される。そもそも，心理療法自体における関係性の重要さは，従来から指摘されてきたことである。

心理療法の比較研究で有名なランバート（Lambert, M. J.）の研究によれば，クライアントがセラピストを温かくて信頼でき，客観的に判断する能力があり，共感的だととらえているとき，あらゆる心理療法において問題解決のプロセスが促進されることが強調されている。

従来の催眠療法においては，伝統的には催眠導入前のラポール（肯定的な人間関係）について言及されることはあっても，セラピストがクライアントにどのように働きかけるかという，一方方向のとらえ方が一般的であった。しかし，現代的な催眠療法においては，セラピストとクライアントとの相互作用が重視される。

ここではさらに，認知脳科学的にセラピストが変性意識状態に入ることがクライアントを変性意識状態に導くうえで役立つということを論じる。

自己と他者を関係づけるニューロンとして，ミラーニューロンというものが，イタリアのガレーゼ（Gallese, V.）とリゾラッティ（Rizzolatti, G.）たちのグループによって，1990年代初頭に発見された。

最初は，猿の大脳皮質の腹側運動前野の領域において発見されたニューロンであったが，現代では，人間の脳でも同種のものが存在する可能性が認められている。このミラーニューロンに類するニューロンが，目の前の人物が特定の意識状態にあるとき，その影響を受けて自分自身も同種の意識状態になることに関与する可能性がある。

そもそも，ミラーニューロンとは，他者がある行動をしていることをみたときにも，また自分自身が同じ行動をしたときにも共に活性化するという性質をもつニューロンである。ここで，行動の代わりに意識変性という言葉を当てはめれば，他者が変性意識状態に入ることに呼応して，自分も変性意識状態に入ることに寄与するニューロンが存在する可能性もあるかもしれない。

脳は入力された外部情報をそのニューラルネットワークによって処理し，出力としての反応や行動をもたらすが，その出力が他者のニューラルネットワークの入力となるという連鎖により，セラピストとクライアントの各々のニューラルネットワークがさらに大きなニューラルネットワークを構成するというとらえ方もできる。

## 5）脳の並行情報処理とトランス・アプローチ

変性意識状態の一種としての催眠状態では，伝統的な技法においては直接的

な暗示が使われることが多かった。これは，変性意識状態において，特にワーキングメモリーの働きが弱まっている状態を活用したといえる。

現代的な催眠療法では，直接的な暗示よりも隠喩や逸話などにより，連想促進的に問題解決にかかわる考え方や見方をクライアントにとらせようとするが，これはワーキングメモリーの十分な休止を目指すのではなく，上述の脳内の神経調整の変化を媒介として，今まであったが活性化されていなかった意味情報を活性化し，活用していく方策をとっていると考えられる。

脳内の情報処理の中心となっているのは並行情報処理であるといわれている。これはお互いに独立した情報処理が同時に行われ，それらが統合されて最終的な反応や行動になるという考え方である。催眠療法においては，意識と無意識という並行した情報処理の過程を活用することを重視するが，これは，脳内の情報処理の特性に沿った考え方といえる。

現代的な催眠療法では，このような脳の特性をいっそう活用しようとしているとも考えられる。表面上はセラピスト自身やクライアント以外の人物のことを話しているようであっても，それがクライアント自身の問題の解決に寄与することを目指し，語りかけるという技法が現代的な催眠療法の中にはあるが，これなど，多元的な情報処理を出来得る脳であればこそ，活用できる情報の入力形式である。

また，問題に関与した情報処理を行っている脳内のニューラルネットワークとともに，同時並行的に解決に貢献しうる脳内のニューラルネットワークも存在するという仮定も成り立つ。

伝統的な催眠療法では，そのような解決に貢献しうる脳内のニューラルネットワークの活性化に寄与することを心がけた技法はあまりなかったようにも考えられるが，現代的な催眠療法では，クライアントのリソース（内的資源・資質）を重要視するという立場に立った技法が中心となる。

そのような解決に貢献しうる脳内のニューラルネットワークの活性化は，クライアント側だけに起こるのではなく，セラピスト側にも起こると考えられる。それは，前述のごとくクライアントとセラピストが入出力の連鎖を通じてより大きなニューラルネットワークを形成しているととらえることができるので，

クライアントの問題解決に取り組んでいる最中，セラピスト側にも解決に貢献しうる技法のアイデアが浮かんできたり，セラピスト自身が自覚していない無意識のレベルで，クライアントに解決のための働きかけをしているということもありうるだろう。

　以上，認知脳科学から催眠について考察してきた。意識や意識変性については，従来はきわめて主観的なテーマであるので，行動科学的，あるいは身体生理学的に客観化し，研究することは困難であるといわれてきた。しかし，前述のように現代の研究技術の急速な発展により，このテーマに直接探索の手を伸ばしている専門家が世界中に多数出てきた。今後は，最古の心理療法である催眠療法がこのような最新の研究によって，その本質がいっそう解明され，それを1つの手がかりとして，さらに心理療法全体の統合のために貢献しうる可能性があると考えている。


◆参考文献
1. Hobsom, J. A.: Consciousness. W. H. Freeman and Company, New York, 1999.（澤口俊之訳：意識と脳．日経サイエンス社，東京，2001．）
2. 茂木健一郎：心を生み出す脳のシステム．日本放送出版協会，東京，2001．
3. Rosen, S.: One thousand Induction techniques and their application to therapy and thinking. In: (ed.), J. K. Zeig. Ericksonian Methods: The Essence of the Story. Brunner/Muzel, New York, 1994.
4. Spitzer, M.: Geist im Netz. :Spektrum Akademischer Verlag, Heidelberg. Berlin, Oxford, 1996.（村井俊哉，山岸洋訳：回路網のなかの精神．新曜社，東京，2001．）

# 索　引

## A to Z

Adler, A. ································1
affordance ····························2
altered states of consciousness ····4, 123
ASD·································279
Bateson, G. ························255
Berg, I. K. ··························240
BFTC ···················240, 241, 251
Brief family therapy center ··········240
CISM ······························279
Coping Question ··················103
Critical incident stress management ··279
DDNOS ···························219
De-fixation program ············275, 276
de Shazer, S.·······················240
DFP ··275, 276, 277, 278, 279, 280, 281
DID ································219
Disorders of extreme stress not otherwise specified ························219
Dissociative identity disorder ········219
DSM-IV ····························86
EBM ·······························182
ego state···························227
Ellenberger, H. F. ·····················8
EMDR ······83, 219, 221, 224, 227, 237, 275, 293
Erickson, M. H. ··2, 8, 18, 113, 114, 164, 232, 251
Evidence based medicine ··········182
Eye movement desensitization and reprocessing ················83, 219
false memory ······················278
FAP ····57, 236, 275, 276, 277, 278, 279, 280, 281, 282, 283, 284, 285, 287, 292
Flournoy, T. ··························8

f-MRI ······························288
Free from anxiety program ··········275
Freud, S. ······················1, 73, 288
Gallese, V. ·························295
Haley, J. ························4, 252
Hobson, J. A. ······················289
Hypnotherapy without trance ········244
hypnotic reality ····················115
Jackson, D. ························255
Janet, P.························1, 129
Jung, C. G. ·····················1, 73
KWIC ······························139
Laing, R. D. ·······················120
Lambert, M. J. ·····················294
language-games ···················244
Luthe, W. ··························293
Madanese, C. ·····················255
meaningful words / wording··········155
MEG ······························289
Myers, F. ····························8
Narrative based medicine ··········182
naturalistic approach ·········116, 250
NBM ······························182
non-hypnotic reality ···············115
permissive approach ··············116
PET·························179, 288
POMR ····························228
Post traumatic stress disorder········219
PTSD ······219, 227, 228, 229, 230, 275, 279, 293
RAP································139
resources ···························2
reviewing ·························139
Rizzolatti, G. ······················295
Rogers, C. ·························10
Rosen, S. ·························291

索　引　299

Rossi,E. ················113, 169
SFA ······103, 240, 241, 242, 245, 246,
　247, 250
shema of body dynamics ··266, 267, 268,
　270
SPECT ······················179, 288
state-dependent memory ·········228
state dependent memory & learning ··126
subjective unit of distress············275
SUD ···············275, 277, 278, 280
talk-question and answer···········228
TFT ················57, 275, 285, 292
traumatic memories ············219, 228
Unbewusste ·····················1
Uncommon Therapy ················252
unconscious ·····················1
utilization approach ··············116
Weitzenhoffer, A. ··················181
Zeig, J. K. ·····················165

あ

アードラー······················1, 2
悪循環過程······191, 193, 194, 195, 198,
　199, 306
アクティブ・イマジネーション······292
アクティングアウト················138
アナロジー······················259
アネクドート················12, 45, 49
アフォーダンス················2, 287
アンカバーリング··············73, 113
アンコモンセラピー················118
暗示········13, 18, 19, 20, 39, 87, 116,
　123, 125, 142, 144, 146, 236, 239, 241,
　264, 283
暗示的アプローチ············12, 38, 39
暗示的メッセージ···················37
安全システム·················86, 87
暗喩···························4, 61
意識化············73, 75, 103, 148, 236

意識的な努力 ······90, 91, 108, 109, 233
意識的なパターン···················154
意識的文脈·······················103
意識的無意識的感覚··················139
意識と無意識の協調··············26, 29
意識と無意識の分離············126, 283
意識と無意識を統合する··············5
意識の成立·······················288
意識の流れ···············130, 148, 239
意識の放散·······················283
意識レベル··10, 12, 67, 74, 127, 150, 233
依存心性························67
意味ネットワーク··················294
イメージ········9, 14, 20, 21, 33, 61, 83,
　90, 91, 95, 112, 116, 117,118, 124, 125,
　126, 128, 135, 139, 152, 155, 165, 170,
　189, 191, 198, 219, 221, 227, 232, 241,
　243, 244, 247, 250, 292, 293
イメージ技法 ················181, 220
イメージの活性化··················152
医療面接························143
陰性感情························57
インテーク ···············146, 267, 268
インナーチャイルド 57, 61, 220, 221, 227
隠喩········4, 12, 75, 86, 180, 255, 296
引用················4, 9, 12, 148, 154
ヴァイツェンホッファー··············181
ヴォイスクオリティー···············79
運動的催眠暗示····················144
エナジー・サイコセラピー···········275
エピソード ······4, 8, 9, 12, 46, 69, 107,
　118, 148, 154, 186, 202, 208, 209, 210,
　215, 233, 254
エリクソニアン・セラピー·········12, 13
エリクソニアン・ヒプノシス ··126, 129
エリクソン··2, 3, 4, 5, 8, 12, 18, 19, 20,
　21, 113, 114, 115, 116, 117, 118, 119,
　120, 121, 127, 128, 137, 140, 148, 232,
　233, 235, 236, 239, 241, 242, 244, 245,

252, 253, 254, 255, 256, 257, 258, 259, 260,
エリクソン催眠‥153, 199, 250, 251, 252, 253, 258, 260
エレンベルガー‥‥‥‥‥‥‥‥‥‥‥8
援助モデル‥‥‥‥‥‥‥‥‥‥‥8, 235
オリエンテーション‥‥‥‥‥‥‥‥165

[か]

解決イメージ‥‥‥‥‥‥‥‥‥‥‥247
解決志向アプローチ‥‥‥103, 182, 184
解決の構築‥‥‥‥‥‥‥241, 243, 248
外在化‥‥‥‥‥‥‥‥‥‥24, 182, 228
外傷的記憶‥‥‥‥‥‥‥219, 228, 230
外傷体験‥‥‥‥‥‥‥‥‥‥199, 201
下位体系‥‥‥‥‥‥‥‥‥‥‥‥123
外的リソース‥‥‥‥‥‥‥‥‥‥121
解離‥‥20, 219, 228, 230, 277, 280, 283
解離性健忘‥‥‥‥‥‥‥‥‥‥‥134
解離性遁走‥‥‥‥‥‥‥‥‥‥‥216
解離能力‥‥‥‥‥‥‥‥‥‥219, 228
覚醒‥‥‥‥‥57, 140, 145, 169, 171, 178, 179, 181, 183, 187, 206, 210, 211, 213, 215, 221, 270, 289
家族システム‥‥‥‥‥‥‥‥‥‥254
家族面接‥‥‥‥‥‥‥‥‥‥‥‥255
課題努力法‥‥‥‥‥‥‥‥263, 264
カタルシス‥‥‥‥‥113, 135, 188, 215
ガレーゼ‥‥‥‥‥‥‥‥‥‥‥‥295
感覚移動法‥‥‥‥‥‥‥57, 185, 186
感覚システム‥‥‥‥‥‥‥‥‥24, 25
観察自我‥‥‥‥‥‥‥‥‥‥‥‥228
間主観的体験‥‥‥‥‥‥‥‥‥‥82
間主観的本質‥‥‥‥‥‥‥‥‥‥‥3
間接暗示‥‥‥‥‥79, 125, 126, 129, 165
間接刺激‥‥‥‥‥‥‥‥‥‥‥‥206
間接的アプローチ‥‥‥‥‥‥153, 154
間接的な暗示‥‥‥‥‥‥‥18, 19, 165
観念運動‥‥‥12, 103, 125, 126, 147, 188

観念運動応答法‥‥‥‥103, 126, 173, 283
観念運動現象‥‥‥‥‥‥‥‥‥‥118
記憶過誤‥‥‥‥‥‥‥‥‥‥‥‥278
記憶的催眠暗示‥‥‥‥‥‥‥‥‥144
偽オリエンテーション‥‥‥‥‥‥119
偽神経症状‥‥‥‥‥‥‥‥‥‥‥184
基礎体系‥‥‥‥‥‥‥‥‥‥‥‥124
機能的磁気共鳴画像法‥‥‥‥‥‥289
逆説的アプローチ‥‥‥‥‥‥‥‥258
共感過程‥‥‥‥‥‥‥‥‥‥‥‥232
凝視法‥‥‥‥‥‥‥147, 210, 212, 293
共生の感覚‥‥‥‥‥‥‥‥‥‥‥67
共体験過程‥‥‥‥‥‥‥‥232, 236
共体験的コミュニケーション‥‥‥265
共同注視‥‥‥‥‥‥‥‥‥‥82, 83
強迫性向‥‥‥‥‥‥‥‥‥‥‥‥11
許容的アプローチ‥‥‥‥‥‥79, 116
クライアント（患者）‥‥‥3, 8, 15, 112, 125, 232, 291
クリスタル・ボール・テクニック‥‥241
言語ゲーム‥‥‥‥‥‥‥‥244, 245
言語刺激‥‥‥‥‥‥‥‥‥‥11, 14
顕在的記憶‥‥‥‥‥‥‥‥‥‥‥107
現実吟味能力‥‥‥‥‥‥‥‥124, 152
現実性志向‥‥‥‥‥‥‥‥‥‥‥232
現代催眠‥‥113, 129, 131, 150, 154, 155, 173, 174, 189, 190, 275, 282, 283, 285
現代的な催眠療法 113, 131, 181, 295, 296
現代臨床催眠‥‥‥‥‥‥‥‥153, 228
健忘暗示‥‥‥‥‥‥‥‥‥‥140, 216
光子励起断層撮影法‥‥‥‥‥‥‥288
構成主義的本質‥‥‥‥‥‥‥‥‥233
肯定的認知‥‥‥‥‥‥‥‥224, 227
行動体系モデル‥‥‥‥‥‥‥‥‥123
五感‥‥‥‥‥‥‥48, 67, 68, 173, 206
呼吸法‥‥‥‥‥‥‥‥‥‥‥‥‥153
後催眠暗示‥‥‥‥‥‥135, 145, 169, 213
固着解除プログラム‥‥‥‥‥‥‥276
後倒暗示‥‥‥‥‥‥‥‥‥‥‥‥264

コラボレイティブ・アプローチ‥‥‥120
これから起こる解決 ‥‥‥242, 243, 250
コンテクスト ‥‥‥‥113, 238, 239, 244
コンテント ‥‥‥‥‥‥‥112, 238, 239

### さ

ザイグ‥‥‥‥‥‥‥‥‥‥‥‥‥165
斉藤稔正‥‥‥‥‥‥‥‥‥‥‥4, 123
再発の勧め‥‥‥‥‥‥‥‥‥‥‥259
催眠感受性‥‥‥‥‥145, 147, 181, 219
催眠研究‥‥‥‥‥‥‥115, 118, 264
催眠者―被験者関係‥‥‥‥‥‥‥115
催眠状態における現実感‥‥‥‥‥115
催眠的アプローチ‥‥‥125, 128, 130, 131,
　140, 151, 152, 154, 173, 174, 207
催眠的トランス‥‥‥‥‥‥‥‥‥116
錯綜法‥‥‥‥‥‥‥‥‥‥‥‥29, 61
散在法‥‥‥‥‥‥‥‥‥‥‥‥‥29
自我意識‥‥‥‥‥‥‥‥‥‥‥‥289
自我強化的メッセージ‥‥‥‥‥‥69
視覚 ‥‥‥24, 25, 57, 67, 177, 206, 220,
　227, 228
時間・空間歪曲‥‥‥‥‥‥‥‥‥228
自己意識‥‥‥‥‥‥‥‥‥‥‥‥289
自己課題‥‥‥‥‥‥‥‥‥‥‥‥263
自己催眠‥‥‥‥‥‥‥‥118, 119, 148
自己受容‥‥‥‥‥‥‥‥10, 11, 66, 67, 69
自己身体イメージ‥‥‥‥‥‥‥‥95
自己治癒力‥‥‥‥‥‥‥‥21, 114, 293
自己統合‥‥‥‥‥‥‥‥‥3, 10, 11, 66
自己不全感‥‥‥‥‥‥‥‥‥‥‥66
自然なアプローチ‥‥‥‥‥‥116, 250
自然な共感‥‥‥‥‥‥‥‥‥‥‥67
自然発生的なトランス‥‥‥‥‥‥153
ジャクソン‥‥‥‥‥‥‥‥‥‥‥255
ジャネ‥‥‥‥‥‥‥‥‥‥‥‥1, 129
主人格‥‥‥‥‥‥‥‥‥212, 213, 214
主体的な探索活動‥‥‥‥‥‥‥‥155
受動的なポジション‥‥‥‥‥‥‥147

ジョイニング‥‥‥‥‥‥‥‥‥‥120
上位体系‥‥‥‥‥‥‥‥‥‥‥‥123
症候移動‥‥‥‥‥‥‥‥‥‥‥‥188
症状受容‥‥‥‥‥‥‥‥‥‥‥10, 11
症状の処方‥‥‥‥‥‥194, 195, 198, 199
状態依存記憶‥‥‥113, 129, 199, 228, 283
情動記憶‥‥‥‥‥‥‥‥‥‥‥‥228
情報処理のパターン‥‥‥‥‥‥‥154
触運動覚‥‥‥‥‥‥‥‥‥‥‥‥67
除反応‥‥‥‥‥‥‥‥‥‥‥228, 285
自律訓練法‥‥‥‥135, 143, 153, 167, 174,
　184, 187, 197, 293
人格状態‥‥‥‥‥‥‥‥‥‥‥‥227
深呼吸法‥‥‥‥‥‥‥‥‥‥‥‥145
深催眠‥‥‥‥‥‥‥‥‥‥‥135, 228
深層交流‥‥‥‥‥‥‥‥‥‥‥33, 283
身体運動‥‥‥‥‥‥‥107, 125, 262, 263
身体療法‥‥‥‥‥‥‥‥141, 143, 206
心的外傷 ‥‥‥2, 120, 219, 228, 276, 278,
　280, 281, 282
心理療法の統合‥‥‥‥‥‥‥233, 236
神話産生機能‥‥‥‥‥‥‥‥‥‥8
スクリプト ‥8, 9, 10, 11, 12, 13, 14, 15,
　24, 25, 28, 29, 33, 49, 53, 57, 61, 68,
　74, 79, 83, 86, 87, 90, 91, 95, 98, 99,
　102, 103, 106, 107, 109, 171, 187, 188
すでにある解決 ‥‥‥‥‥242, 243, 250
ストーリー‥‥‥‥‥‥4, 8, 9, 165, 171, 233
ストラテジー催眠療法‥‥‥‥‥‥129
ストラテジック・アプローチ‥‥‥199
ストラテジック派 252, 253, 258, 259, 260
ストラテジック・モデル‥‥‥‥‥252
スプリッティング‥‥‥‥‥72, 73, 103
スポーツ動作法‥‥‥‥‥‥‥‥‥262
生態学的認知論‥‥‥‥‥‥‥‥‥2
生体防御機構‥‥‥‥‥‥‥‥‥‥206
生命感覚‥‥‥‥‥‥‥‥11, 126, 173
折衷催眠療法‥‥‥‥‥‥‥‥‥‥129
折衷法‥‥‥‥‥‥‥‥‥‥‥‥‥148

セラピストークライアント‥‥‥‥‥149
潜在的記憶‥‥‥‥‥‥‥‥‥‥‥‥107
選択的意識集中‥‥‥‥‥‥‥‥‥‥291
選択的注意集中‥‥‥‥‥‥‥‥‥‥227
早期回想法‥‥‥‥‥‥‥‥‥‥‥‥292
操作‥‥‥‥‥‥123, 130, 217, 221, 245
創造的機能‥‥‥‥‥‥‥‥‥‥‥‥‥8
ソリューション・トーク‥‥‥‥242, 246
ソリューション-フォーカスト・
　アプローチ‥‥‥‥‥‥‥‥‥‥240

### た

体験のしかた‥‥‥‥‥67, 113, 128, 263
代替療法‥‥‥‥‥‥‥‥‥‥‥‥‥234
対話‥‥‥‥103, 171, 178, 228, 242, 244,
　246, 291
高石‥‥‥‥‥‥‥‥‥‥‥‥‥‥‥129
他者催眠‥‥‥‥‥‥‥‥‥136, 148, 174
脱感作‥‥‥‥‥‥57, 219, 224, 227, 293
脱催眠‥‥‥‥‥‥‥‥‥‥‥‥‥‥143
達成感覚‥‥‥‥‥‥‥‥‥‥‥‥‥126
種まき‥‥‥‥‥‥‥‥‥‥‥‥25, 103
注意集中‥‥‥‥‥152, 197, 265, 291, 294
チューニング‥‥‥22, 53, 79, 109, 150
聴覚‥‥‥‥‥14, 24, 25, 57, 67, 177, 206
直接暗示‥‥‥69, 125, 126, 129, 142, 207,
　212, 213, 214, 215, 216, 283
治療的（therapeutic）トラウマ‥‥‥‥120
治療的方略‥‥‥‥‥‥‥‥‥‥‥‥265
治療同盟‥‥‥‥‥‥‥‥‥‥80, 82, 189
治療モデル‥‥‥‥‥‥‥‥128, 234, 240
定型的な催眠法‥‥‥‥‥‥‥‥‥‥147
ディ・シェイザー‥‥‥‥‥‥‥240, 241
統合‥‥‥‥5, 11, 40, 45, 57, 69, 108, 127,
　130, 131, 134, 148, 182, 234, 236, 288,
　296, 297
動作課題‥‥‥‥‥‥‥263, 265, 267, 268
動作活動‥‥‥‥‥‥‥‥‥‥‥‥‥263
動作訓練法‥‥‥‥‥‥‥‥‥‥‥‥262

動作的援助‥‥‥‥‥‥‥‥‥‥‥‥263
トラウマの再暴露‥‥‥‥‥‥‥‥‥279
トランス・アプローチ‥‥‥123, 146, 232,
　234, 241, 251, 282, 295
トランス状態‥‥‥4, 10, 11, 13, 15, 20, 57,
　61, 67, 91, 97, 106, 115, 119, 123, 140,
　147, 168, 185, 230, 238, 241, 265, 272,
　282, 283, 284
トランスに入る‥‥104, 106, 220, 250, 253
トランスの深浅度‥‥‥‥‥‥‥‥‥173
トランス・ワーク‥‥‥11, 12, 13, 14, 68,
　69, 74, 75, 78, 82, 83, 108, 109
努力活動‥‥‥‥‥‥‥‥‥‥‥‥‥264
努力のしかた‥‥‥‥‥‥‥‥‥‥‥263

### な

内的集中状態‥‥‥‥‥‥‥‥‥‥‥148
内的リソース‥‥‥4, 29, 66, 115, 120, 127
内発的な動機づけ‥‥‥‥‥‥‥‥‥14
内容‥‥‥‥‥‥‥‥‥‥‥‥‥‥‥112
ナラティブ‥‥‥‥‥‥‥‥‥4, 24, 182
ナラティブ・アプローチ‥‥‥‥120, 237
成瀬‥‥‥‥113, 127, 128, 143, 144, 205,
　232, 239, 262, 263
二項関係‥‥‥‥‥‥‥‥‥‥‥95, 285
日常トランス‥‥‥‥‥‥‥‥‥153, 154
ニューラルネットワーク‥‥‥‥289, 293,
　295, 296
ニューロン‥‥‥‥‥‥‥‥‥‥290, 295
認知脳科学‥‥‥‥‥‥107, 288, 293, 297
認知変容‥‥‥‥‥‥‥‥‥‥‥‥‥228
年齢・時間退行‥‥‥‥‥‥‥‥‥‥126
年齢退行‥‥‥29, 57, 125, 135, 208, 210,
　211, 220, 222, 228
脳磁場計測法‥‥‥‥‥‥‥‥‥‥‥289
ノンバーバルなコミュニケーション‥‥79

### は

バーグ‥‥‥‥‥‥‥‥‥‥‥‥‥‥240

パースペクティブ ‥‥‥‥‥‥190, 239
曝露法 ‥‥‥‥‥‥‥‥‥‥179, 182
林‥‥‥‥‥‥‥‥‥‥‥‥‥‥130
パラドキシカルな状態 ‥‥‥‥‥‥33
反応特性 ‥‥‥‥‥‥20, 61, 147, 235
反応妨害法 ‥‥‥‥‥‥‥‥179, 182
被暗示性テスト‥‥‥‥‥‥‥‥‥144
非・意識化過程 ‥‥‥‥‥‥‥‥‥75
非現実性志向 ‥‥‥‥‥‥‥‥‥232
被催眠性 ‥‥‥‥‥‥‥‥‥135, 136
非指示性 ‥‥‥‥‥‥‥‥‥‥‥‥10
否定的認知 ‥‥‥‥‥‥‥‥224, 227
ファンタジー ‥‥‥‥‥‥‥‥‥232
フィードバックループ ‥‥‥‥‥126
複雑な心理的機序 ‥‥‥‥‥‥‥207
腹式呼吸 ‥‥‥‥‥‥‥‥‥‥‥144
副人格 ‥‥‥‥‥‥‥‥‥‥213, 214
普遍的な意識状態 ‥‥‥‥‥‥‥‥4
ブリーフセラピー ‥‥‥‥103, 235, 236
フルールノワ ‥‥‥‥‥‥‥‥‥‥8
フロイト ‥‥‥1, 2, 73, 136, 218, 285, 288
ブロードマンの脳地図 ‥‥‥‥‥290
プロセス指向心理学 ‥‥‥‥‥‥292
分割 ‥‥‥‥‥‥‥‥‥‥‥‥‥‥72
文脈（コンテクスト）‥‥‥‥‥112
分離の機能 ‥‥‥‥‥‥‥‥‥‥‥8
ベイトソン ‥‥‥‥‥‥‥‥‥‥255
ヘイリー ‥252, 253, 254, 255, 256, 257, 258, 259, 260
変化（治癒）‥‥‥‥‥‥‥‥‥112
変性意識 ‥‥‥4, 12, 73, 74, 123, 131, 288, 292, 293, 294
変性意識状態‥‥‥4, 5, 123, 142, 290, 291, 292, 293, 294, 295, 296
防衛システム ‥‥‥‥‥‥‥86, 87
防衛的機序 ‥‥‥‥‥‥‥‥‥‥‥67
傍観者的な関与 ‥‥‥‥‥‥‥‥173
保存の機能 ‥‥‥‥‥‥‥‥‥‥‥8
ボディイメージ ‥‥‥‥‥‥‥‥20

ボディワーク‥‥‥‥‥‥‥‥‥292
ホブソン‥‥‥‥‥‥‥‥‥‥‥289
ホメオスタシス‥‥‥‥11, 170, 171, 234
ホログラフィー・トーク ‥220, 224, 227, 228
ホロトロピック・ブリージング‥‥‥292

ま

マイヤーズ ‥‥‥‥‥‥‥‥‥‥‥8
マダネス ‥‥‥‥‥252, 255, 257, 260
ミラーニューロン ‥‥‥‥‥‥‥295
ミラクル・クエスチョン ‥‥‥‥241
無意識‥‥1, 3, 4, 5, 8, 9, 13, 14, 19, 20, 72, 73, 74, 75, 116, 121, 126, 127, 128, 131, 148, 234, 236, 241, 264, 265, 296, 297
無意識化‥‥‥‥‥‥‥‥‥‥‥148
無意識過程 ‥‥‥‥‥‥‥‥11, 236
無意識的なパターン ‥‥‥‥‥‥154
無意識的なリソース ‥‥‥‥‥‥109
無意識との対話 ‥‥‥‥‥‥‥‥103
無意識の活性化 ‥‥‥‥‥‥‥‥‥91
無意識の逆理性 ‥‥‥‥‥‥‥‥‥2
無意識への信頼 ‥‥‥‥‥‥33, 187
無意識レベル‥‥‥10, 79, 126, 127, 130, 148, 150, 174, 236, 283
無意識を活かす ‥‥‥‥‥‥‥5, 15
無為の意義‥‥‥‥‥‥‥‥‥66, 68
夢遊トランス ‥‥‥‥‥‥‥‥‥115
明示‥‥‥‥9, 12, 18, 148, 153, 154, 236
瞑想法‥‥‥‥‥‥‥‥‥‥‥‥153
メタファー ‥‥3, 4, 5, 13, 22, 24, 25, 33, 72, 73, 79, 95, 103, 131, 155, 165, 169, 232, 241, 259, 285
メタフォリカル・アプローチ ‥‥‥8, 66
メンタルリハーサル ‥‥‥‥‥‥14
目的論モデル‥‥‥‥‥‥‥‥‥128
物語‥‥‥‥8, 40, 63, 92, 94, 232, 285, 286
問題イメージ ‥‥‥‥‥‥‥‥‥247

## や

ユング ………………1, 2, 73, 237, 292
陽電子励起断層撮影法 ……………288
予期不安 ………199, 203, 207, 276, 280

## ら

ライフ・サイクル ……235, 255, 256, 260
ライフ・ステージ ………………256
ラポール ……78, 142, 207, 232, 264, 295
ランバート …………………294
リカーシブ(再帰的)な意識 ………289
リソース ……2, 9, 10, 11, 12, 13, 14, 15,
　18, 19, 20, 21, 24, 33, 38, 39, 45, 46,
　53, 57, 61, 67, 68, 73, 79, 91, 103, 114,
　116, 117, 118, 121, 129, 130, 138, 139,
　165, 174, 181, 197, 198, 235, 237, 241,
　242, 243, 244, 248, 249, 250, 296
リソースとしての無意識 ……………2, 5
リゾラッティ …………………295

良好なラポール ……………143, 207
利用的アプローチ ………………116
リラクセーション ……29, 83, 125, 126,
　135, 143, 152, 153, 171, 184, 185, 204,
　206, 207, 220, 267, 268, 269, 270, 271,
　272, 273, 278, 282
臨床催眠 ……73, 112, 113, 127, 128, 129,
　131, 146, 147, 207, 216, 220, 232, 233,
　234, 235, 264
臨床動作法 ………236, 262, 263, 264, 265,
　266, 267, 268, 269, 270, 273
ルーテ ……………………293
レイン ……………………120
ローゼン …………………291
ロジャース ……………10, 120, 151
ロッシ ……………………113, 169

## わ

ワーキングメモリー …………290, 296

●編　者

　吉本　雄史（臨床心理士）
　中野　善行（精神科医）

●執筆者

　足立　智昭（臨床心理士／産業カウンセラー）
　生田かおる（臨床心理士）
　石井　久恵（歯科医）
　大嶋　信頼（カウンセラー）
　大橋　雄二（小児科医）
　加藤　薫（カウンセラー）
　鎌原　利成（カウンセラー）
　齋藤　由香（クリニカル・サイコロジスト）
　白川美也子（精神科医）
　白木　孝二（臨床心理士）
　髙工　弘貴（高校教諭）
　中島　節夫（精神科医）
　中野　善行（精神科医）
　中村　俊規（精神科医）
　西田　絃一（歯科医）
　平野　聖枝（臨床心理士）
　藤村　敬二（精神科医）
　益子　周（聾学校教諭）
　宮城　徹朗（精神科医）
　山本　倫子（カウンセラー）
　吉井　康博（臨床心理士）
　吉川　吉美（臨床心理士）
　吉本　雄史（臨床心理士）
　米沢　宏（精神科医）

　（五十音順）

**無意識を活かす 現代心理療法の実践と展開**
―メタファー／リソース／トランス―

2004 年 1 月 15 日　初版第 1 刷発行
2022 年 11 月 19 日　初版第 3 刷発行

編　　者　吉本雄史・中野善行
発行者　石澤雄司
発行所　㈱星和書店
　　　　〒168-0074　東京都杉並区上高井戸 1-2-5
　　　　電　話　03（3329）0031（営業部）／03（3329）0033（編集部）
　　　　FAX　03（5374）7186（営業部）／03（5374）7185（編集部）
　　　　http://www.seiwa-pb.co.jp
印刷・製本　株式会社 光邦

Ⓒ 2004 星和書店　　　Printed in Japan　　　ISBN978-4-7911-0525-0

・本書に掲載する著作物の複製権・翻訳権・上映権・譲渡権・公衆送信権（送信可能化権を含む）は（株）星和書店が保有します。
・JCOPY 〈(社)出版者著作権管理機構 委託出版物〉
本書の無断複製は著作権法上での例外を除き禁じられています。複製される場合は、そのつど事前に(社)出版者著作権管理機構（電話 03-5244-5088, FAX 03-5244-5089, e-mail：info@jcopy.or.jp）の許諾を得てください。

# ブレインスポッティング入門
トラウマに素早く、効果的に働きかける、
視野を活用した革新的心理療法

デイビッド・グランド 著
藤本昌樹 監訳　藤本昌樹，鈴木孝信 訳
四六判　264p　定価：本体2,500円+税

ブレインスポッティングは、クライアントの視線の位置を一点に定めることで脳に直接働きかけ、トラウマ記憶の心理的な処理を進めていく画期的な治療法である。技法の全体を学べる最適な入門書。

---

# 「ポリヴェーガル理論」を読む
からだ・こころ・社会

津田真人 著
A5判　636p　定価：本体4,800円+税

「ストレスの時代」から「トラウマの時代」へ。旧来の自律神経論を刷新する、いま世界的に話題のポリヴェーガル理論を、深く広い視野から、わかりやすく面白く読み解いた本邦初の本格的な解説書!!

---

# わかりやすい「解離性障害」入門

岡野憲一郎 編　心理療法研究会 著
四六判　320p　定価：本体2,300円+税

交代人格（多重人格）、健忘、現実感覚の喪失と自傷など、多彩な症状を呈する解離性障害について、具体的事例を豊富に提示しながら分かりやすく解説する。最先端の治療法についても紹介する。

---

発行：星和書店　http://www.seiwa-pb.co.jp

## EMDRツールボックス
### 複雑性PTSDと解離の理論と治療

ジム・ナイプ 著　菊池安希子，大澤智子 訳
A5判　380p　定価：本体4,500円+税

複雑性PTSD（重篤な愛着障害，解離性パーソナリティ構造，根深い心的防衛）に難渋するEMDR治療者のための最新ガイド。標準EMDRに対する理解を深め，臨床に役立つ追加的治療ツールを習得できる。

## EMDR革命
### ：脳を刺激しトラウマを癒す奇跡の心理療法
生きづらさや心身の苦悩からの解放

タル・クロイトル 著
市井雅哉 訳
四六判　224p　1,500円

EMDR（眼球運動による脱感作と再処理法）は、PTSDや心身の治療に用いられる新しい心理療法。短期間で著効をもたらし、患者のストレスも少ない。EMDRに情熱を傾ける著者がその魅力を紹介。

## EMDR症例集

崎尾英子 編
A5判　240p　定価：本体3,300円+税

EMDRは、わが国でもトレーニングが重ねられ、心の傷への治療有効性がますます認められるようになった。本書では、現在、各専門分野で活躍中の臨床家らによるEMDRの試みを、元国立小児病院でのケースを中心に詳しく紹介。

発行：星和書店　http://www.seiwa-pb.co.jp

## トラウマと身体
センサリーモーター・サイコセラピー（SP）の理論と実践
――マインドフルネスにもとづくトラウマセラピー――

パット・オグデン，他 著　太田茂行 監訳
A5判　528p　定価：本体 5,600円＋税

心身の相関を重視し，身体感覚や身体の動きにはたらきかけるマインドフルネスを活用した最新のトラウマセラピーの理論的基礎から，臨床の技法まで，事例も盛り込みながら包括的に描きだす。

## 身体に閉じ込められたトラウマ
ソマティック・エクスペリエンシングによる最新のトラウマ・ケア

ピーター・A・ラヴィーン 著
池島良子，西村もゆ子，福井義一，牧野有可里 訳
A5判　464p　定価：本体 3,500円＋税

からだの気づきを用いた画期的なトラウマ・ケアとして注目を集めているソマティック・エクスペリエンシングの創始者ラヴィーンによる初めての理論的解説書。読者をトラウマ治療の核心に導く。

## トラウマセラピーのためのアセスメントハンドブック

野呂浩史 企画・編集
A5判　296p　定価：本体 3,000円＋税

トラウマセラピーを行ううえで必要不可欠なアセスメントについて，わが国を代表する執筆陣が，様々な角度からわかりやすく解説したハンドブック。実臨床に即した内容で，臨床家必携の一冊。

発行：星和書店　http://www.seiwa-pb.co.jp